图 1-6 平行系统的基础设施

图 3-5 数字化车间架构

图 1-11 产品数字主线

FDDI: Fiber Distributed Data Interface, 光纤分布式数据接口; OA: Office Automation, 办公自动化;
VOD: Video On Demand, 视频点播; AGV: Automated Guided Vehicle, 自动导向车

图 3-6 数字化车间网络架构

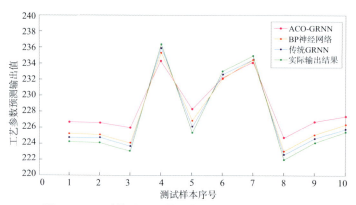

图 8-15 三种算法预测结果与实际输出结果的对比

a) FANUC工业机器人　　　　　　b) 环形线体（部分）

c) 固定扫描器　　　d) 电动扳手　　　e) RFID读写器

图 8-19 主要系统硬件设备

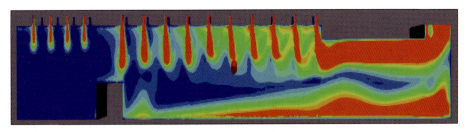

图 10-9　加热炉宽方向的中心截面的速度分布

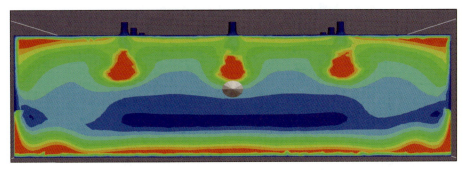

图 10-10　加热炉长从左向右 14.5m 处截面的速度分布

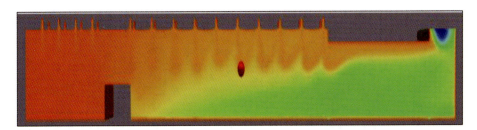

图 10-11　炉宽方向的中心截面温度分布

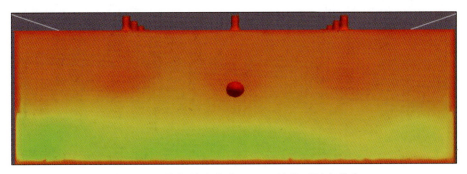

图 10-12　炉长从左向右 14.5m 处截面温度分布

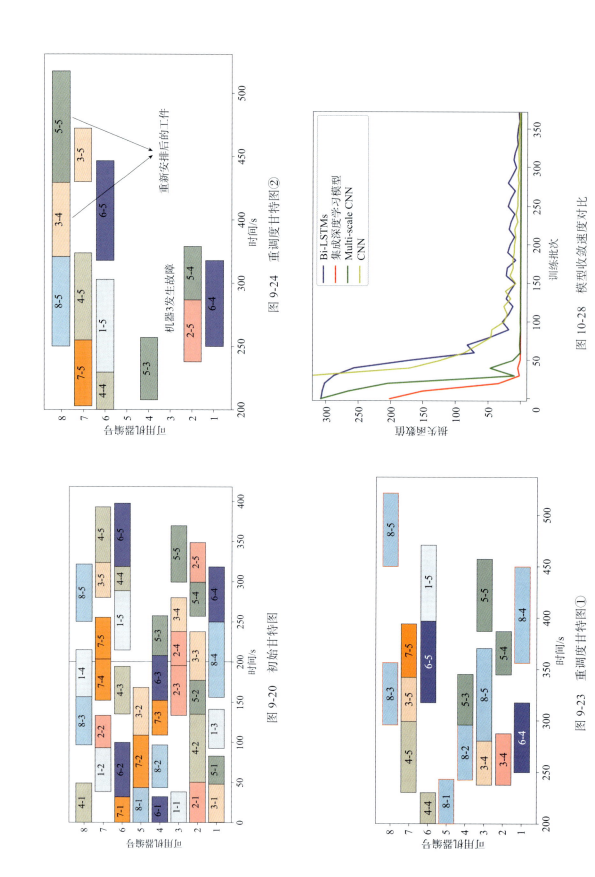

图 9-20 初始甘特图

图 9-23 重调度甘特图①

图 9-24 重调度甘特图②

图 10-28 模型收敛速度对比

工业软件丛书

生产现场的数字孪生方法、技术与应用

刘丽兰 高增桂 施战备 张祥玉 ◎著

图书在版编目（CIP）数据

生产现场的数字孪生方法、技术与应用 / 刘丽兰等著 . —北京：机械工业出版社，2023.12
（工业软件丛书）
ISBN 978-7-111-74665-2

Ⅰ. ①生… Ⅱ. ①刘… Ⅲ. ①生产管理 – 应用软件 Ⅳ. ① F273-39

中国国家版本馆 CIP 数据核字（2024）第 030892 号

机械工业出版社（北京市百万庄大街 22 号　邮政编码 100037）
策划编辑：王　颖　　　　　　　责任编辑：王　颖
责任校对：郑　雪　梁　静　　　责任印制：郜　敏
三河市宏达印刷有限公司印刷
2024 年 4 月第 1 版第 1 次印刷
170mm×240mm · 18.75 印张 · 3 插页 · 416 千字
标准书号：ISBN 978-7-111-74665-2
定价：99.00 元

电话服务　　　　　　　　　　网络服务
客服电话：010-88361066　　　机　工　官　网：www.cmpbook.com
　　　　　010-88379833　　　机　工　官　博：weibo.com/cmp1952
　　　　　010-68326294　　　金　书　网：www.golden-book.com
封底无防伪标均为盗版　　　　机工教育服务网：www.cmpedu.com

COMMITTEE

顾 问 组：李培根　杨学山　周宏仁　高新民　王安耕
指 导 组：宁振波　范兴国
主　　任：赵　敏
执 行 主 任：杨春晖
委 员（以姓氏拼音字母为序）：
　　　　　陈立辉　陈　冰　陈万领　褚　健　段海波　段世慧　高国华　胡　平
　　　　　雷　毅　冷文浩　李　焕　李　萍　李义章　刘丽兰　刘玉峰　梅敬成
　　　　　闵皆昇　彭　瑜　丘水平　史晓凌　唐湘民　王冬兴　吴健明　夏桂华
　　　　　闫丽娟　杨培亮　姚延栋　于　敏　张国明　张新华　周凡利
组宣部主任：闫丽娟
编辑部主任：王　颖
秘 书 长：李　萍　王　颖

PREFACE

    当今世界正经历百年未有之大变局。国家综合实力由工业保障,工业发展由工业软件驱动,工业软件正在重塑工业巨人之魂。

    习近平总书记在 2021 年 5 月 28 日召开的两院院士大会、中国科协第十次全国代表大会上发表了重要讲话:"科技攻关要坚持问题导向,奔着最紧急、最紧迫的问题去。要从国家急迫需要和长远需求出发,在石油天然气、基础原材料、高端芯片、工业软件、农作物种子、科学试验用仪器设备、化学制剂等方面关键核心技术上全力攻坚,加快突破一批药品、医疗器械、医用设备、疫苗等领域关键核心技术。"

    国家最高领导人将工业软件定位于"最紧急、最紧迫的问题",是"国家急迫需要和长远需求"的关键核心技术,史无前例,开国首次,彰显了国家对工业软件的高度重视。机械工业出版社此次领衔组织出版这套"工业软件丛书",秉持系统性、专业性、全局性、先进性的原则,开展工业软件生态研究,探索工业软件发展规律,反映工业软件全面信息,汇总工业软件应用成果,助力产业数字化转型。这套丛书是以实际行动落实国家意志的重要举措,意义深远,作用重大,正当其时。

    本丛书分为产业研究与生态建设、技术产品、支撑环境三大类。

    在工业软件的产业研究与生态建设大类中,列入了工业技术软件化专项研究、工业软件发展生态环境研究、工业软件分类研究、工业软件质量与可靠性测试、工业软件的标准和规范研究等内容，希望从顶层设计的角度让读者清晰地知晓，在工业软件的技术与产品之外，还有很多制约工业软件发展的生态因素。例如工业软件的可靠性、安全性测试，还没有引起业界足够的重视，但是当工业软件越来越多地进入各种工业品中，成为"软零件""软装备"之后，工业软件的可靠性、安全性对各种工业品的影响将越来越重要，甚至就是"一票否决"式的重要。至于制约工业软件发展的政策、制度、环境，以及工业技术的积累等基础性的问题，就更值得予以认真研究。

工业软件的技术产品大类是一个生机勃勃、不断发展演进的庞大家族。据不完全统计，工业软件有近 2 万种[一]。面对如此庞大的工业软件家族，如何用一套丛书来进行一场"小样本、大视野、深探底"的表述，是一个巨大的挑战。就连"工业软件"术语本身，也是在最初没有定义的情况下，伴随着工业软件的不断发展而逐渐产生的，形成了一个"用于工业过程的所有软件"的基本共识。如果想准确地论述工业软件，从范畴上说，要从国家统计局所定义的"工业门类"[二]出发，把应用在矿业、制造业、能源业这三大门类中的所有软件都囊括进来，而不能仅仅把目光放在制造业一个门类上；从分类上说，既要顾及现有分类（如 CAX、MES 等），也要着眼于未来可能的新分类（如工研软件、工管软件等）；从架构上说，既要顾及传统架构（如 ISA95）的软件，也要考虑到基于云架构（如 SaaS）的订阅式软件；从所有权上说，既要考虑到商用软件，也要考虑到自用软件（in-house software）；等等。本丛书力争做到从不同的维度和视角，对各种形态的工业软件都能有所展现，勾勒出一幅工业软件的中国版图，尽管这种展现与勾勒，很可能是粗线条的。

工业软件的支撑环境是一个不可缺失的重要内容。数据库、云技术、材料属性库、图形引擎、过程语言、工业操作系统等，都是支撑各种形态的工业软件实现其功能的基础性的"数字底座"。基础不牢，地动山摇，遑论自主，更无可控。没有强大的工业软件所需要的运行支撑环境，就没有强大的工业软件。因此，工业软件的"数字底座"是一项必须涉及的重要内容。

在基础篇中，本书首先提出了对"新工业"的认识和理解，指出工业知识与工业软件是"新工业"重要的生产要素与生产工具，同时又是生产产物的重要组成部分，而知识工程则是连接工业知识与工业软件的桥梁。

在此背景下，体系篇进一步介绍了认知"知识"，特别是工业知识的"金字塔模型"，知识工程的体系，特别是知识体系的内涵，以及对其进行评估的知识工程

[一] 林雪萍的"工业软件 无尽的边疆：写在十四五专项之前"，https://mp.weixin.qq.com/s/Y_Rq3y-JTE1ahma30iV0JJQ。

[二] 参考《国民经济行业分类》（GB/T 4754—2019）。

成熟度模型。

对工业知识的基础概念和体系架构进行清晰阐述之后，技术篇从技术层面介绍工业知识的采集、加工和表达，以及软件化、模型化和平台化。这形成了面向工业应用的知识工程平台。最后，本篇对各个阶段所用到的技术、工具和相关方法展开了详尽的介绍，包括基于知识平台进行工业知识的应用与创新的整个过程。

实践篇围绕如何为企业或组织实施知识工程的问题，提出了实施知识工程的方法论DAPOSI。该方法论的介绍充分融合了近两年我们自身的经验总结和实践。此方法论包括六个阶段：定义阶段（Define）、分析阶段（Analyze）、定位阶段（Position）、构建阶段（Organize）、模拟阶段（Simulate）、实施阶段（Implement）。DAPOSI方法论在不同行业和企业落地，需要根据其业务现状、信息化程度等形成适合本行业、本组织的落地实践方案，因此在本篇中同时提出了知识工程落地实践的基本策略，以及在各行业落地的典型案例，以期为读者提供有益借鉴。

知识工程"让工业植入软件基因，让制造装上知识引擎"！本书旨在能够为更多人了解工业软件发展和企业数字化转型尽绵薄之力。希望读者能够在阅读后提出宝贵的意见和建议。

最后，衷心感谢赵敏老师、郭朝晖老师、王美清老师、冯升华老师、杨春晖老师等为本书提供素材和宝贵建议。他们对于工业知识软件化的核心观点也在本书中有所体现。

PREFACE

  党的二十大报告指出："建设现代化产业体系。坚持把发展经济的着力点放在实体经济上，推进新型工业化，加快建设制造强国、质量强国、航天强国、交通强国、网络强国、数字中国。"这为我国制造业的发展指明了方向。智能制造是实现制造强国的必经之路，生产过程的智能化已成为世界各工业强国的关注重点。作为改变未来世界的热门技术之一，数字孪生技术在智能制造领域占有重要地位，并正从概念走向实际应用，为推动企业数字化转型提供强大动力。

  数字孪生技术充分利用物理模型、传感器更新、运行历史等数据，集成多学科、多物理量、多尺度、多概率仿真等技术，通过虚实交互、数据融合分析、决策迭代优化等，对物理系统与过程进行仿真、预测和优化，实现虚拟空间与物理空间的深度交互与融合。数字孪生技术在智能制造、航空航天、智慧城市等领域的研究和应用发展迅速，在产品的设计、制造、故障诊断、服务等方面发挥着巨大作用。

  本书作者对工业4.0、智能制造的系统架构和关键技术等有着长期深入的研究，且具有丰富的工业数字孪生项目经验。本书系统地分析和总结了数字孪生的概念和内涵，梳理了数字孪生建模等关键技术，研究了数字孪生在设备故障诊断、工艺参数优化、车间动态调度和交互维修指导等方面的应用，给出了具体的实践案例，旨在为推动数字孪生技术产业化发展提供参考。

全书由三部分构成，共 11 章。本着"理论与应用、前瞻性与可行性"相结合的原则，本书内容分为生产现场的数字孪生方法、技术和应用。

第一部分包含第 1～3 章，主要介绍了数字孪生理论、模型和车间。第 1 章探讨了数字孪生的起源、概念及内涵，对比分析了不同学者、研究机构和企业对数字孪生的理解，总结了数字孪生的应用价值和适用准则；第 2 章概述了数字孪生的多种模型，详细阐述了数字孪生模型在设计、制造、服务等全生命周期中各个阶段的实现框架；第 3 章总结了制造车间的发展历程，引入数字孪生车间理论，完整阐述了数字孪生车间的概念、系统组成、演化机理、运行机制和特征。

第二部分包含第 4～6 章，主要阐述了多种数字孪生技术。第 4 章介绍了生产现场数据的来源及分类，分析了数字孪生车间的数据采集、传输、存储、预处理及多源数据融合技术；第 5 章介绍了多尺度、多领域数字孪生建模及智能交互技术，并在此基础上阐述了数字孪生模型可信评估技术；第 6 章介绍了数据分析与智能决策相关技术，主要涉及生产过程的数据建模技术、工业大数据分析和智能决策技术。

第三部分包含第 7～11 章，重点介绍了数字孪生技术在不同领域的应用框架与实践案例。第 7 章介绍了数字孪生技术应用的十大主流领域，包括电力系统领域、航空领域、航天领域、航运领域、汽车制造领域等，并选取国内外企业的数字孪生案例，说明数字孪生作为关键技术在各个领域的应用成效；第 8～11 章分别阐述了数字孪生在装配车间工艺参数优化、车间动态调度、车间设备故障诊断、车间机械臂交互维修指导这四个问题中应用的基本框架、具体流程、原型系统与应用效果。

数字孪生是处于蓬勃发展中的前沿交叉技术，许多概念、理论和技术尚待探讨，加之作者水平有限，本书许多内容还有待进一步完善和研究，对于书中的疏漏和不足之处，恳请各位读者批评指正。

刘丽兰
2023 年 5 月

前言

第一部分　生产现场的数字孪生方法

2　第1章　数字孪生理论

1.1　数字孪生定义及内涵 /2

1.1.1　数字孪生的提出 /2

1.1.2　数字孪生的定义 /4

1.1.3　数字孪生的内涵 /6

1.1.4　数字孪生的特征 /7

1.2　数字孪生相关概念 /8

1.2.1　数字孪生与智能制造 /8

1.2.2　数字孪生与 CPS /8

1.2.3　数字孪生与仿真 /9

1.2.4　数字孪生、数字样机和 MBSE /14

1.2.5　数字孪生、数字主线和资产管理壳 /16

1.2.6　相关概念对比总结 /20

1.3　数字孪生的应用价值与适用准则 /23

1.3.1　数字孪生的应用价值 /23

1.3.2　数字孪生的适用准则　/ 25

参考文献　/ 26

第 2 章　数字孪生模型　29

2.1　数字孪生模型概述　/ 30

2.1.1　数字孪生三维模型　/ 30

2.1.2　数字孪生四维模型　/ 30

2.1.3　数字孪生五维模型　/ 31

2.1.4　数字孪生八维模型　/ 32

2.2　面向产品生命周期的数字孪生模型　/ 33

2.2.1　设计阶段的数字孪生模型　/ 33

2.2.2　制造阶段的数字孪生模型　/ 35

2.2.3　服务阶段的数字孪生模型　/ 37

参考文献　/ 38

第 3 章　数字孪生车间　40

3.1　制造车间的发展历程　/ 41

3.1.1　自动化车间　/ 41

3.1.2　数字化车间　/ 43

3.1.3　智能化车间　/ 47

3.2　数字孪生车间的架构与特征　/ 49

3.2.1　数字孪生车间的系统组成　/ 49

3.2.2　数字孪生车间的演化机理　/ 52

3.2.3　数字孪生车间的运行机制　/ 55

3.2.4　数字孪生车间的特征　/ 57

3.3　数字孪生车间的发展与展望　/ 58

3.3.1　数字孪生车间的发展　/ 58

3.3.2　数字孪生车间的展望　/ 59

参考文献　/ 60

第二部分　生产现场的数字孪生技术

64　第 4 章　数据采集与数据融合技术

4.1　生产现场数据的来源与分类 / 65

4.2　数字孪生车间的数据采集与传输技术 / 67
4.2.1　数字孪生车间的数据采集与传输框架 / 67
4.2.2　数字孪生车间的数据采集技术 / 69
4.2.3　数字孪生车间的数据传输技术 / 73

4.3　数字孪生车间的数据管理技术 / 75
4.3.1　多源异构数据的存储技术 / 76
4.3.2　数据预处理技术 / 79

4.4　多源数据融合技术 / 87
4.4.1　多源数据融合流程 / 88
4.4.2　多源数据融合技术分类 / 89

参考文献 / 91

93　第 5 章　数字孪生建模与智能交互技术

5.1　多尺度、多领域数字孪生建模技术 / 94
5.1.1　多尺度几何建模 / 94
5.1.2　多领域数字孪生建模 / 95
5.1.3　生产现场运行逻辑建模 / 97

5.2　多源异构数据虚实映射技术 / 101
5.2.1　工业通信协议 / 101
5.2.2　同步映射和匹配映射 / 104

5.3　基于 VR、AR、MR 的智能交互技术 / 107
5.3.1　基于 VR 的智能交互技术 / 107
5.3.2　基于 AR 的智能交互技术 / 108
5.3.3　基于 MR 的智能交互技术 / 109

5.4 系统集成与测试技术 / 110

5.4.1 系统集成 / 110

5.4.2 系统测试 / 111

参考文献 / 114

第 6 章 基于数字孪生的数据分析与智能决策技术 / 116

6.1 生产过程的数据建模技术 / 117

6.1.1 数字主线 / 117

6.1.2 知识图谱 / 118

6.1.3 数据建模语言 / 124

6.2 工业大数据分析技术 / 127

6.2.1 特征工程 / 127

6.2.2 数据挖掘 / 131

6.3 生产过程的智能决策技术 / 138

6.3.1 统计推理 / 138

6.3.2 生物进化与群智能 / 139

6.3.3 人工神经网络 / 142

6.3.4 综合评价方法 / 146

参考文献 / 149

第三部分 生产现场的数字孪生应用

第 7 章 生产现场数字孪生应用概述 / 152

7.1 数字孪生应用概述 / 153

7.1.1 电力系统领域应用 / 153

7.1.2 航空领域应用 / 154

7.1.3 航天领域应用 / 155

7.1.4 航运领域应用 / 156

7.1.5 汽车制造领域应用 / 157

7.1.6 医疗领域应用 / 159
7.1.7 智慧城市领域应用 / 161
7.1.8 供应链领域应用 / 162
7.1.9 智慧农业领域应用 / 163
7.1.10 智慧建筑领域应用 / 164

7.2 国内企业数字孪生应用实践 / 166
7.2.1 海尔卡奥斯工业互联网平台 / 166
7.2.2 三一重工数字孪生应用 / 169

7.3 国外企业数字孪生应用实践 / 171
7.3.1 空中客车公司数字孪生应用 / 171
7.3.2 GE 数字孪生应用 / 172
7.3.3 Sim&Cure 医疗数字孪生应用 / 174

参考文献 / 174

177 第8章 数字孪生装配车间工艺参数优化

8.1 汽车后桥装配工艺优化问题分析 / 177
8.1.1 装配质量控制需求分析 / 177
8.1.2 装配关键工艺参数分析 / 179
8.1.3 数字孪生驱动的装配工艺参数优化方法 / 181

8.2 汽车后桥总成装配线数字孪生建模 / 182
8.2.1 装配线生产过程关键要素孪生建模 / 182
8.2.2 基于 Petri 网的虚拟装配线运行逻辑建模 / 185

8.3 基于 ACO-GRNN 的工艺参数预测算法 / 189
8.3.1 GRNN 网络结构 / 189
8.3.2 蚁群算法 / 192
8.3.3 基于改进蚁群优化算法的 GRNN 网络模型 / 194

8.4 工艺参数同步预测实验验证及分析 / 195
8.4.1 工艺参数预测模型构建 / 195
8.4.2 实验验证及结果分析 / 197

8.5 数字孪生驱动的装配车间工艺参数优化系统 / 199
　　8.5.1 系统框架 / 199
　　8.5.2 优化流程 / 201
　　8.5.3 软硬件组成 / 202
　　8.5.4 系统功能开发与实现 / 203

参考文献 / 207

第9章 数字孪生车间动态调度

9.1 柔性作业车间动态调度问题分析 / 210
　　9.1.1 柔性作业车间调度概念 / 210
　　9.1.2 车间调度问题的求解算法 / 211
　　9.1.3 数字孪生驱动的车间动态调度 / 213

9.2 基于数字孪生的车间动态监测 / 214
　　9.2.1 全要素的车间信息感知 / 214
　　9.2.2 基于感知数据的生产动态异常事件监测 / 215
　　9.2.3 虚实空间的信息交互 / 218

9.3 基于RLEGA的车间动态调度算法 / 219
　　9.3.1 遗传算法 / 219
　　9.3.2 强化学习算法 / 221
　　9.3.3 算法验证 / 224

9.4 数字孪生驱动的车间动态调度系统 / 226
　　9.4.1 系统整体设计 / 226
　　9.4.2 系统功能实现 / 228

参考文献 / 234

第10章 数字孪生车间设备故障诊断

10.1 设备故障诊断问题分析 / 235
　　10.1.1 机械设备故障的特点和规律 / 236
　　10.1.2 机械设备故障诊断方法 / 237

10.1.3　加热炉故障诊断问题分析　/ 239

10.1.4　基于数字孪生的故障诊断方法　/ 243

10.2　数据增强技术　/ 243

10.2.1　数据增强方法概述　/ 243

10.2.2　基于机理模型的加热炉数据增强　/ 248

10.3　混合驱动的故障诊断方法　/ 251

10.3.1　多尺度卷积神经网络结构　/ 251

10.3.2　基于 Bi-LSTMs 的特征关联性分析　/ 253

10.3.3　Stacking 集成学习策略　/ 255

10.3.4　基于集成深度学习的加热炉故障诊断模型　/ 256

10.4　基于数字孪生的加热炉故障诊断系统　/ 258

10.4.1　系统架构　/ 258

10.4.2　算法应用结果　/ 259

10.4.3　系统功能开发与实现　/ 264

参考文献　/ 267

第 11 章　数字孪生车间机械臂交互维修指导

11.1　交互维修指导问题分析　/ 269

11.1.1　基于数字孪生的车间交互维修指导需求分析　/ 269

11.1.2　数字孪生驱动的交互维修指导方法　/ 270

11.2　维修知识图谱的构建与更新　/ 271

11.2.1　维修知识图谱的构建　/ 271

11.2.2　维修知识图谱的更新　/ 273

11.3　基于增强现实的交互维修指导技术　/ 274

11.3.1　目标跟踪注册技术　/ 274

11.3.2　人机交互技术　/ 277

11.4　数字孪生驱动的交互维修指导系统　/ 278

11.4.1　原型系统开发与实现　/ 278

11.4.2　系统功能应用验证　/ 280

参考文献　/ 284

生产现场的数字孪生方法

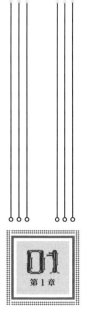

数字孪生理论

随着物联网、大数据、人工智能等技术的发展,基于促进新一代信息技术与制造业深度融合、实现物理空间与虚拟空间交互与融合的需要,数字孪生已成为智能制造、复杂系统管理与控制领域研究的热点。但是,对于数字孪生的研究目前仍处于探索阶段,存在基本定义不统一、相关概念区分不清晰、应用价值和使用准则不明确等问题。鉴于此,本章在阐明数字孪生定义及内涵的基础上,着重对比分析数字孪生相关概念的异同,最后说明数字孪生的应用价值和适用准则,旨在为关注数字孪生技术的学者和企业提供一些基本参考。本章内容总体框架如图1-1所示。

1.1 数字孪生定义及内涵

1.1.1 数字孪生的提出

美国宇航局的阿波罗太空计划是第一个使用"孪生"概念的项目[1]。该项目建造了两个完全相同的航天器,以便在地球上的航天器能够镜像、模拟和预测太空中的航天器情况,地球上的航天器是在太空执行任务的航天器的"孪生兄弟"。人们普遍认为,数字孪生(Digital Twin,DT)最初是由密歇根大学的迈克尔·格里夫斯(Michael Grieves)于2002年在美国密歇根大学 PLM(Product Lifecycle Management,产品生命周期管理）中心向工业界所演示的幻灯中提入的[2]，当时是指"对应于物理产品的数字产品"，其中包括的数字孪生要素如图1-2所示。格里夫斯后来在其教授的课程和著作中先后使用"镜像空间模型（Mirrored Spaces Model）""信息镜像模型"等描述数字孪生[3-4]。2014年，格里夫斯在他出版的书[4]中进一步细化了"信息镜像模型"的内涵。"产品化身（Product Avatar）"是由Hribernik等人在2006年提出的，指构建从以产品为中心的角度支持双向信息流的信息管理体系结构，2015年以后，它被数字孪生取代。"数字孪生"这一提法的概括性越来越强，被广泛采用。

2017年，Gartner公司将数字孪生列为十大战略技术趋势之一（排名第五），并预测在三到五年内将有数十亿个物体拥有相应的数字孪生体。在接下来的两年里，

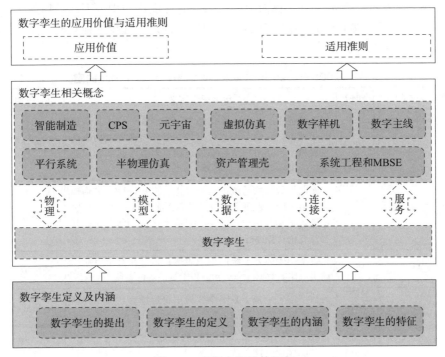

图 1-1　本章内容总体框架

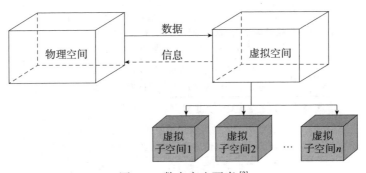

图 1-2　数字孪生要素[2]

Gartner 公司继续将数字孪生列为十大战略技术趋势之一（排名第 4）。

1.1.2 数字孪生的定义

自数字孪生提出以来，由于制造系统涉及物理对象的多样性，学术界和工业界从产品设计、制造到全生命周期管理等多角度对数字孪生进行了定义。对于不同的物理对象，例如工件、制造设备、工厂和员工，需要匹配不同的数字孪生模型，以配合特定的结构、功能需求和建模策略。表 1-1 给出了 2009—2020 年间学术界与工业界对数字孪生的定义，参考表 1-1 中的定义，《数字孪生体技术白皮书》给出的数字孪生定义：数字孪生是现有或将有的物理实体对象的数字模型，通过实测、仿真和数据分析来实时感知、诊断、预测物理实体对象的状态，通过优化和指令来调控物理实体对象的行为，通过相关数字模型间的相互学习来进化自身，同时改进利益相关方在物理实体对象生命周期内的决策[5]。

表 1-1 2009—2020 年间学术界与工业界对数字孪生的定义

机构 / 作者	年份	数字孪生定义	关键词
AFRL	2009	飞机数字孪生是一个由数据、模型和分析工具构成的集成系统。该系统不仅可以在整个生命周期内表达飞机机身，还可以依据非确定信息对整个机队和单架飞机的机身进行诊断和预测	集成系统
Tugel 等 [6]	2010	面向飞行器或系统的数字孪生是高集成度、多物理场、多尺度、多概率的仿真模型，能够利用物理模型、传感器数据和历史数据等对对应实体的功能、实时状态及变化趋势进行映射	集成仿真
USAF	2013	数字孪生体是系统的虚拟表达，包括在整个生命周期中应用的数据、模型和分析工具的集成系统	虚拟表达
DoD	2014	数字孪生是基于数字主线的多物理场、多尺度和动态概率集成仿真系统	集成仿真
GE	2015	数字孪生体是资产和过程的软件表达，用于理解、预测和优化性能以改进业务产出。数字孪生体由三部分组成：数据模型、分析方法或算法以及知识	软件表达
PTC	2015	数字孪生体是由物（产生数据的设备和产品）、连接（搭接网络）、数据管理（云计算、存储和分析）和应用构成的函数，它深度参与物联网平台的定义与构建	函数
Rosen 等 [7]	2015	数字孪生是非常逼真的当前状态模型，以及它们与现实世界中的环境相互作用的行为	逼真的状态模型
Schluse 等 [8]	2016	数字孪生是真实世界对象的虚拟替代品	虚拟替代品
IBM	2017	数字孪生体是对物理对象或系统在全生命期内的虚拟表达，并通过使用实时数据实现理解、学习和推理	虚拟表达
Brenner 等 [9]	2017	数字孪生可以描述为一个真实工厂、机器、人员等的数字副本	数字副本

（续）

机构/作者	年份	数字孪生定义	关键词
庄存波等[10]	2017	产品数字孪生体是指物理实体的工作状态和工作进展在虚拟空间的全要素重建及数字化映射，是一个集成多物理、多尺度、超写实、动态概率的仿真模型，可用来模拟、监控、诊断、预测、控制在现实环境中的物理实体生产过程、状态和行为	全要素重建及数字化映射
Soderberg等[11]	2017	数字孪生是利用更快的优化算法、更高的计算能力和大量的可用数据，对产品和生产系统实时控制和优化的仿真模型	实时控制和优化
Grieves等[2]	2017	数字孪生是一组虚拟信息结构，从微观原子水平到宏观几何水平全面描述实际的物理制造产品	虚拟信息结构
SAP	2018	数字孪生是物理对象或系统的虚拟表达，数字孪生体使用数据、机器学习和物联网来帮助企业优化、创新和提供新服务	物理对象或系统的虚拟表达
Bruynseels等[12]	2018	数字孪生代表一种特定的工程范式，其中单个物理工件与数字孪生配对，动态反映这些工件状态的模型	动态反映
Schluse等[13]	2018	数字孪生是技术资产（例如，机器、组件和环境的一部分）的一对一虚拟复制品	虚拟复制品
冷杰武等[14]	2018	数字孪生模型是一个物理制造系统的精确和实时的网络副本	网络副本
陶飞等[15]	2018	数字孪生是利用产品生命周期（PLM）中的物理数据、虚拟数据和交互数据对产品进行实时映射	全生命周期实时映射
何源等[16]	2018	数字孪生表示物理资产、流程和系统的动态数字副本	动态数字副本
Kaewunruen等[17]	2018	建筑信息模型（Building Information Model，BIM）是数字孪生	建筑信息模型
Luo等[18]	2019	数字孪生是一个多领域和高保真度的数字模型，集成了机械、电气、液压和控制等学科	高保真模型
Nikolakis等[19]	2019	这种对真实世界的对象/主题和过程（包括传感器传输的数据）的数字表示被称为数字孪生模型	数字表示
王金江等[20]	2019	数字孪生本质上是在多物理模拟、机器学习、增强现实/虚拟现实（Augmented Reality/Virtual Reality，AR/VR）和云服务等使能技术的支持下的物理系统的独特生存模型	生存模型
Xu等[21]	2019	数字孪生以其功能、行为和规则动态地表示物理实体	动态表示
ISO CD 23247	2019	数字孪生体是真实事物（或过程）在特定目的下的数字化表达	数字化表达

（续）

机构 / 作者	年份	数字孪生定义	关键词
刘金锋等[22]	2019	数字孪生是当前过程状态的逼真模型，以及它们与现实世界相互作用的行为	逼真模型
Madni 等[23]	2019	数字孪生体是物理系统的虚拟实例，随着物理系统的整个生命周期中的性能、维护和健康状态数据不断更新	不断更新的虚拟实例
刘强等[24]	2019	数字孪生是指数字虚拟空间中虚拟物体，它与物理空间中的实体具有映射关系	映射
Fotland 等[25]	2019	数字孪生被定义为物理资产的数字副本	数字副本
Wang 等[26]	2019	数字孪生被视为一种范式，通过这种范式，仿真模型的动态数据被自适应地反向引导现实世界	动态的、双向的
Alexopoulos 等[27]	2020	数字孪生是表示物理系统或过程的虚拟模型，它通过数据通信与信息物理系统（Cyber Physical System, CPS）实体相连，并且能够复制 CPS 行为	虚拟模型
Melesse 等[28]	2020	数字孪生是一种系统或物理资产的动态模型，可以根据收集的在线数据和信息不断适应环境变化，预测相应物理资产的未来	动态、预测
陆玉前等[29]	2020	数字孪生是制造要素（如人员、产品、资产和流程定义）的虚拟表示，是一个动态模型，随着物理对应物的变化而不断更新和变化，以同步方式表示状态、工作条件、产品几何图形和资源状态	虚拟动态模型

1.1.3 数字孪生的内涵

数字孪生用于描述产品的生产制造和实时虚拟化呈现，随着传感技术、软硬件技术水平的提高和计算机运算性能的提升，数字孪生得到了进一步发展，尤其是广泛用于产品、装备的实时运行监测方面。

从产品全生命周期的角度来看，数字孪生用于产品的设计、生产制造、生产运行状态监测和维护、后勤保障等各个阶段。在产品设计阶段，利用数字孪生可以将全生命周期的产品健康管理数据的分析结果反馈给产品设计专家，帮助他们判断不同参数设计情况下的产品性能情况，再基于整个生命周期的发展变化情况，形成更加完善的设计方案；在产品生产制造阶段，利用数字孪生技术以虚拟映射的方式对产品内部不可测的状态变量进行虚拟构建，细致地刻画产品的制造过程，解决产品制造过程中存在的问题，降低产品制造的难度，提高产品生产的可靠性；在产品生产运行阶段，利用数字孪生技术可以全面地对产品的各个运行参数和指标进行监测和评估，对系统的早期故障和部件性能退化信息进行反馈，指导产品的维护工作和故障预防工作，使产品能够获得更长的生命周期。在产品后勤保障阶段，由于有多批次全生命周期的数据作支撑，并通过虚拟映射的方式采集反映系统内部状态的变量数据，产品故障能够被精确定位、分析和诊断，使产品的后勤保障工作更加简单有效。通过将数字孪生技术应用到产品的整个生命周期，产品从设计阶段到后勤保障阶段都将变得更加智能有效。

以卫星的监测、优化、管理和控制为例，基于卫星近实时遥测数据，利用遥感数据深度融合技术和系统动态实时建模和评估技术，在地面站构建卫星的数字孪生体，实时反映卫星的健康状态并预估卫星各系统、各部件的使用寿命，在丰富的传感信息和基于数学模型的感知信息的基础上，对卫星状态进行全面深入的分析和计算，呈现全面而又细致入微的卫星状态，同时还可以优化卫星的调度管理和控制，延长卫星的使用寿命。该实例是数字孪生技术在产品运行状态监测和维护阶段的一个实例化应用，卫星实体和卫星虚拟映像之间的精确匹配是整个技术体系的核心[30]。

数字孪生的实现主要依赖以下几方面技术的支撑：高性能计算、先进传感技术、数字仿真、智能数据分析、VR呈现。通过构造数字孪生体，不仅可以刻画目标实体的健康状态，还可以实现深层次、多尺度、概率性的动态状态评估、寿命预测以及任务完成率分析。数字孪生体以虚拟的形式存在，不仅能够高度真实地反映实体对象（如装备的生产制造、运行及维修等）的特征、行为过程和性能，还能够以超现实的形式实现实时的监测评估和健康管理。

1.1.4 数字孪生的特征

从数字孪生的定义和内涵可以看出，数字孪生具有以下典型特征。

1）互操作性。数字孪生中的物理空间和虚拟空间能够实时连接、双向映射和动态交互，因此数字孪生具备以多样的数字模型映射物理实体的能力，具有能够在不同数字模型之间转换、合并和建立"表达"的等同性。

2）可扩展性。数字孪生技术具备集成、添加和替换数字模型的能力，能够针对多尺度、多物理、多层级的模型内容进行扩展。

3）实时性。数字孪生技术要求数字化，即以一种计算机可识别和处理的方式管理数据以表征随时间轴变化的物理实体的外观、状态、属性、内在机理，形成物理实体实时状态的数字虚体映射。

4）动态性。描述物理系统环境或状态的传感数据可用于模型的动态更新，更新后的模型可以动态指导实际操作，物理系统和数字模型的实时交互使得模型能够在生命周期内不断成长与演化。

5）保真性。数字孪生的保真性指描述数字虚体模型和物理实体的接近性，包括多尺度性、多物理性、多学科性等特点。这要求虚体和实体不仅要在几何结构的高度保真，在状态、相态和时态上也要保真。值得一提的是，在不同的数字孪生场景下，同一数字虚体的仿真程度可能不同。例如工况场景中可能只要求描述虚体的物理性质，并不需要关注化学结构细节。

6）闭环性。数字孪生中的数字虚体描述了物理实体的可视化模型和内在机理，以便对物理实体的状态数据进行监视、分析推理、优化工艺参数和运行参数，实现闭环决策功能。

1.2 数字孪生相关概念

1.2.1 数字孪生与智能制造

从先进制造业的国家发展战略演进角度，无论是美国的从"去工业化→工业化→以软带硬"的工业互联网战略到美国国家先进制造战略计划，德国的从机械化、电气化、信息化到以硬带软的工业 4.0 的制造业创新发展战略，还是中国的"信息化带动工业化→工业化促进信息化→两化融合/深度融合→中国制造 2025"的融合演进的制造强国发展战略，都是期望通过信息物理融合来实现智能制造。智能制造是当前世界制造业的共同发展趋势[31]。

数字孪生是实现信息物理融合的有效手段。数字孪生能够实现智能制造物理空间与虚拟空间之间的虚实映射与双向交互，形成"数据感知 - 实时分析 - 智能决策 - 精准执行"实时智能闭环，将物理空间的实况数据与虚拟空间的仿真预测等数据进行全面交互与深度融合，从而增强虚拟空间与物理空间的同步性与一致性。

统计当前发表的数字孪生研究成果发现：数字孪生与智能制造领域的智能装备、智能工厂、智能服务等结合的论文最多，占当前所发表的数字孪生论文总数的一半以上。在工业界，西门子、戴姆勒、ABB 等践行智能制造的企业发表数字孪生研究成果数量最多。相关统计结果表明，学术界和工业界将数字孪生作为践行智能制造的关键使能技术之一。

如图 1-3 所示，随着传统信息技术向新一代信息技术的演进，新一代信息技术促进了 CPS 和数字孪生的出现和发展，CPS 和数字孪生又为智能制造的实施提供有效手段。

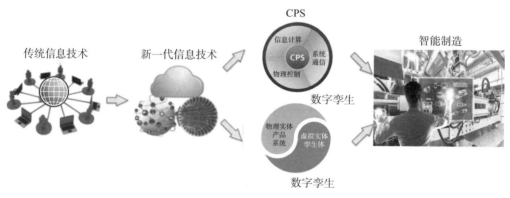

图 1-3 CPS 和数字孪生的演进[32]

1.2.2 数字孪生与 CPS

在谈工业 4.0 及智能制造时，我们很容易混淆数字孪生和 CPS。数字孪生在虚拟空间中创造高度仿真的虚拟模型，以模拟物理空间中发生的行为，并向物理空间反馈模拟结果或控制信号。这种双向动态映射过程与 CPS 核心理念极其相似，因此很容易让人当成一回事。

从功能上讲，数字孪生与 CPS 都是为了使企业能够更快、更准地预测和检测现实工厂的生产现场状态，并从中发现问题进而优化生产过程，提升产品质量。CPS 被定义为计算过程和物理过程的集成，而数字孪生则是使用物理系统的数字模型进行模拟分析，实施优化。

在制造场景中，CPS 与数字孪生都包括真实物理空间和虚拟空间，真实的生产活动在物理空间完成，而智能化的数据管理、分析和计算则由虚拟空间的各种应用程序和服务来完成。物理空间感知并收集数据，虚拟空间分析数据、处理数据并做出预测和决策。物理空间和虚拟空间之间无处不在的物联网（Internet of Things，IoT）连接，是实现交互的基础。

具体比较，CPS 和数字孪生各有所侧重。CPS 强调计算、通信和控制功能，传感器和控制器是 CPS 的核心组成部分，面向的是工业物联网基础下的信息与物理空间融合的多对多连接管理[32]。数字孪生则更多地关注虚拟模型，根据模型的输入和输出，解析和预测物理空间的行为，强调虚拟模型和物理实体的一对一映射关系。相比之下，CPS 可以解读为基础理论框架，而数字孪生可以理解为对 CPS 的工程实践。

1.2.3 数字孪生与仿真

1. 数字孪生与虚拟仿真

虚拟仿真是实现数字孪生的基础技术。在工厂规划与流程再造中，虚拟仿真是常用的技术手段。比如西门子的 Tecnomatix 就是比较成熟的生产系统虚拟仿真软件。数字孪生与虚拟仿真的主要区别在于，数字孪生要求实现真实物理工厂和虚拟数字工厂之间不断的循环迭代，数字孪生构建的虚拟数字工厂需要用到的虚拟仿真是高频次、不断迭代演进的，而且贯穿工厂的全生命周期。虚拟仿真是通过将包含确定性规律和完整机理的模型转化成软件的方式来模拟物理实体。只要模型正确，输入信息和环境数据完整，仿真就可以基本正确地反映物理实体的特性和参数，但不会涉及对物理实体的动态反馈。因此，虚拟仿真只是通过创建和运行数字孪生体来保证数字孪生体与对应物理实体实现有效闭环的一种技术，是实现数字孪生的诸多关键技术之一，不能把它跟数字孪生混为一谈。

此外，需要进一步区分数字孪生与计算机辅助设计（Computer Aided Design，CAD）模型。CAD 模型是在虚拟空间中对物理实体几何形状和特征的表示，同时可以具有质量、材料等物理属性。当完成某个阶段的 CAD 设计时，相应的 CAD 模型就完成了。然而，数字孪生与物理实体则紧密相连，如果物理实体没有被制造出来，那么就没有它对应的数字孪生。从全生命周期的角度看，每个阶段的 CAD 模型是相互独立、互不连通的；而数字孪生是不断迭代并向前演化的，同时可以对物理实体进行反馈指导与虚拟验证。

对高保真三维 CAD 模型赋予各种属性（如材料属性、物理属性等）及功能（如运动功能、感知功能等）就形成了相应的数字孪生模型，从而帮助工程师进行产品全生命周期的虚拟验证，提前预测并消除产品可能存在的质量问题，从而缩短试验周期，降低试验成本，提高设计和生产效率。需要指出的是，数字孪生模型往往存储在图形数据库中，而非传统的关系数据库。

通过以上分析可知，CAD 模型是物理实体的简单表示，数字孪生是物理实体复杂的虚拟映射。在 CAD 模型基础上，通过互联网、大数据、人工智能等新一代信息技术，数字孪生逐渐演化成一个复杂的相互关联的生态系统，该系统是一个高保真的、动态的三维模型，也是物理实体的完美数字替身。

2. 数字孪生与半物理仿真

半物理仿真又称为硬件在环仿真（Hardware-In-the-Loop Simulation，HILS）或半实物仿真，是利用仿真模型替代一部分物理实物，并与其他物理实物构成实时回路的一种系统实时仿真方法。半物理仿真出现于 20 世纪 50 年代，早期主要应用于武器装备（如导弹、核弹、战斗机等）的研制和测试，具有缩短研制周期、降低试验成本、减少试验危险性等优势。随着计算机控制技术的发展及其在机电系统中的广泛集成，半物理仿真在航空、航天、汽车、核动力、机器人等多个领域中得到了广泛应用。

近年来，装备系统结构越来越趋于复杂化，形成了集机械、电子、控制、液压等多领域的连续 - 离散混合的复杂系统。并且，建模仿真技术作为系统研究方法和手段的重要支撑技术，也呈现出多样化，如控制系统建模仿真软件 Simulink、液压系统建模仿真软件 AEMSim、运动系统仿真软件 Motion、多领域系统建模仿真语言 Modelica 等，其中基于 Modelica 的建模仿真技术应用越来越广泛，已成为复杂系统的主流建模仿真技术。

半物理仿真作为装备系统仿真方法的一个重要组成部分，正逐渐由面向特定领域的简单系统仿真转变为面向多领域的复杂系统仿真，并且仅支持 Simulink 一种模型的半物理仿真技术已不能满足装备系统研发应用需求。面对装备系统结构越来越复杂化、建模仿真技术多样化等问题，半物理仿真技术如何发展，其应用如何更好地适用未来复杂系统，已成为亟待讨论和解决的首要任务[33]。

半物理仿真系统通常由物理构件、数字模型、信号调理单元、上位机/综合管理软件及支持数字模型运行的仿真机软硬件设备组成，如图 1-4 所示。数字模型以软件形式在仿真机硬件设备上运行，仿真机硬件设备与物理构件之间通过信号调理单元建立连接。为了控制与监测仿真机运行情况，上位机中一般包括综合管理软件，用于实

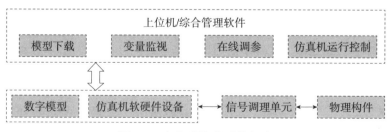

图 1-4　半物理仿真系统组成

现模型下载、变量监视、在线调参及仿真机运行控制等基本的半物理仿真功能。

与传统的数字仿真相比较，半物理仿真系统中用部分物理构件替换数字模型，发展了系统研究方法，也提高了系统仿真的可信度。其主要特性体现在以下几个方面[34]。

1）低建模难度。对于系统仿真而言，仿真的准确度与模型的精确度密切相关，系统中某些子系统很难或无法建立精确子模型，将直接影响系统整体仿真的准确度。而半物理仿真系统中，可以利用物理构件实物代替无法建立精确模型的子系统，从而降低建模难度，并实现系统整体仿真。

2）强实时。由于真实物理构件是在物理时间域运行的，这就要求半物理仿真系统中的数字模型必须与物理构件保持时间同步，从而使得半物理仿真系统整体以强实时方式运行。与全数字模型仿真的非实时和软实时相比，强实时仿真更贴近真实物理空间，半物理仿真结果与实物运行结果具有更好的一致性。

3）高可信度。由于半物理仿真系统引入了真实物理构件，可以替代某些低精确度子系统模型，因此在仿真过程中可以实现对模型参数的校正，以及对无法测量参数的辨识，显著提高了仿真结果的可信度。

4）实现极限工况仿真。使用真实物理构件代替部分数字模型，在提高仿真可信度的同时，还可以对研究对象进行极限工况的仿真，避免了真实环境下实验测试的安全危害，也降低了实验成本。

半物理仿真与数字孪生均具有强实时、高可信度的特点。另外，从虚实交互的角度，半物理仿真与数字孪生具有一定的相似性。半物理仿真系统由物理实体、虚拟模型和数字模型构成，它们相互作用并相互影响，缺少任何一部分系统即陷入瘫痪，彼此依赖程度很高。而数字孪生是物理实体的完美映射，物理空间与虚拟空间是两个相互平行的系统，物理实体和数字孪生系统分别独立存在、独立运行。

3. 数字孪生与元宇宙

元宇宙出自1992年出版的科幻小说作家尼尔·斯蒂芬森的《雪崩》（见图1-5）。美国的Roblox认为"元宇宙"用来描述虚拟宇宙中持久的、共享的、三维虚拟空间。该空间具备8个关键特征，即身份（Identity）、朋友（Friend）、沉浸感（Immersiveness）、低延迟（Low Friction）、多样性（Variety）、随地（Anywhere）、经济

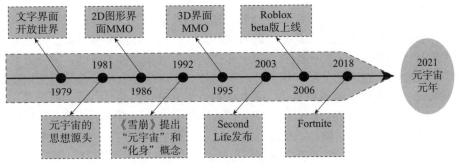

图1-5　元宇宙发展进程

（Economy）、文明（Civility），文明是最终发展方向。

对于元宇宙的概念，目前尚无统一的定义，表 1-2 总结了不同学者/机构对元宇宙的定义。

数字孪生和元宇宙都是在创造数字世界中的虚拟对象，但本质上完全不同。元宇宙定位于在虚拟的数字化形态下的永生，和物理空间是弱关联的，最好是脱离物理空间自由发展[35]；但数字孪生要求必须和物理空间对象进行强绑定，实现虚实互动的闭环，让人们能够更好地控制和预测物理空间，提高物理空间效率与安全性。

表 1-2　不同学者/机构对元宇宙的定义

学者/机构	元宇宙定义
Roblox	元宇宙至少包括以下要素：身份、朋友、沉浸感、低延迟、多样性、随地、经济和文明
Beamable	元宇宙构造的七个层面：体验、发现、创作者经济、空间计算、去中心化、人机互动、基础设施
Facebook	元宇宙是在增强现实与虚拟现实技术的服务下供人开展活动的 3D 共享虚拟空间
腾讯	一个独立于现实世界的虚拟数字世界——全真互联网。用户进入这个世界后，可以用新的数字身份开启全新的自由生活
清华大学新闻学院沈阳教授	元宇宙是整合多种新技术而产生的新型虚实相融的互联网应用和社会形态，它基于扩展现实技术提供沉浸式体验，以及基于数字孪生技术生成现实世界的镜像，通过区块链技术搭建经济体系，将虚拟空间与现实世界在经济系统、社交系统、身份系统上密切融合，并且允许每个用户进行内容生产和编辑
北京大学陈刚	元宇宙是利用科技手段进行链接与创造的，与现实世界映射并交互的虚拟空间，具备新型社会体系的数字生活空间

数字孪生的目的不是脱实向虚，而是通过核心技术优化重塑一个更美好的物理空间。换句话说，在元宇宙世界中我们可以铺张浪费（消耗的只是算力、存储和带宽），在现实的物理空间中我们通过数字孪生来精打细算。

4. 数字孪生与平行系统

数字孪生和平行系统的提出和发展具有相似的技术背景，都是伴随着物联网、新一代人工智能等技术的发展而逐步引起重视的。一方面，高精度传感器、高速通信和物联网等技术的发展使虚拟模型和物理实体之间的实时交互成为可能；另一方面，大数据、机器学习等技术的发展和推广使数据的价值得以凸显。两者都是以数据驱动来构建与物理实体相对应的虚拟系统，并在虚拟系统上进行实验、分析，解析并优化控制难以用数理模型分析的复杂系统。但是，数字孪生与平行系统是两类不同的原创范式，在核心思想、研究对象、基础设施和实现方法等方面都存在一定的区别[36-37]。

1）核心思想不同。数字孪生的核心思想是预测控制的牛顿定律，平行系统则以引导型的默顿定律[脚注]控制和优化系统。在给定当前系统状态与控制的条件下，可以通过解析的方式求解下一时刻状态，从而精确预测其行为的系统称为牛顿系统，如CPS。与牛顿系统相对应的是系统行为能够被默顿定律影响或引导的默顿系统。

2）研究对象不同。数字孪生研究的是由虚拟空间和物理空间组成的CPS，平行系统主要针对社会网络、信息资源和物理空间深度融合的CPSS（Cyber-Physical-Social Systems，社会物理信息系统）。

3）基础设施不同。数字孪生的基础设施是数字双胞胎，主要由物理实体和描述它的数字镜像组成，数据是连通物理实体和数字镜像的桥梁，以实现在虚拟空间中实时映射物理实体的行为和状态。平行系统的基础设施是由物理子系统、描述虚拟子系统、预测虚拟子系统、引导虚拟子系统构成的数字四胞胎（见图1-6），以实现对物理系统的描述、预测、引导。

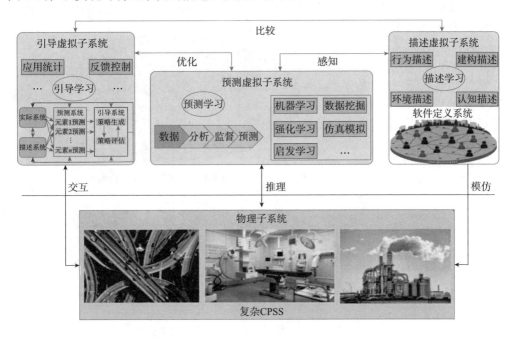

图1-6　平行系统的基础设施[36]（见彩插）

4）实现方法不同。数字孪生主要基于物联网传感数据和仿真来构建物理实体的数字镜像。平行系统主要通过多智能体方法进行建模。在技术层面，数字孪生强调对物理系统相关数据进行全部且高精度获取，系统或数据之间的关联模型要尽可能精确并可靠。平行系统不过分要求数据的完备性、准确性与可靠性，特别是对于环境数据和与效用相关的社会资源数据，因为它可以生成环境（场景）和资源数据，也可以做计算实验，同时，并不过分要求模型的准确性，建模难度大大降低。

㊀　默顿定律是由社会学家默顿命名的能够引导系统行为的自我实现定律。

1.2.4 数字孪生、数字样机和 MBSE

1. 数字孪生与数字样机

（1）数字样机的进化[38]

按照我国国家标准《机械产品数字样机通用要求》中的规定，数字样机（Digital Mock-Up，DMU）是对机械产品整机或具有独立功能的子系统的数字化描述，这种描述不仅反映了产品对象的几何属性，还至少在某一领域反映了产品对象的功能和性能。

随着三维 CAD 软件的不断发展，DMU 的形式和内涵都发生了很大变化，最初仅仅是为了展示产品并表达设计意图，而后便逐渐深入产品研制的各阶段活动中。以空中客车公司（以下简称空客）为例，DMU 逐渐演化出可配置的 DMU（Configured DMU，CDMU）、功能性的 DMU（Functional DMU，FDMU）和工业 DMU（industrial DMU，iDMU），如图 1-7 所示。

空客认为，完整的 DMU 应由三维模型、产品结构和产品属性组成；其中产品结构描述三维模型的层次依赖和组织关系，产品属性则描述三维模型的状态。这种数据组织方式被称为 CDMU，如图 1-8 所示。

图 1-7　空客 DMU 的演化

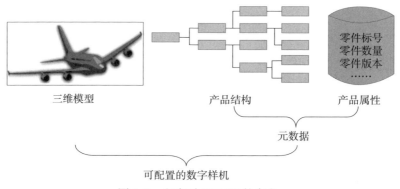

图 1-8　空客对 CDMU 的定义

为了在数字化产品创建早期丰富 DMU 的功能和行为，空客提出了 FDMU。FDMU 以 DMU 为载体，提取部件并赋予其物理意义，支撑需求与功能分析、系统架构设计以及综合性能仿真等工作。

由于 CDMU 与 FDMU 侧重于设计阶段，为了探索如何利用 DMU 优化制造过程，空客在 A320neo 新型号研制中使用了区别于并行工程的协同工程与配套的工业 DMU 概念。在车间制造环节，车间的生产偏差等真实数据必须作为工程设计环节的输入被赋予 iDMU，并不断迭代。当制造环节结束后交付物理产品时，工程设计环节产生的是一个包含真实物理产品数据的 as-built iDMU，它是制造成品完整的数字化定义。

（2）数字孪生与数字样机对比

1）DMU 是对设计活动的描述，即描述设计者对产品的理想定义。换言之，设计者在设计产品时会给出精确的尺寸数据、产品结构、重心分布、装配关系等信息。显而易见，真实的产品由于加工、装配、使用等实际因素，与设计数据很难一致；而在此基础上开展的仿真分析，其有效性也同样受到限制。所以说 DMU 虽然反映了设计理性，定义了理想产品，却并不能准确反映实际产品系统的真实情况。

2）数字孪生是对物理实体的表征。数字孪生的构建是一个在虚拟空间中对物理实体的工作状态和工作进展开展全要素重建及数字化映射的过程，数字孪生具有实时、动态和双向的特点，结合数据分析技术，可以提供实时预警、预测性维护和动态优化等能力。然而无论如何完善数字孪生，它总是不可能完全等同于物理实体，而只能是高度近似[39]。因此，数字孪生是在虚拟空间中物理实体的表征。

综上所述，结合胡虎等[40]构建的三体智能理论，数字样机与数字孪生作为定义理想产品和描述实体产品的 2 个方面，完全可以有机地统一在数字虚体、机器实体、意识人体构成的 CPS 之中，如图 1-9 所示。可以发现，数字样机反映了设计者的意识，而数字孪生体现了赛博空间、物理空间和意识空间的高度融合，因此数字孪生将成为人类与机器深度沟通的"中间件"。

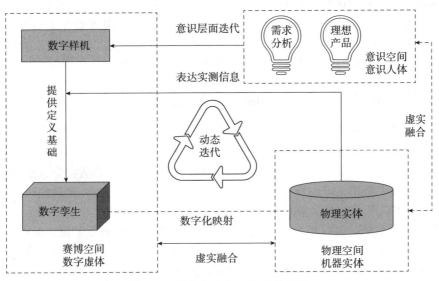

图 1-9　数字孪生与三体智能理论

2. 数字孪生与 MBSE

国际系统工程师协会（INCOSE）将系统工程定义为一种能够使系统实现跨学科的方法和手段。系统工程专注于在系统开发的早期阶段定义并文档化客户需求，然后再考虑系统运行、成本、进度、性能、培训、保障、试验、制造等问题，并进行系统设计和确认。

由此可见，系统工程可被应用于建立跨学科的复杂大系统，通过对系统的组成、结构、信息流等进行科学的、有条理的研究和分析，使学科与学科之间、子系统与子系统之间以及系统的整体与局部之间相互协调和配合，从而优化系统的运行，更好地实现系统的目的[41]。

伴随着需求的增长和技术的革新，传统工业逐渐向智能化、数字化转型。在新的工业环境下，系统复杂度提升所产生的庞大信息量与数据量给传统的基于文档的系统工程带来了前所未有的挑战。于是，随着模型驱动的系统开发方法的兴起，特别是在软件领域，人们将模型驱动与系统工程相结合，提出了基于模型的系统工程方法（Model-Based Systems Engineering，MBSE）。

MBSE 强调贯穿于全生命周期的技术过程的形式化建模，建立的系统模型既解决了项目经验积累和复用的问题，也通过多视角的系统顶层需求建模与系统架构建模，为复杂系统或体系的向下分解与及时验证提供了模型依据，体现了整体论与还原论的辩证统一；而针对物理层构建的各专业领域（机械、电子、流体、力学、气动等）的物理模型，也体现了对具体实现技术的描述，使系统工程不再仅仅是使能技术，还包含了完整的工程实现所需的技术集合。可以看见，MBSE 与传统的系统工程最主要的区别是贯穿于全生命周期的技术过程的形式化建模，重点在形式化，而不是有无建模[42]。

当前，MBSE 已成为创建数字孪生的框架，数字孪生可以通过数字主线集成到 MBSE 工具套件中，进而成为 MBSE 框架下的核心元素。而从系统生命周期的角度，MBSE 又可以作为数字主线的起点，使用从物联网收集的数据，运行系统仿真来探索故障模式，从而随着时间的推移逐步改进系统设计。

1.2.5 数字孪生、数字主线和资产管理壳

1. 数字孪生与数字主线

（1）数字主线的概念

随着产品复杂度和业务复杂度的增加，企业正在或即将面临数据量急剧增加的挑战，数据质量和数据的及时性已经开始影响前端业务的正常开展，将数据服务化，通过"数据+模型"驱动价值创新将成为企业差异化竞争的关键。很多工业企业都开始认识到数据的价值，甚至把数据比喻为石油，但让企业头疼的是工业数据种类繁多、数据格式纷繁复杂。而且，这些数据散落在各个孤立的信息系统、桌面计算机或工控设备甚至各种杂乱无章的纸质单据中。因此，工业企业迫切需要做的是让这些数据流动起来，将其转化为企业创新和转型的动力。于是，数字主线（Digital Thread）概念开始进入企业管理层的视野。

数字主线概念最先于 2003 年由美国空军（USAF）和洛克希德·马丁（Lockheed Martin）公司在联合研发的 F-35 闪电 II 项目中提出。数字主线技术实现了设计数据和制造数据的打通，从而极大地提升了战斗机制造和装配的自动化程度[43]。在制造过程

中,可直接基于三维设计模型进行NC（Numerical Control,数字控制）编程、三坐标尺寸校验和工装设计等。这些模型还被用于持续保障中的培训和维护。洛克希德·马丁公司在PDM（Product Data Management,产品数据管理）系统中实现了数字主线,成为设计制造协作以及与全球合作伙伴和供应商协同的基础,大大提升了设计和制造效率以及数据准确性。

GE公司在2015年成立数字化事业部后,推出了全球第一个工业互联网平台——Predix。随后,GE数字化事业部开始大力提倡基于Predix的数字主线概念,使其在业界广为流传,如图1-10所示。GE数字化事业部认为数字主线是贯通整个价值流的数据连接,它使数据资产成为驱动业务和决策自动化的关键,从而使企业获得全面的洞察。数字主线代表了整个产品生命周期中所有端到端业务流程所关联的数据和信息,能帮助企业缩短交货周期、增加盈利能力及提高客户满意度等。

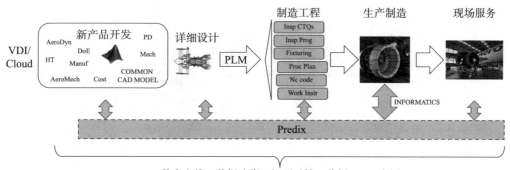

图 1-10　GE 公司数字主线概念 [44]

综上所述,数字主线就是打通产品全生命周期（研发、制造、营销、服务等）、全价值链（用户、供应链、物流等）的数据链路,以业务为核心对这些数据进行解耦、重构和复用,以支撑新的以客户为中心的商业模式,提升企业运营效率,加快业务创新能力,提升用户体验。数字主线的目标是在正确的时间,以正确的方式,向正确的人提供正确的信息。通过产品数字主线,可以快速往前或往后查询到产品各阶段数据,如图1-11所示。例如,设计工程师可以实时在线获取已交付产品的运行状态及故障数据,从而在设计环境中进行仿真分析,实现产品快速迭代和质量问题闭环;服务工程师可在服务现场快速追溯产品结构、设计模型、生产记录以及备件信息等。

（2）数字主线的价值

对于产品复杂、质量要求高、生命周期长的工业企业而言,数字主线具有不可估量的价值。这也是航空航天与国防行业最先采用数字主线技术的主要原因。以飞机为例,一架单通道大型客机的零部件数量在10万个以上,涉及全球几百家航电系统和零部件供应商,交付后正常使用寿命在20年以上。为了保障飞机的飞行安全和适航要求,需要按单架次管理和维护产品数据、变更记录、生产记录、供应商信息以及所有的维修和维护记录等,以保证所有的设计更改都能够落实到生产制造过程和交付运营的飞机中,并且在运营维护过程中可以追溯到设计、制造、供应商和服务等相关的所有数据。为了达到这个目的,波音公司于 1994 年启动了定义和控制飞机配置 / 制造资源管理(Define and Control Airplane Configuration/Manufacturing Resource Management,DCAC/MRM)计划,整整历时 10 年,耗资数十亿美元推进飞机设计和制造的数字化改造,以达到打造单一产品数据源、简化产品配置管理和精简作业流的目的,其复杂度和难度可想而知。而数字主线能够帮助企业整合全生命周期产品数据,实现全价值链端到端的可追溯性,并基于此开展跨越研发、制造、服务和供应链的协作和业务应用,确保产品质量合规,获得可持续的竞争优势。

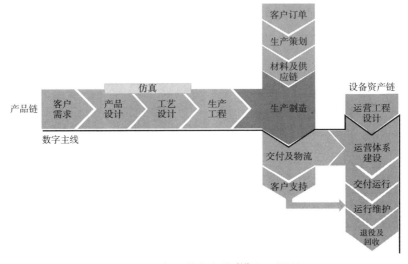

图 1-11　产品数字主线[44](见彩插)

基于模型的企业(Model Based Enterprise,MBE)是很多工业企业发展的目标,其将产品的完整定义都通过数字化模型(主要是三维模型)进行表达,并扩展应用到产品全生命周期的所有活动中;其核心是使用模型来驱动产品全生命周期的各个业务活动,保证数据的一致性和重用性。当前,先进企业也仅仅实现了基于模型的定义(Model Based Defnition,MBD),尚无法实现模型的持续性和开展模型驱动的业务。数字主线与 MBD 的结合将促进 MBE 快速落地。随着这种技术的不断发展,制造业的信息传递手段将从图纸、文件转换为数字模型,乃至 AR/VR。

此外,数字主线使企业数据触手可及,给企业带来了前所未有的数据洞察能力,以及巨大的想象空间。我们可以借助移动终端和 AR/VR 技术,增强智能工厂操作人员或者服务现场维修人员的使用体验;借助基于数字主线的数字孪生技术,实现产品的远程监控、健康诊断、预测性维护,提升产品质量和产品性能,降低非计划停概率。

(3)数字孪生与数字主线对比

随着物联网和大数据技术的发展,实现数字孪生的许多关键技术都已成熟,如多物理量和多维度建模、健康预测分析模型等。但要实现对产品或系统的全面预测分析，数字孪生还需要大量的数据支撑。这些数据包括来自 PLM 的计算机辅助设计（Computer Aided Design，CAD）/计算机辅助工程（Computer Aided Engineering，CAE）模型和设计数据，来自 ERP[⊖]/MES 的制造履历和供应商数据，来自服务系统的备件、维修记录等数据，以及来自物理产品的性能、工况和环境参数等。实际数据还远远不止这些。另外，数字孪生代表的是实例化的物理产品，与物理产品的数量是 1∶1 的关系，那么构建其数字孪生体的数据一定也是特定的、实例化的。这就需要集成和融合跨领域、跨专业、跨组织和跨系统的数据及专业知识，而这正是数字主线的核心能力。

数字孪生和数字主线是企业数字化转型的两大核心技术，两者相辅相成、相互促进，如图 1-12 所示。数字主线是一个连续、无缝的数据链，把从用户需求、产品设计到生产和服务等业务环节的数字模型有机衔接起来；而数字孪生所展示的就是通过数字主线中各具体业务环节的数字模型，结合相应的算法模型进行仿真、分析和优化，并通过视觉化的形式推送给前端用户，充分发挥数字化优势，可以看出数字主线是属于数字孪生的一项关键技术。

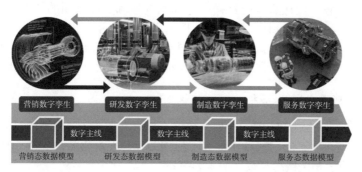

图 1-12　数字主线与数字孪生相辅相成、相互促进 [44]

2. 数字孪生与资产管理壳

美国提出的数字孪生最早是从"模型"入手，那么德国提出的数字孪生，则选择了从"资产"即资产管理壳（Asset Administration Shell，AAS）入手。这里的资产是围绕着工业 4.0 组件的智能特性，所有可以被"连接"的，都可以看成是资产。因此，这里的"资产"不仅仅是指设备和物料，也包括 CAD 模型、电气图，甚至包括合同、订单。所以德国工业 4.0 平台的 AAS，可以用来指代任何参与智能制造流程的事物[45]。如果说物联网的口号是"万物互联"的话，那么在德国工业 4.0 的世界中，就变成了"万物有壳"。

资产管理壳，是德国自工业 4.0 组件开始，发展起来的一套描述语言和建模的工具，使设备、部件等企业的每一项资产之间可以完成互联互通与互操作。借助其建模语言、工具和通信协议，企业在组成生产线的时候，可具备通用的接口，即实现"即

⊖　Enterprise Resource Planning，企业资源计划。

插即用",大幅度降低工程组态的时间,更好地实现系统之间的互操作。一般资产管理壳包含以下部分[46]。

1)子模型。子模型用于将资产管理壳构建成可区分的部分。每个子模型指的是资产中明确定义的领域或主题(例如,运营或工程模型)。子模型可以实现标准化,例如文档子模型。

2)子模型元素。每个子模型由一组元素组成。子模型元素进一步描述资产的属性(例如温度值)、文件(例如文档手册)和引用(引用同一或另一个管理外壳内的另一个元素)。

3)标识。标识是资产管理壳识别管理外壳、子模型和子模型元素的唯一标识,例如,使用虹膜和URI。

4)语义引用。AAS的每个元素都可以用语义引用来注释,例如,链接到eCl@ss属性,从而为每个元素附加一个标准化的语义定义。

5)实例和类型级别。AAS既可以指资产实例(例如位于拉登堡的混凝土驱动器),也可以指资产的产品类型(例如ABBACS880驱动器类型)。

实际上,相较于资产管理壳这样一个起到管控和支撑作用的"管家",数字孪生如同一个"执行者",从设计、模型和数据入手,感知并优化物理实体,同时推动传感器、设计软件、物联网、新技术的更新迭代。但是,基于这两者在技术实现层次上比较相近,德国正在推动工业互联网联盟,将资产管理壳视为数字孪生的同义词[47]。

1.2.6 相关概念对比总结

表1-3~表1-7分别从物理、模型、数据、连接和服务/功能维度对上述相关概念进行了对比总结,表1-3~表1-7中√表示强相关,〇表示相关,×表示弱相关或不相关。表1-8说明了相关概念与数字孪生的关系。

表1-3 物理维度

相关概念	实体	虚体
数字孪生	√	√
CPS	√	√
元宇宙	√	√
虚拟仿真	×	√
数字样机	×	√
数字主线	√	√
平行系统	√	√
半物理仿真	√	〇
资产管理壳	√	√
MBSE	×	√

表 1-4 模型维度

相关概念	多维度	多时空	多尺度	动态	演化	交互	高保真	高可靠	高精度
数字孪生	√	√	√	√	√	√	√	√	√
CPS	√	√	√	√	√	√	√	√	√
元宇宙	√	√	√	√	√	√	×	×	×
虚拟仿真	√	√	√	○	○	○	√	√	√
数字样机	√	√	√	√	√	√	√	√	√
数字主线	√	√	√	√	√	√	√	√	√
平行系统	×	×	×	○	○	√	×	×	×
半物理仿真	○	○	○	○	○	○	○	○	○
资产管理壳	√	√	√	√	√	√	√	√	√
MBSE	√	√	√	√	√	√	√	√	√

表 1-5 数据维度

相关概念	全要素	全业务	全流程	全生命周期	虚实	多源	异构	实时
数字孪生	√	√	√	√	√	√	√	√
CPS	√	√	√	√	√	√	√	√
元宇宙	○	○	○	×	√	√	√	×
虚拟仿真	×	×	×	×	×	×	×	×
数字样机	×	×	×	×	×	×	×	×
数字主线	√	√	√	√	√	√	√	√
平行系统	×	×	×	×	√	√	√	√
半物理仿真	×	×	×	×	√	√	√	√
资产管理壳	√	√	√	√	√	√	√	√
MBSE	√	√	√	○	×	√	√	×

表 1-6 连接维度

相关概念	双向性	跨越性	社会性
	双向连接、双向交互、双向驱动	跨协议、跨接口、跨平台	社会性、经济性
数字孪生	√	√	×
CPS	√	√	×
元宇宙	×	√	√
虚拟仿真	×	√	×
数字样机	×	○	×

（续）

相关概念	双向性	跨越性	社会性
	双向连接、双向交互、双向驱动	跨协议、跨接口、跨平台	社会性、经济性
数字主线	√	√	×
平行系统	√	√	○
半物理仿真	√	√	×
资产管理壳	√	√	×
MBSE	×	√	×

表 1-7 服务 / 功能维度

相关概念	双驱动	多功能						
	模型驱动+数据驱动	仿真	监测	预测	追溯	优化	控制	经济交易
数字孪生	√	√	√	√	√	√	√	×
CPS	√	○	○	○	○	○	○	×
元宇宙	×	√	×	×	×	×	×	√
虚拟仿真	√	√	×	○	×	√	○	×
数字样机	×	√	×	×	×	×	×	×
数字主线	×	×	√	√	×	×	×	×
平行系统	√	√	√	√	√	√	√	×
半物理仿真	√	√	√	√	×	×	√	×
资产管理壳	√	√	√	√	×	×	×	×
MBSE	×	√	×	×	×	×	×	×

表 1-8 相关概念与数字孪生的关系

相关概念	与数字孪生的关系
智能制造	数字孪生是智能制造使能技术之一
CPS	CPS 强调通信和控制功能，传感器和控制器是 CPS 的核心组成部分，CPS 面向的是工业物联网基础下的虚拟空间与物理空间融合的多对多连接管理。而数字孪生则更多地关注虚拟模型，根据模型的输入和输出，解释和预测物理空间的行为，强调虚拟模型和显示对象的一对一映射关系。CPS 更像一个基础理论框架，而数字孪生则更像是对 CPS 的工程实践
元宇宙	数字孪生可以看作元宇宙的初级形式。元宇宙在虚拟的数字化形态下永生，和物理空间弱关联，最好能脱离物理空间自由发展；但数字孪生必须与物理空间对象强绑定，实现虚实互动的闭环
虚拟仿真	数字孪生基于高保真的三维 CAD 模型，运用虚拟仿真技术，被赋予了各种属性和功能定义，包括材料、感知系统、机器运动机理等

（续）

相关概念	与数字孪生的关系
数字样机	数字样机是设计者对产品的理想定义，侧重于设计，真实的物理产品不一定和数字样机完全相同。数字孪生是在一个在虚拟空间中对真实物理实体全生命周期内的工作状态和进展开展全要素重建及数字化映射
数字主线	数字主线是一个连续、无缝的数据链，把从用户需求、产品设计到生产和服务等业务环节的数字模型有机衔接起来；而数字孪生所展示的就是通过数字主线中具体业务环节的数字模型，结合相应的算法模型进行仿真、分析和优化，并通过视觉化的形式推送给前端用户，充分发挥数字化优势，可以看出数字主线属于数字孪生的一项关键技术
平行系统	数字孪生通过在虚拟空间构建物理实体的数字镜像，使难以建模的复杂物理系统可视化，进而为复杂物理系统的控制与优化提供参考。平行系统不仅可以通过虚拟系统描述实际的物理系统，而且可以通过计算实验模拟、训练和优化大量不同人、机、物组合的系统模型及其运行数据，生成针对不同系统场景下的最优控制方案，并可通过虚拟系统与实际系统之间的虚实交互、平行执行引导实际系统自适应优化
资产管理壳	德国工业 4.0 工作组将资产管理壳视为数字孪生的同义词，只是资产管理壳内部包含了大量的标准，更像是数字孪生的顶层架构
MBSE	MBSE 已成为创建数字孪生的框架，数字孪生可以通过数字主线集成到 MBSE 工具套件中，进而成为 MBSE 框架下的核心元素。而从系统生命周期的角度，MBSE 又可以作为数字主线的起点，使用从物联网收集的数据，运行系统仿真来查找故障，从而随着时间的推移逐步改进系统设计

1.3 数字孪生的应用价值与适用准则

1.3.1 数字孪生的应用价值

IDC 在 2018 年 5 月发表的《数字孪生网络》报告中指出，到 2020 年底，65% 的制造企业将利用数字孪生运营产品或资产，降低 25% 的质量缺陷成本和服务交付成本。

数字孪生以数字化的形式在虚拟空间中构建了与物理空间一致的高保真模型，通过与物理空间之间不间断的闭环信息交互反馈与数据融合，能够模拟对象在物理空间中的行为，监控物理空间的变化，反映物理空间的运行状况，评估物理空间的状态，诊断发生的问题，预测未来趋势，乃至优化和改变物理空间。数字孪生能够突破许多物理条件的限制，通过数据和模型双驱动的仿真、预测、监控、优化和控制，实现服务的持续创新、需求的及时响应以及产业的升级和优化。基于模型、数据和服务等各方面的优势，数字孪生正在成为提高质量、增加效率、降低成本、减少损失、保障安全、节能减排的关键技术，同时数字孪生应用场景正逐步延伸拓展到更多和更宽广的领域，其作用如图 1-13 所示。对数字孪生的具体功能、应用场景及作用总结如表 1-9 所示。

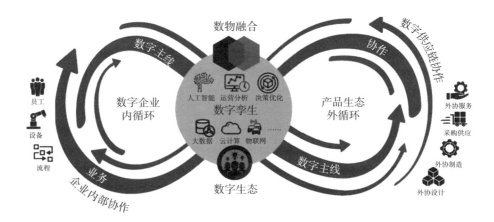

图 1-13 数字孪生的作用

表 1-9 数字孪生的具体功能、应用场景及作用总结[31]

具体功能	应用场景	作用总结
模拟仿真	虚拟测试（如风洞试验） 虚拟验证（如结构验证、可行性验证） 过程规划（如工艺规划）仿真 操作预演（如虚拟调试、维修方案预演） 隐患排查（如飞机故障排查）	减少实物实验次数 缩短产品设计周期 提高可行性、成功率 降低试制与测试成本 减少危险和失误
监控	行为可视化（如虚拟现实展示） 运行监控（如装配监控） 监控故障诊断（如风机齿轮箱故障诊断） 状态监控（如空间站状态监测） 安防监控（如核电站监控）	识别缺陷 定位故障 信息可视化 保障生命安全
评估	状态评估（如汽轮机状态评估） 性能评估（如航空发动机性能评估）	提前预判 指导决策
预测	故障预测（如风机故障预测） 寿命预测（如航空器寿命预测） 质量预测（如产品质量控制） 行为预测（如机器人运动路径预测） 性能预测（如实体在不同环境下的表现）	减少宕机时间 缓解风险 避免灾难性破坏 提高产品质量 验证产品适应性
优化	设计优化（如产品再设计） 配置优化（如制造资源优选） 性能优化（如设备参数调整） 能耗优化（如汽车流线性提升） 流程优化（如生产过程优化） 结构优化（如城市建设规划）	改进产品开发 提高系统效率 节约资源 降低能耗 提升用户体验 降低生产成本

(续)

具体功能	应用场景	作用总结
控制	运行控制（如机械臂动作控制） 远程控制（如火电机组远程启停） 协同控制（如多机协同）	提高操作精度 适应环境变化 提高生产灵活性 实时响应扰动

GE 公司对数字孪生的应用价值给出了一段经典描述：数字孪生通过海量的设计、制造、检测、维修、在线传感器及运营数据来建立和获取信息，运用一系列高保真的计算方法和基于物理实体的模型，以及高级分析方法来预测资产设备在其全生命周期的健康和绩效。数字孪生模型的准确程度随着时间提升，因为有更多数据来对模型进行精炼，并且有更多设备部署其数字孪生应用。模型随着数据的持续采集而不断修正。数字孪生模型提供了设备的详细知识，能够提供对各种可能场景的应对方法，并作为实时参照来构建各种应用系统，以实现优化各类服务，提高绩效和效率，改善运维、供应链和业务运营等目的。

数字孪生技术最早的倡导者之一，NASA 国家先进制造中心主任 John Vickers 认为："数字孪生模型的最终目标是在虚拟环境中创建、测试和生产所需设备。只有当它满足我们的需求时，才进行实体生产。然后，又将实体生产过程通过传感器传递给数字孪生模型，以确保数字孪生模型包含我们对实体产品进行检测所能够获得的全部信息。"

1.3.2 数字孪生的适用准则

企业在应用数字孪生前，面临的首要决策是：是否需要用数字孪生？是否适合用数字孪生？是否值得用数字孪生？事实上，数字孪生并非适用于所有对象和企业。为辅助企业根据自身情况做出正确决策，北京航空航天大学数字孪生团队尝试从产品类型、复杂程度、运行环境、性能、经济与社会效益等不同维度总结了数字孪生的适用准则以供参考，如表 1-10 所示。

表 1-10 数字孪生的适用准则 [31]

适用准则	数字孪生作用	举例	维度
适用资产密集型/产品单台价值高的行业产品	基于真实刻画物理产品的多维多时空尺度模型和生命周期全业务/全要素/全流程孪生数据，开展产品设计优化、智能生产、可靠运维等	➢ 高端能源装备（如风力发电机、汽轮机、核电装备） ➢ 高端制造装备（如高档数控机床） ➢ 高端医疗装备 ➢ 运输装备（如直升机、汽车、船舶）	产品
适用复杂产品/过程/需求	支持复杂产品/过程/需求在时间与空间维度的解耦与重构，对关键节点/环节进行仿真、分析、验证、性能预测等	➢ 复杂过程（如离散动态制造过程、复杂制造工艺过程） ➢ 复杂需求（如复杂生产线快速个性化设计需求） ➢ 复杂系统（如生态系统、卫星通信网络） ➢ 复杂产品（如 3D 打印机、航空发动机）	复杂程度

（续）

适用准则	数字孪生作用	举例	维度
适用极端运行环境	支持运行环境自主感知、运行状态实时可视化、多粒度多尺度仿真，以及虚实实时交互等	➤ 极高或极深环境（如高空飞行环境） ➤ 极热或极寒环境（如高温裂解炉环境） ➤ 极大或极小尺度（如超大型钢键极端制造环境、微米/纳米级精密加工环境） ➤ 极危环境（如核辐射环境）	运行环境
适用高精度/高稳定性/高可靠性仪器仪表/装备/系统	为其安装、调试及运行提供实时的性能评估、故障预测、控制与优化决策等	➤ 高精度（如精密光学仪器、精准装配过程） ➤ 高稳定性（如电网系统、暖通空调系统、油气管道） ➤ 高可靠性（如铁路运营、工业机器人）	性能
适用需要降低投入产出比的行业	支持行业内的信息共享与企业协同，从而实现对行业资源的优化配置与精益管理，实现提质增效	➤ 制造行业（如汽车制造） ➤ 物流运输业（如仓库储存、物流系统） ➤ 冶金行业（如钢铁冶炼） ➤ 农牧业（如农作物健康状态监测）	经济效益
适用社会效益大的工程/场景	支持工程/场景的实时可视化、多维度/多粒度仿真、虚拟验证与实验、沉浸式人机交互，以及为保障安全提供辅助等	➤ 数字孪生城市（如城市规划、城市灾害模拟、智慧交通） ➤ 数字孪生医疗（如远程手术、患者护理、健康监测） ➤ 文物古迹修复（如巴黎圣母院修复） ➤ 数字孪生奥运（如场景模拟）	社会效益

参考文献

[1] PIASCIK R, VICKERS J, LOWRY D, et al. Technology area 12: Materials, structures, mechanical systems, and manufacturing road map[M]. Washington, DC: NASA Office of Chief Technologist, 2010.

[2] GRIEVES M, VICKERS J. Digital twin: mitigating unpredictable, undesirable emergent behavior in complex system[M]. Berlin, Germany: Springer-Verlag, 2017.

[3] GRIEVES M. Product lifecycle management: The new paradigm for enterprises[J]. International Journal of Product Development, 2005, 2(1/2):71-84.

[4] GRIEVES M. Virtually perfect: Driving innovative and lean products through product lifecycle management[M]. Florida: Space Coast Press, 2011.

[5] 数字孪生体实验室. 数字孪生体技术白皮书[R]. 北京：安世亚太科技股份有限公司，2020:6-10.

[6] TUGEL E J, INGRAFFEA A R, EASON T G, et al. Reengineering aircraft structural life prediction using a digital twin[J]. International Journal of Aerospace Engineering. 2011(1): 54798.

[7] ROSEN R, VON W G, LO G, et al. About the importance of autonomy and digital twins for the future of manufacturing[J]. IFAC-Papers OnLine. 2015, 48(3):567-572.

[8] SCHLUSE M, ROSSMANN J. From Simulation to Experimentable Digital Twins Simulation-based Development and Operation of Complex Technical Systems [C]. Edinburgh: IEEE,

2016:273-278.
[9] BRENNER B, HUMMEL V. Digital twin as enabler for an innovative digital shopfloor management system in the ESB logistics learning factory at Reutlingen-university[J]. Procedia Manufacturing, 2017, 9:198-205.
[10] 庄存波, 刘检华, 熊辉, 等. 产品数字孪生体的内涵、体系结构及其发展趋势 [J]. 计算机集成制造系统, 2017, 23(4):753-768.
[11] SODERBERG R, WARMEFJORD K, CARLSON J S, et al. Toward a Digital Twin for real-time geometry assurance in individualized production[J]. CIRP Annals-Manufacturing Technology, 2017, 66(1):137-140.
[12] BRUYNSEELS K, DE SIO F S, VAN DEN HOVEN J. Digital Twins in health care: ethical implications of an emerging engineering paradigm[J]. Frontiers in Genetics, 2018, 9:1-11.
[13] SCHLUSE M, PRIGGEMEYER M, ATORF L, et al. Experimentable digital twins-streamlining simulation-based systems engineering for industry 4.0[J]. IEEE Transactions on Industrial Informatics, 2018, 14(4):1722-1731.
[14] LENG J W, Zhang H, Yan D X, et al. Digital twin-driven manufacturing cyber-physical system for parallel controlling of smart workshop[J]. Journal of Ambient Intelligence And Humanized Computing, 2019, 10(3):1155-1166.
[15] TAO F, CHENG J F, QI Q L, et al. Digital twin-driven product design, manufacturing and service with big data[J]. The International Journal of Advanced Manufacturing Technology, 2018, 94(9/12):3563-3576.
[16] HE Y, GUO J C, ZHENG X L. From surveillance to digital twin:challenges and recent advances of signal processing for industrial internet of things[J]. IEEE Signal Processing Magazine, 2018, 35(5):120-129.
[17] KAEWUNRUEN S, RUNGSKUNROCH P, WELSH J. A digital-twin evaluation of Net Zero Energy Building for existing buildings[J]. Sustainability, 2018, 11(1):159.
[18] LUO W C, HU T L, Zhang C R, et al. Digital twin for CNC machine tool: modeling and using strategy[J]. Journal of Ambient Intelligence And Humanized Computing, 2019, 10(3):1129-1140.
[19] NIKOLAKIS N, ALEXOPOULOS K, XANTHAKIS E, et al. The digital twin implementation for linking the virtual representation of human-based production tasks to their physical counterpart in the factory-floor[J]. International Journal of Computer Integrated Manufacturing, 2019, 32(2):1-12.
[20] WANG J J, YE L K, GAO R X, et al. Digital Twin for rotating machinery fault diagnosis in smart manufacturing[J]. International Journal of Production Research, 2019, 57(12):3920-3934.
[21] XU Y, SUN Y, LIU X, et al. A digital-twin-Assisted fault diagnosis using deep transfer learning[J]. IEEE Access, 2019, 7:19990-19999.
[22] LIU J F, ZHOU H, LIU X, et al. Dynamic evaluation method of machining process planning based on digital twin[J]. IEEE Access, 2019, 7:19312-19323.
[23] MADNI A, MADNI C, LUCERO S. Leveraging digital twin technology in model-based systems engineering[J]. Systems, 2019, 7(1):7.
[24] LIU Q, LIU B, WANG G, et al. A comparative study on digital twin models[J]. AIP Conference Proceedings, 2019, 2073(1):020091.
[25] FOTLAND G, HASKINS C, ROLVAG T. Trade study to select best alternative for cable and pulley simulation for cranes on offshore vessels[J]. Systems Engineering, 2019, 23(2):177-188.
[26] WANG P, YANG M, PENG Y, et al. Sensor control in anti-submarine warfare-a digital twin and

random finite sets based approach[J]. Entropy, 2019, 21(8):767.
[27] ALEXOPOULOS K, N NIKOLAKIS, G CHRYSSOLOURIS. Digital twin-driven supervised machine learning for the development of artificial intelligence applications in manufacturing[J]. International Journal of Computer Integrated Manufacturing, 2020, 33 (5):429-439.
[28] MELESSE T Y, DI P, RIEMMA S. Digital twin models in industrial operations: a systematic literature review[J]. Procedia Manufacturing, 2020, 42:267-272.
[29] LU Y Q, LIU C, WANG K I, et al. Digital twin-driven smart manufacturing: connotation, reference model, applications and research issues[J]. Robotics and Computer-Integrated Manufacturing, 2020, 61:101837.
[30] 刘大同, 郭凯, 王本宽, 等. 数字孪生技术综述与展望[J]. 仪器仪表学报, 2018, 39(11):1-10.
[31] 陶飞, 张贺, 戚庆林, 等. 数字孪生十问: 分析与思考[J]. 计算机集成制造系统, 2020, 26(1):1-17.
[32] TAO F, QI Q L, WANG L H, et al. Digital twins and cyber-physical systems toward smart manufacturing and industry 4.0: correlation and comparison[J]. Engineering, 2019, 5(4):653-661.
[33] 乔洁. 基于半物理仿真驱动的客运车辆关键性能虚拟测试技术研究[D]. 西安: 长安大学, 2020.
[34] 吴双. 半物理仿真系统现状及发展趋势[J]. 工业仪表与自动化装置, 2016, 248(2):16-20.
[35] 张楠. "元宇宙"赋能工业创新架构发展[J]. 中关村, 2022, (3):56-59.
[36] 杨林瑶, 陈思远, 王晓, 等. 数字孪生与平行系统: 发展现状、对比及展望[J]. 自动化学报, 2019, 45(11):2001-2031.
[37] 张俊, 许沛东, 王飞跃. 平行系统和数字孪生的一种数据驱动形式表示及计算框架[J]. 自动化学报, 2020, 46(7):1346-1356.
[38] 戴晟, 赵罡, 于勇, 等. 数字化产品定义发展趋势: 从样机到孪生[J]. 计算机辅助设计与图形学学报, 2018, 30(8):1554-1562.
[39] 樊留群, 丁凯, 刘广杰. 智能制造中的数字孪生技术[J]. 制造技术与机床, 2019(7):61-66.
[40] 胡虎, 赵敏, 宁振波, 等. 三体智能革命[M]. 北京: 机械工业出版社, 2016.
[41] 王建军, 向永清, 何正文. 基于数字孪生的航天器系统工程模型与实现[J]. 计算机集成制造系统, 2019, 25(6):1348-1360.
[42] 王文跃, 侯俊杰, 毛寅轩, 等. 面向复杂产品研制的MBSE体系架构及其发展趋势研究[J]. 控制与决策, 2022, 37(12):3073-3082.
[43] 周军华, 薛俊杰, 李鹤宇, 等. 关于武器系统数字孪生的若干思考[J]. 系统仿真学报, 2020, 32(4):539-552.
[44] 施战备, 秦成, 张锦存, 等, 数物融合-工业互联网重构数字企业[M]. 北京: 人民邮电出版社出版, 2020.
[45] 高天虹, 张为民, 谢树联, 等. 基于RAMI4.0的交钥匙工程制造系统功能单元资产管理壳模型[J]. 机械制造, 2021, 59(6):1-6.
[46] 岳磊, 刘丹, 方毅芳. 工业4.0组件中的资产管理壳[J]. 中国仪器仪表, 2017(12):55-60.
[47] 翁竞. 壳牌勘探工程公司固定资产管理信息系统的设计与实现[D]. 成都: 电子科技大学, 2015.

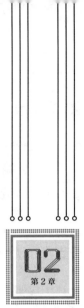

第2章 数字孪生模型

数字孪生模型强调产品全生命周期过程中物理空间和虚拟空间的交互和连接，实现"设计-生产-服务"的闭环[1]。在设计阶段，数字孪生模型的应用可有效节省成本并缩短产品设计阶段的时间；在制造阶段，可以监管产品生产情况并减少产品制造时间；在服务阶段，可以实现监控、仿真、预测、优化等实际功能服务和应用需求。全生命周期中各阶段孪生模型间的相互作用和有机结合体现了数字孪生技术的应用价值。

本章首先对通用的数字孪生模型进行概述，介绍目前较为成熟的数字孪生模型架构，包括最基础的三维模型、四维模型、近几年提出并被广泛应用的五维模型以及八维模型。随后基于北航数字孪生团队提出的数字孪生五维模型，面向智能制造中产品的全生命周期的三个主要阶段，即设计、制造、服务，针对性地构建了数字孪生模型并进行阐述。本章内容总体框架如图2-1所示。

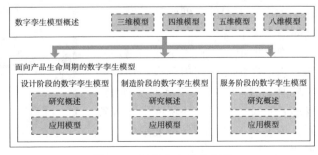

图2-1 本章内容总体框架

2.1 数字孪生模型概述

2.1.1 数字孪生三维模型

孪生模型概念最早出现在阿波罗计划中，随着技术的不断发展，美国密歇根大学的 Grieves 教授提出了数字孪生模型的概念[2]。他开创性地引入虚拟空间的概念，将孪生模型数字化，通过数字化的表达方式创建了与实体相互关联的虚拟模型。他构建了数字孪生三维模型，这三个维度是物理空间的物理实体、虚拟空间的数字孪生体以及这两个空间之间的连接，模型如图 2-2 所示。

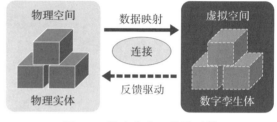

图 2-2　数字孪生三维模型[2]

物理实体所对应的实体对象可以是产品、制造工艺、建筑部件、人体器官，以及传感器采集设备和环境数据。

数字孪生体是对物理实体的完整映射，包括几何形状、属性和特征。连接模型的作用是双向连接物理实体与数字孪生体及其相关信息，通过将物理实体的信息数据映射至孪生体上，进而同步观察和比较两种模型，以发现需要解决的问题。数字孪生体所反馈驱动的一般不会是其对应物理实体的细节，而是反映其用例定义的功能特征，例如用户与产品的交互、制造过程的能耗、建筑部件的墙壁完整性或人体器官的压力敏感性。除了来自物理实体的数据外，数字孪生体还可以接收和分析来自现有环境工具、周围传感器和交互系统等多方面的孪生数据。

以制造工厂的应用为例，通过物理实体模型确定产品特征，并在数字孪生体模型中建立包括设计特征参数的标签信息。当设计投入生产时，收集这些标签并建立连接模型和数字孪生体模型。采集到物理实体相关的各类数据和特征后，将这些数据及特征整合到数字孪生体模型中，以实时模拟当前工厂中正在进行的制造任务。通过数字孪生三维模型，用户可以近乎实时地看到工厂实际的生产情况以及产品特性。

2.1.2 数字孪生四维模型

数字孪生四维模型如图 2-3 所示，由物理层、虚拟层、网络层以及三层之间的连接组成。

物理层定义了物理空间的物理实体，包括在物理空间中具有物质存在的物体、资产、产品、人员、设备、设施、系统、流程、环境或事物等资源。传感器和执行器是物理层中两个主要的连接事物。前者感知物理条件，以电子信号的形式传递。后者是负责

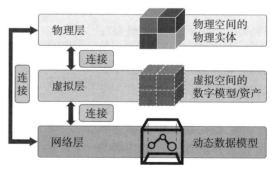

图 2-3　数字孪生四维模型[3]

移动和控制机制以完成任务的组件，例如，通过互联网打开智能泵或打开智能阀门。

虚拟层是以原始或不同文件格式记录数据，例如利用计算机辅助设计（Computer Aided Design，CAD）或计算机辅助制造（Computer Aided Manufacturing，CAM），支持创建、修改、分析、优化或预测静态、动态和实时数据。在创建物理资产之前，通常在存储介质中设计数字模型。该层托管设计和开发的文件，以表示物理层中预期的结果。双向连接使建模和仿真的概念成为可能。

网络层包括用于构建动态数据模型的云处理和存储，以便大规模启用数字功能。此外，数据模型通过物联网、大数据和云技术为各种支持数字孪生的应用程序构建信息和知识，用于诊断和预测。

2.1.3 数字孪生五维模型

随着技术的不断进步，由物理实体、虚拟孪生体（虚拟实体）及连接所组成的数字孪生三维模型已经无法满足数字孪生应用的新需求，因此北航数字孪生研究团队在原有的三维模型中，加入孪生数据和服务系统两个维度，提出了数字孪生五维模型，其结构如图 2-4 所示。通过加入这两个维度，数字孪生五维模型除了可以实现物理实体和虚拟实体之间的连接交互外，还可以利用物联网、大数据、人工智能等新技术融合两方数据，形成虚实双向连接，实现更全面、更准确的信息获取。此外，服务系统的加入可以进一步满足检测、预测、优化、决策等应用需求。

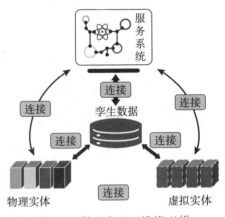

图 2-4　数字孪生五维模型 [4]

1）物理实体（Physical Entity，PE）指真实世界中客观存在的实体及其所处的环境。通常会在物理实体上部署各种不同类型的传感器或其他数据采集设备，以实时监测物理实体在真实场景中的运行情况和所处环境状况。

2）虚拟实体（Virtual Entity，VE）指的是上述物理实体在虚拟空间中的数字化映射，该模型由几何模型、物理模型、行为模型和规则模型共四种模型组成。其中，几何模型由尺寸、形状、装配关系等几何参数构成；物理模型用于分析应力、剪切力等物理属性；行为模型用于响应外界驱动及扰动作用；规则模型依据物理实体的运行规则而构建，使虚拟实体具备监测、优化、预测等功能。

3）孪生数据（Digital-twin Data，DD）用于驱动数字孪生模型的运行，该模型集成融合了物理实体、虚拟实体以及服务系统的相关信息数据和物理数据。这些数据会及时更新，实现物理空间和虚拟空间的同步，提供更加准确、全面的数据支持。

4）服务系统（Services，Ss）指以工具组件、中间件、模块引擎等形式支撑数字孪生内部功能运行与实现的"功能性服务"，以及以应用软件、移动端 App 等形式满足不同领域不同用户不同业务需求的"业务性服务"。一般这类服务系统会以应用系统的可视化形式展示，以方便用户使用。

5）连接（ConNection，CN）是实现物理实体、虚拟实体、孪生数据以及服务系统两两连接的互通桥梁，使得数据有效快速地传输，这种传输往往是双向的、实时或近实时的。连接定义了物理实体和虚拟实体之间的关系，实现了虚拟与现实的实时交互和融合，提升了系统的自我迭代优化能力[5]。

2.1.4 数字孪生八维模型

为了进一步细化和描述数字孪生的预期行为和环境，Stark 等人的研究团队提出了如图 2-5 所示的数字孪生八维模型[6]。该模型主要划分为两大部分，分别是数字孪生模型的行为模型和环境模型。每个模型又细分了四个维度并标注了实现级别。其中，行为模型包括集成广度、连接方式、更新频率和产品生命周期；环境模型包括 CPS 智能级别、仿真能力、数字模型丰富度和人机交互方式[7]。

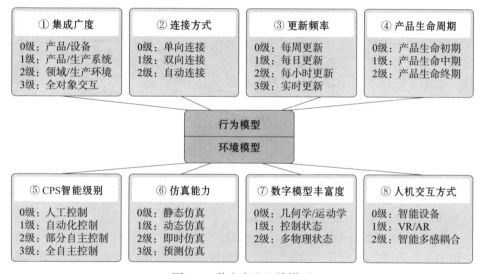

图 2-5 数字孪生八维模型

1）集成广度描述了数字孪生的应用范围及其应用时要考虑的环境。

2）连接方式用于区分实现数字孪生数据和信息的传递方式，除了单向连接和双向连接外，还有自动连接的方式，可以进行环境感知的自我导向。

3）更新频率指数字孪生系统中更新数据信息的采集和传输频率。

4）产品生命周期大致分为三个阶段，分别为产品生命初期（Begin of Life，BoL）、产品生命中期（Middle of Life，MoL）和产品生命终期（End of Life，EoL）。

5）CPS 智能级别用于区分智能等级。其中，0 级指人工控制；1 级代表基于既定规则进行的自动化控制；2 级代表部分自主控制，即介于规则和类人智能之间的半自主控制；3 级指利用人工智能等类人智能技术实现的全自主控制。

6）仿真能力分为四个层次，静态仿真的输入参数和仿真模型不随时间变化而变化。动态仿真的参数和仿真模型则随时间变化而变化，如流体仿真。即时仿真（Ad-Hoc）基于物理实体模型提供的实时数据进行模拟，可用于实现数字孪生的同步。预测仿真是指具有预测能力的仿真孪生模型，可用于进行预测性维护、故障检测等。

7）数字模型丰富度描述了产品映射到数字孪生体上的特征类型。

8）人机交互方式指的是用户与数字孪生系统的交互方式。

参考上述模型，以智慧工厂为例，工厂的数字孪生构建的八个维度分别为：集成广度——产品/生产系统；连接方式——双向连接；更新频率——实时更新；产品生命周期——产品生命中期；CPS智能级别——自动化控制；仿真能力——动态仿真；数字模型丰富度——几何学/运动学；人机交互方式——智能设备。

2.2 面向产品生命周期的数字孪生模型

数字孪生技术的发展为当前的PLM赋予了全新的内涵。通过数字孪生技术，能够以产品的数字孪生体为中心，进行全生命周期的执行，其中包括设计、制造与服务。这样就能够在数字孪生体中，实现工厂全生命周期数据的集成，进而促进生产理念的精益化，提高工厂生产的质量和效率[8-10]。本节分别从设计、制造、服务三个阶段介绍数字孪生五维模型的构建与使用思路。

2.2.1 设计阶段的数字孪生模型

设计阶段的数字孪生模型可促进智能制造设计阶段的快速响应和动态过程，丰富设计内容并缩短复杂的产品设计周期[11]。本节基于五维数字孪生模型，提出设计阶段的数字孪生模型，以预测一个产品或系统的性能，识别潜在的问题，进而指出优化的方向。

基于五维模型的设计阶段的数字孪生模型如图2-6所示。

1. 物理设计模型

物理空间的设计模型由两部分组成，一部分是依据设计流程所产出的人为产物，即指设计人员在物理空间中，根据设计对象的功能、性能、外观等设计需求，结合自身设计经验提出的对设计对象的设计构想，以及根据该构想所产生的相关文件和实体样机等。另一部分则是产出设计图纸、设计对象模型以及后续进行设计验证所使用的设备和软件。当设计对象的数字孪生体被验证后，其数据会再次传输回物理空间以进行试生产来测试是否满足设计需求。

2. 虚拟设计模型

虚拟设计模型是物理设计模型在虚拟空间的数字化映射。通过集成与融合几何、物理、行为和规则四层模型，建立超高还原度的数字化模型，以实现与物理空间的一致性。其中，几何模型描述的是设计对象各部件的形状、尺寸、位置和装配关系，一般使用三维建模软件建立；物理模型指的是几何模型所设计的物理属性和载荷，可用于分析和描述物理现象，如变形、腐蚀、开裂等；行为模型用于描述在各类驱动干扰因素下的响应机制；规则模型则是指基于领域知识对关联规则、约束规则和演绎规则进行建模，从而能够使模型具有评价和推理的能力[12]。设计人员通过在虚拟空间中基于设计对象的材料和结构的耦合特性，通过虚拟空间模拟该对象的生产过程或对设计对象进行数据处理、结构设计、外观修改以及仿真验证等操作，验证设计方案的优劣性并及时进行修改。当发现不符合设计要求的缺陷时，通过在数字孪生体上的迭代来解决这些缺陷，相比于通过物理实体来验证修改，该方法效率更高、成本更低。

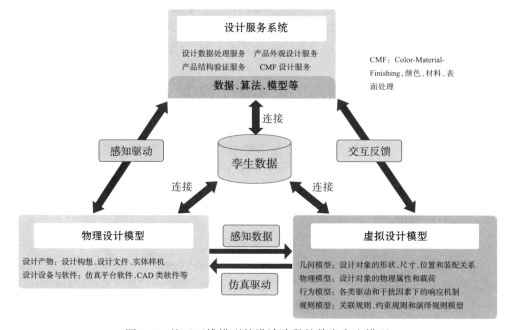

图 2-6　基于五维模型的设计阶段的数字孪生模型

3. 设计服务系统

设计服务系统是对在数字孪生系统中进行设计所涉及的数据、算法、模型等进行管理和呈现的系统。设计服务系统本质上是一个继承了设计过程中所需全部算法的数字模型，该系统可以根据数字孪生模型中的数据变化及时进行处理和反馈，以确保系统的稳定性[13]。

4. 孪生数据

孪生数据是整个数字孪生模型运行的核心驱动力，其中包括了物理设计模型、虚拟设计模型以及设计服务系统的各类数据[14]。同时，这些数据会根据设计进度的变化和设计行为的实时变化而同步更新和优化。

5. 连接

连接在设计阶段的数字孪生模型中的作用是实现物理设计模型、虚拟设计模型、孪生数据与设计服务系统之间的双向信息传递和交互，从而形成信息数据流通的闭环系统。

2.2.2 制造阶段的数字孪生模型

随着产品质量要求的不断提高和市场竞争逐渐加剧，制造业亟须向智能制造转变。智能制造的目标是打造制造流程和数据信息交互闭环，而数字孪生的核心就是通过数据流实现物理实体模型和虚拟实体模型之间的通信和交互。制造阶段的数字孪生五维模型可将物理空间的生产、测试等数据向虚拟空间的孪生模型传输，并实时反馈和交互，从而实现了基于模型的生产数据监控和生产过程监控[15]。

制造阶段的数字孪生五维模型如图 2-7 所示。

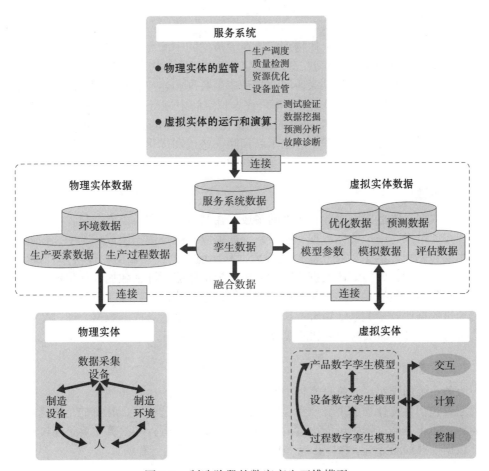

图 2-7 制造阶段的数字孪生五维模型

1. 物理实体

制造阶段的物理实体主要指物理空间中客观存在的、复杂的、多样化的实体，即生产要素。物理实体包括制造设备、数据采集设备、制造参与者（人）和制造环境。制造设备包括实体加工设备、原材料、工件和检测设备等一系列实体，主要负责产生物理制造数据、接收制造任务并执行生产制造活动。由于上述生产要素所产生的数据纷繁复杂，因此数据采集设备根据采集对象的不同而各有差异。对人来说，一般会采用便携设备来采集生理信息、位置信息等；对于制造所用的加工设备、检测设备等，通常通过部署传感器来采集设备运行速度、运行能耗、设备磨损情况等数据，其中，自动化程度较高的设备还可通过嵌入式传感器直接采集；对于原材料、工件等，可使用无线射频识别（Radio Frequency IDentification，RFID）来跟踪其生命周期的状态和行为；对于生产环境，则可通过环境传感器或摄像头等进行实时监测。这些多源异构数据若要实现互联互通，在生产前还需要收集、整合、优化。

2. 虚拟实体

制造阶段的虚拟实体指上述物理实体在虚拟空间中的完整映射，主要包括产品数字孪生模型、设备数字孪生模型、过程数字孪生模型。这些模型都具有交互、计算和控制的属性，它们相互之间关联协同。基于孪生数据和连接，在物理空间进行的制造活动（例如产品加工、质量检测等）都可在虚拟空间中进行有效的模拟和分析[16]。此外，虚拟实体通过孪生数据可向服务系统提供物理实体的控制指令和优化策略。因此，数字孪生模型在制造过程中会被不断预测、迭代和优化，变得更加精确，从而使自身更加智能。

3. 孪生数据

孪生数据是制造模型中各种数据的集成。在制造过程中，该模型包含的数据主要由物理实体数据、虚拟实体数据、服务系统数据以及融合数据组成。其中，物理实体数据主要包括生产要素数据、生产过程数据和环境数据，它们由物理实体直接生成，无须进一步处理；虚拟实体数据指模型参数、模拟数据、评估数据、优化数据和预测数据；服务系统数据主要涉及各种服务的数据；融合数据是物理实体数据和虚拟实体数据通过数据比较、关联、组合、聚类等方式进行融合后形成的数据。通过数据融合算法可对制造过程的实时数据和离线数据进行分析和挖掘。

4. 服务系统

服务系统用于实现对物理实体的监管以及虚拟实体的运行和演算。其中，物理实体的监管包括生产计划调度、质量检测资源优化、设备监管等，其目的是快速解决现有问题，防止生产过程中可能出现的故障；虚拟实体的运行和演算主要是通过测试验证、数据挖掘预测分析、故障诊断等技术来支持模型的运行和演算。

5. 连接

连接作为物理实体、虚拟实体、孪生数据和服务系统之间的桥梁，是实现物理设备和虚拟设备集成和互联的关键，可以消除制造系统各级信息系统之间的通信障碍。

2.2.3 服务阶段的数字孪生模型

在服务阶段，对产品状态的跟踪和实时监控依然有很大需求。在这个阶段，通过访问历史数据和实时数据，可分析产品的健康状态和寿命状态，提供及时的性能维护预警[17]。同时，当产品出现故障和质量问题时，可进行产品物理位置、故障及质量问题的快速定位，以及零部件更换、产品维修、产品升级甚至报废退役。而在传统的服务方式下，产品往往是分散的、不连续的，难以跟踪并统一管理、汇总、访问数据。用于服务数字化转型的数字孪生模型则具备相当多的优点，能够实现智能定期维护、实时监控、远程控制和预测。基于五维模型的服务阶段的数字孪生模型是数字孪生技术功能化的体现，将监控、诊断、评估、预测、可视化等各类服务功能集为一体，能够调用多个孪生体的数据，实现数据共享，打破信息壁垒，实现智能运行和精准管控，以及虚拟实体模型与物理实体模型的交互反馈[18]。

基于五维模型的服务阶段的数字孪生模型如图 2-8 所示。

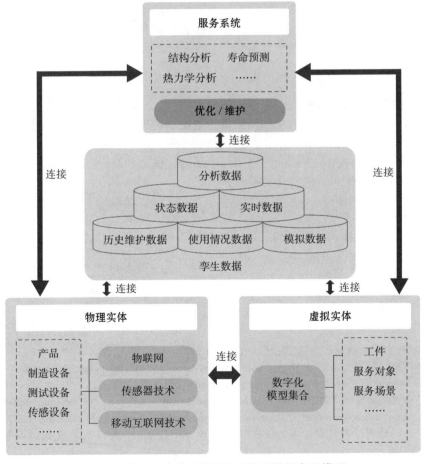

图 2-8 基于五维模型的服务阶段的数字孪生模型

1. 物理实体

物理实体主要指的是在物理空间中参与服务活动的实体集合，包括产品、制造设备、测试设备、传感设备等。

2. 虚拟实体

虚拟实体是指在虚拟空间中的物理实体的数字化模型集合。虚拟实体不仅可以实现对物理实体的远程监控，还可以提供信息基础[19]。虚拟实体结合服务系统和孪生数据进行分析，对于出现故障和质量问题的实物产品，采用溯源和仿真技术，可快速定位质量问题并分析原因，进而生成解决方案。生成的结果会反馈到物理实体，以指导产品质量排查和追溯。

3. 孪生数据

数据是服务的基础，通过传感器、RFID、红外传感器、视觉设备、全球定位系统、激光扫描仪等一系列信息传感设备即可实现对物理实体的数据感知与采集[20]。这些数据包括状态数据、使用情况数据、历史维护数据和实时数据。此外，孪生数据也继承了虚拟实体中的模拟数据和服务系统中的分析数据。

4. 服务系统

服务系统是服务阶段数字孪生模型的重点维度。通过利用物理实体所产生的状态数据、使用情况数据、实时数据和历史维护数据，实现对实物产品使用过程的实时监控。若结合同类型产品的相关数据并进行数据挖掘，可对产品模型进行结构分析、热力学分析及寿命预测等，进而及时对实体产品进行优化和维护。服务系统的分析模型越准确，仿真预测结果就越符合实际情况。

5. 连接

服务阶段的连接与设计阶段和制造阶段的类似，也是连接孪生数据与物理实体、虚拟实体以及服务系统的介质。

参考文献

[1] 樊少冬. 面向智能制造的数字化工厂实现技术分析[J]. 技术与市场, 2019, 26(10):173.
[2] GRIEVES M, VICKERS J. Digital twin: mitigating unpredictable, undesirable mergent behavior in complex systems[M]. Berlin, Germany: Springer-Verlag, 2017: 85-113.
[3] AHELEROFF S, Xu X, ZHONG R Y, et al. Digital twin as a service (DTaaS) in industry 4.0: an architecture reference model[J]. Advanced Engineering Informatics, 2021, 47(2):101225.
[4] 陶飞, 刘蔚然, 刘检华, 等. 数字孪生及其应用探索[J]. 计算机集成制造系统, 2018, 24(1):1-18.
[5] SCHLEICH B, ANWER N, MATHIEU L, et al. Shaping the digital twin for design and production

engineering[J]. CIRP Annals-Manufacturing Technology, 2017 (66): 141-144.
[6] STARK R, FRESEMANN C, LINDOW K. Development and operation of digital twins for technical systems and services[J]. CIRP Annals, 2019, 68(1): 129-132.
[7] REN Z J, WAN J F, DENG P. Machine-learning-driven digital twin for lifecycle management of complex equipment[J]. IEEE Transactions on Emerging Topics in Computing, 2022, 10(1):9-22.
[8] 陆剑峰, 夏路遥, 白欧, 等. 智能制造下产品数字孪生体全生命周期研究 [J]. 自动化仪表, 2021, 42(3):1-7.
[9] 苗田, 张旭, 熊辉, 等. 数字孪生技术在产品生命周期中的应用与展望 [J]. 计算机集成制造系统, 2019, 25(6):1546-1558.
[10] ZHANG L Y, FENG L J, WANG J F, et al. Integration of design, manufacturing, and service based on digital twin to realize intelligent manufacturing[J]. Machines, 2022, 10(4):275.
[11] 程浙武, 童水光, 童哲铭, 等. 工业锅炉数字化设计与数字孪生综述 [J]. 浙江大学学报 (工学版), 2021, 55(8):1518-1528.
[12] 白仲航, 孙意为, 许彤, 等. 基于设计任务的概念设计中产品数字孪生模型的构建 [J]. 工程设计学报, 2020, 27(6):681-689.
[13] 王昊琪, 李浩, 文笑雨, 等. 基于数字孪生的产品设计过程和工作量预测方法 [J]. 计算机集成制造系统, 2022,28(1):17-30.
[14] TAO F, SUIF Y, LIU A, et al. Digital twin-driven product design framework[J]. International Journal of Production Research, 2019, 57(12):3935-3953.
[15] 刘帅. 基于数字孪生的产线状态虚实映射监测系统研究与实现 [D]. 西安:西安电子科技大学, 2021.
[16] BAO Q W, ZHAO G, YU Y, et al. The ontology-based modeling and evolution of digital twin for assembly workshop[J]. International Journal of Advanced Manufacturing Technology, 2021, 117(1/2):395-411.
[17] 刘洛宁. 面向复杂产品装配质量的数字孪生模型评价方法 [D]. 哈尔滨:哈尔滨工业大学, 2021.
[18] 骆伟超. 基于 Digital Twin 的数控机床预测性维护关键技术研究 [D]. 济南:山东大学, 2020.
[19] LIU L L, ZHANG X Y, WAN X, et al. Digital twin-driven surface roughness prediction and process parameter adaptive optimization[J]. Advanced Engineering Informatics, 2022, 51:101470.
[20] MI S H, FENG Y X, ZHENG H, et al. Prediction maintenance integrated decision-making approach supported by digital twin-driven cooperative awareness and interconnection framework[J]. Journal of Manufacturing Systems, 2021, 58:329-345.

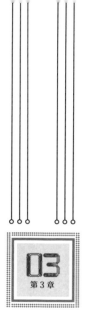

第3章

数字孪生车间

目前,人类正在经历以移动互联与智能制造为主导的第四次工业革命,它以革命性的生产方式为标志。在新一代信息技术与工业生产制造结合应用的浪潮下,各国相继提出了相应的发展战略。代表性的如工业 4.0、工业互联网、中国制造 2025 和互联网+制造、面向服务的制造或服务型制造等,其共同目标之一是实现制造的物理空间和虚拟空间的互联互通与智能化操作。

在制造企业,车间是最重要的生产现场之一,是将设计意图转化为产品的关键环节,是制造活动的执行主体,是信息流、物料流和控制流的汇合点,因此,车间智能化是实现智能制造的必经之路。本章首先回顾制造车间的发展历程,在此基础上,阐述数字孪生车间的架构与特征,介绍数字孪生车间的现状并做出展望。图 3-1 为本章内容总体框架。

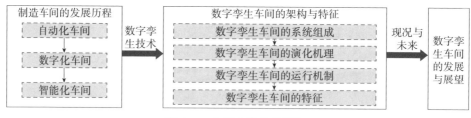

图 3-1　本章内容总体框架

3.1 制造车间的发展历程

随着科学技术及管理思想的不断发展,加工制造行业在技术应用及管理模式上也经历了几次变革,从实际发展来看,每一次变革都带来了工业水平的大幅提升,制造车间大致经历了如图 3-2 所示的 3 个阶段。

自动化技术的发展及其在机械制造领域的应用推动了自动化车间的形成;大数据、分布式信息技术和物联网技术推动传统自动化车间向数字化车间转变;人工智能、云计算及虚拟现实技术的发展和它们在机械制造领域的应用推动了智能化车间的形成[1]。

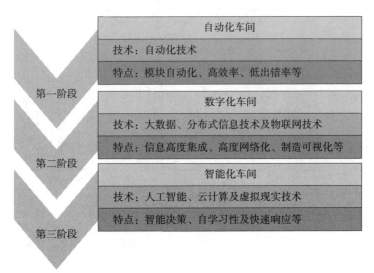

图 3-2 制造车间的发展历程

3.1.1 自动化车间

自动化技术将计算机技术、信息技术作为基础,对相关的技术予以整合,并应用于机器装置中,确保不需要人员参与就能够顺利完成指定的生产作业任务。在自动化技术引入车间之前,生产制造车间主要以人工流水线手工生产制造为主,机械辅助生产为辅。自动化技术的引入使得自动化机械成为生产车间的主力,而人则更多地扮演起远程控制操作和协助机械完成生产制造的角色。自动化车间中的机械手臂、数控机床、自动化立体仓库、自动化生产线提高了车间生产效率和产品的质量,改善了工人劳动条件,降低了材料的损耗。

自动化车间具有自动完成产品制造的全部加工过程的功能。整个自动化车间能够实现综合自动化(包括设计、制造等过程的自动化),以及企业内部管理、市场信息处理和企业间信息联系等信息流的全面自动化。自动化的常规组成方式是将各种加工自动化设备和柔性生产线(Flexible Manufacturing Line,FML)连接起来,配合 CAD 和 CAM 系统,在中央计算机统一管理下协调工作。

图 3-3 所示为自动化车间的系统构成。自动化车间主要由上位机系统和下位机系统构成,其中下位机系统由多个相对独立的控制系统组成,每个控制系统控制若干执行机构,每个执行机构又由多个动力系统构成,各个控制系统控制各自的执行机构进行生产运作。

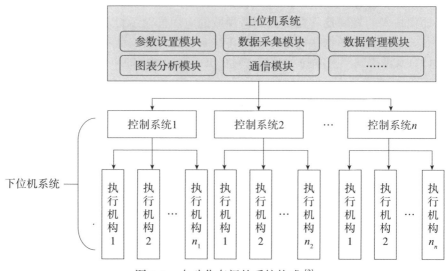

图 3-3　自动化车间的系统构成 [2]

1. 下位机系统的构成

下位机系统主要由仓管系统、物料传输系统、物料加工系统、质量监测系统、产品包装系统等控制系统组成。在各系统间根据不同的工作特点通过 CAN 总线或者 RS485 进行通信,来达到各系统之间配合生产的目的。如物料加工系统在物料即将用完时,向仓管系统发送加料请求,由仓管系统将指定的物料加载到物料传输系统,然后由物料传输系统将物料运放至物料加工系统的指定位置,等等。控制系统的应用大大提高了各个模块的生产效率,降低了工人的劳动强度。及时的故障修复功能和自动化的质量检测系统将大大提高产品的质量。

2. 上位机系统的构成

上位机系统主要由参数设置模块、数据采集模块、数据管理模块、图表分析模块和通信模块构成。根据项目系统多和主从分类的特点,上位机系统和下位机系统之间采用双总线通信方式来确保系统的高效可靠性。只接收命令不上传数据的下位机系统采用一主多从的 RS485 总线进行通信;既要接收数据又要发送实时数据的下位机系统采用 CAN 总线来完成数据传输,如图 3-4 所示。

上位机系统通过参数设置模块设置好有

图 3-4　上位机和下位机的通信方式 [2]

关数据并保存至数据库中,以便下次直接提取下发和历史查询,然后通过向下位机系统下发命令帧来完成对下位机的控制。上位机系统通过下发数据帧来设置生产参数,同时接收来自下位机的实时数据来实现对现场机器状态和生产过程实时监控的目的。在自动化的生产车间,上位机系统能够对实时数据做出有效、可靠的分析和处理,将有助于工作人员评估产品质量,合理安排产量和换班时间,以及对生产设备的运行情况进行有效分析。

自动化车间具有传统手工制造车间所不具备的模块自动化、高效率、低出错率等特点。涉及的自动化技术包括工业机器人、自动控制、可编程逻辑控制器(Programmable Logic Controller,PLC)技术,以及计算机网络通信技术。工业机器人的出现替代了从事重复机械劳动、危险劳动的制造工人,减少了生产制造中人身安全事故的发生;自动控制与PLC技术使得生产制造的各环节通过人与计算机交互来实现,各自动化设备也会通过传感器采集设备的运行指标数据,反馈到设备仪表上。由于使用了计算机网络通信技术,自动化车间在执行工作时,可以通过计算机的相关功能预先输入要完成任务的指令,加快生产速率,实现车间生产制造的自动化,从根源上降低出现错误的概率,防止发生安全事故,有效保证机械生产制造的整体过程处于良好运行状态,提高产品质量。

3.1.2 数字化车间

随着大数据、分布式信息技术及物联网技术的发展,我国于2015年发布了《中国制造2025》战略和《国家智能制造标准体系建设指南》,重点推进数字化制造和智能制造。其中数字化车间又是智能制造系统的核心基础单元,它包含设计、生产、物流等生命周期过程,能够实现系统集成、互联互通等智能功能。数字化车间是指以制造资源(Resource)、生产操作(Operation)和产品(Product)为核心,使用数字化的产品设计数据,在现有实际制造系统的数字化环境中,对生产过程进行计算机仿真优化的虚拟制造方式。数字化车间在高性能计算机及高速网络的支持下,采用计算机仿真与数字化现实技术,以群组协同工作的方式运行。它概括了对真实制造世界的对象和活动的建模与仿真研究的各个方面。从产品概念的形成、设计到制造全过程的三维可视及交互的环境,数字化车间在计算机上实现产品制造的本质过程(包括产品的设计、性能分析、工艺规划、加工制造、质量检验、生产过程管理与控制),通过计算机数字化模型来模拟和预测产品功能、性能及可加工性等各方面可能存在的问题。

数字化车间基于生产设备、检测设备等生产相关的硬件设施,以节支降本、提质增效和快速响应市场为目的,通过数字化、网络化、智能化等手段,在计算机虚拟环境中,对"人-机-物-环境"等生产资源与生产过程进行设计、管理、仿真、优化以及可视化,对产品设计、工艺流程、生产组织和过程控制等环节进行精细、精准、敏捷、高效的管理。它改变了传统的规划设计理念,将规划设计从经验和手工方式,转化为计算机辅助数字仿真与优化的方式,以达成节支降本、提质增效和协同高效的管理目的[3]。

数字化车间将先进的生产理念和先进的生产设备与制造工艺进行有机融合,通过对企业计划、生产与质控的全面数字化管理，在虚拟空间中模拟生产制造过程，使生产制造过程在实际加工前可以得到检验并改进和优化，从而填补了设计与制造之间的鸿沟、降低了从设计到生产过程中的不确定性、提高了车间综合应用效率以及快速响应能力。可以说数字化车间为生产制造提供了一个更高效、更精准的管理平台，从整体上改善了生产过程的组织与管理，真正意义上实现了车间柔性化生产。

数字化车间信息模型涉及车间级的生产、物流、质量和维护各方面，各模型之间存在复杂的联系。车间内装备一般来自不同的厂商，搭载不同控制系统，不同系统之间采用不同的数据类型和格式，这导致了设备系统间的异构性。异构设备之间信息的类型、格式和语义方面的差异对设备间的数据交换和通信造成障碍，并产生"信息孤岛"。统一信息标准规范的缺乏也导致数字化车间推广成本过高，在实际运行中难以实现有效的网络集成，阻碍了数字化车间网络化、智能化协同的实现，制约了车间数字化、智能化的实现[4]。解决数字化车间内的信息孤岛问题，实现设备间互联互通和互操作以及设备模型到生产线和车间信息模型的继承和拓展，是实现智能制造的重要基础，具有严格规范的标准化信息模型则是解决这一问题的关键。通过标准化信息模型，车间内的所有信息基于一个标准协议，采用统一的格式和语言进行描述，信息在车间内无障碍地流通和共享，可以高效灵活地继承和拓展。

数字化车间架构如图3-5所示[5]。以大数据信息交互平台为核心，建立8大协同、高效运行的数字化管理模块，实现5类车间核心装备与信息化深度融合，创造4大产品线规模化、柔性化的智能制造新模式。

其中，8大数字化管理模块包括：生产执行管理系统（Execution Management System，MES）、订单管理系统（Order Management System，OMS）、仓储管理系统（Warehouse Management System，WMS）、供应链管理（Supply Chain Management，SCM）、人力资源系统（Human Resources System，HRS）、企业资源计划（Enterprise Resource Planning，ERP）、设备管理系统（Equipment Management System，EMS）和产品生命周期管理（PLM）；5类车间核心装备包括：高端装备与机器人、智能检测装备、智能传感与数据采集设备、智能仓储与物流设备和工业软件。4大产品线包括：智能装备产品线、功能部件产品线、伺服电机产品线和伺服驱动产品线。

数字化车间基于"互联网+智能制造"的理念，建立覆盖整个车间所有业务单位和各类终端的大数据网络架构，通过Wi-Fi、FDDI、WLAN等技术，使各种智能加工中心、智能生产线、AGV、自动终端机、电子看板和工业机器人等实现互联互通，并通过办公系统、生产终端、电话终端和广播系统等实现数据共享和即时信息交换及分析处理。图3-6为数字化车间的网络架构[5]。

数字化车间系统的最终目标是在一个数字化环境中建立相对于物理系统的数字化车间模型，该系统能辅助设计人员规划车间布局、生产流程等，得到数字化车间模型后可以进行生产调度仿真，试验各种调度方案，验证布局的优劣，使车间在施工前得到充分的论证[6]。工厂投产后，数字化车间可以和企业的ERP系统、数据库等结合，辅助管理人员管理生产，对技术人员进行指引。

第 3 章 数字孪生车间　　45

图 3-5　数字化车间架构（见彩插）

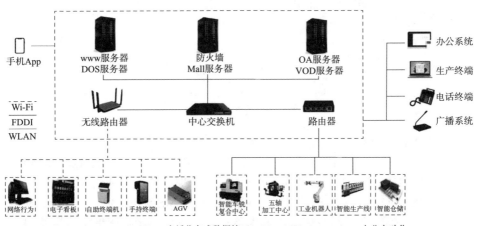

FDDI：Fiber Distributed Data Interface，光纤分布式数据接口；OA：Office Automation，办公自动化；
VOD：Video On Demand，视频点播；AGV：Automated Guided Vehicle，自动导向车

图 3-6　数字化车间网络架构（见彩插）

数字化车间软件系统架构分为三层：界面层、功能层和数据层。图 3-7 为其软件系统架构。界面层是用户和系统交互的接口，用户可以根据设计出的数字化产品及加工工艺交互式地查询各类模型库，建立所需的几何模型、仿真模型、数字化加工设备及数字化加工环境，还可以获取仿真分析的结果。功能层是一个应用工具集，从右至左的三大工具集分别用于：获取数字化制造中产品设计模块的设计信息，这是数字化车间建立的依据；根据设计出的产品模型和工艺建立所需的零部件、仿真模型、加工设备模型以及加工环境模型，该建模工具集支持模型的重用及重构；在建立的数字化车间的基础上进行仿真分析，以对产品可加工性及工艺参数的合理性做出评价。数据层用于记录产品数据、构成数字化车间的各种模型数据以及加工仿真分析的过程数据等。数据层是功能层的支撑。

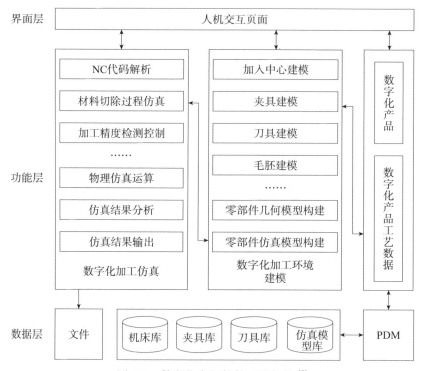

图 3-7　数字化车间软件系统架构[7]

数字化车间及其构建技术的特点如下。

1）设计、制造、仓储等数据的信息集成：集成系统的设计和计算机建模基于并行工程思想，在内部和外部各部门分系统并行工作时，均能保证信息共享的一致性；协同运行 MES、OMS、WMS、SCM、HRS、ERP、EMS 和 PLM 等分布式信息系统。

2）制造系统的高度网络化：数字化车间中的各自动化制造单元的高度网络化，方便数字化车间信息平台的实时监控、统一调度、顶层设计。

3）车间生产制造信息的可视化：数字化车间各制造单元的实时运行数据信息基

于 Web 技术、图形学技术以数字化模型的方式进行展现。

4）数据信息资源管理与统一的网络通信协议：基于嵌入式系统构建的数字化车间网络化制造信息管理系统可以实现生产现场任务的分发和生产现场信息的采集。各制造单元的所有信息基于一个标准协议，采用统一的格式和语言进行描述，方便制造车间数据信息数据库的集成。

5）制造单元生产数据的融合：实时制造数据的融合处理通过对各种数据采集源给出的信息进行综合、过滤、关联及合成，实现对有效数据的综合与分析。

3.1.3 智能化车间

数字化车间是智能制造的核心基础单元，也是制造车间向着智能化发展的基础，而智能化车间是数字化车间的高阶形态，事实上，智能化车间是基于数字化车间在智能决策方向深入发展的产物。数字化车间存在以下问题。其一，ERP 与 MES 层之间缺乏有效的融合手段，两个系统处于孤立状态；其二，MES 层中接入的设备数量、种类越来越多，其维护变得烦琐且成本不断增加；其三，MES 层采集到的数据种类单一，其呈现不够直观，作用有限。以上问题导致数字化车间的实践流于形式且拥有很大的局限性。

随着技术的不断发展，尤其是人工智能领域的突破性进展，数字化车间被赋予新的使命——践行智能制造。被重新定义的数字化车间称为智能化车间，它在继承数字化车间的功能与技术的前提下也具备新的特征。两者技术之间的包含关系如图 3-8 所示。

在数字化车间的基础上，基于车间的生产数据和专家知识库，使用人工智能算法、云计算进行数据处理与分析，不断优化车间调度参数、车间工艺参数及自动化设备运行参数，提高制造车间生产效率；也可以结合数字孪生技术、混合现实技术，针对制造车间构建虚拟仿真模型，实现运行状态同步监控及车间运行数据可视化；也可以基于自动化设备的运行参数构建信息物理系统（CPS），基于故障诊断算法快速确定故障设备的故障类型及原因，最终实现车间运行的智能感知和智能决策。

图 3-8 智能化车间技术和数字化车间技术之间的关系

智能化车间的技术架构如图 3-9 所示。由智能功能特征、智能技术特征及智能网络特征三部分构成[8]。

1）智能功能特征。不同数字化车间的组成元素都不尽相同的，各数字化车间的功能也是千差万别，但其具有智能功能的本质是有共同点的，其智能功能特征可分为

○ PCS：Process Control System，过程控制系统。

智能作业计划和智能生产制造两大类。智能作业计划是数字化车间在生产排产方面的功能特征，主要包含智能 CAPP（Computer Aided Process Planning，计算机辅助工艺规划）、智能动态调度和批量智能。

2）智能技术特征。智能技术特征用来界定智能化车间内现场设备、生产管理和信息知识三个层面的各项智能功能的智能化要素和水平，包括：人机交互性、可维护性、自学习性、容错性、易用性、可嵌入性、可扩展性和快速响应八个特征。

3）智能网络特征。智能网络特征包含面向智能制造数字化车间的信息模型和互联互通[9]。信息模型是从信息的角度对数字化车间进行描述。这些信息是联系各个智能功能元素的桥梁。信息模型为信息的共享奠定了基础，所以信息模型是该架构的基础支撑。互联互通是数字化车间内各管理系统间以及管理系统与现场设备间通信和传递信息的基础。其中，信息交互机制为数字化车间内各类信息的传递提供了运行模式，因此具有智能化的信息交互机制应具备开放性及共享性。

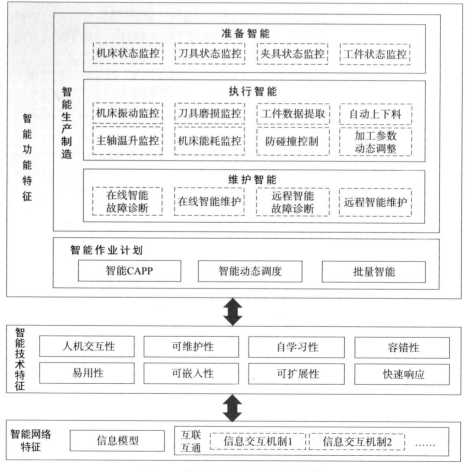

图 3-9 智能化车间的技术架构[10]

3.2 数字孪生车间的架构与特征

数字孪生的概念最早出现于 2003 年，由 Grieves 教授在美国密歇根大学的产品全生命周期管理课程上提出。后来，美国国防部将数字孪生的概念引入航天飞行器的健康维护等问题中，并将其定义为一个集成了多物理量、多尺度、多概率的仿真过程，基于飞行器的物理模型来构建其完整映射的虚拟模型，利用历史数据以及传感器实时更新的数据，刻画和反映物理对象的全生命周期过程。

当前数字孪生的理念已在部分领域得到了应用和验证。代表性的如 Grieves 等将物理系统与其等效的虚拟系统相结合，研究了基于数字孪生的复杂系统故障预测与消除方法，并在 NASA 相关系统中开展应用验证。美国空军研究实验室结构科学中心通过将超高保真的飞机虚拟模型与影响飞行的结构偏差和温度计算模型相结合，开展了基于数字孪生的飞机结构寿命预测，并总结了数字孪生的技术优势。此外，PTC 公司致力于在虚拟世界与现实世界间建立一个实时的连接，基于数字孪生为客户提供高效的产品售后服务与支持。西门子公司提出了"数字化双胞胎"的概念，致力于帮助制造企业在信息空间构建、整合制造流程的生产系统模型，实现物理空间从产品设计到制造执行的全过程数字化。针对复杂产品用户的交互需求，达索公司建立了基于数字孪生的 3D 体验平台，利用用户反馈不断改进信息空间的产品设计模型，从而优化物理空间的产品实体，并以飞机雷达为例进行了验证。

综上所述，数字孪生是实现物理与信息融合的一种有效手段。而车间的物理空间与信息空间难以交互和融合是实现工业 4.0、中国制造 2025、工业互联网、基于 CPS 的制造等的瓶颈之一。

数字孪生车间（Digital Twin Workshop，DTW）是在新一代信息技术和制造技术驱动下，通过物理车间与虚拟车间的双向真实映射和实时交互，实现物理车间、虚拟车间、车间服务系统的全要素、全流程、全业务数据的集成和融合，在车间孪生数据的驱动下，实现车间生产要素管理、生产活动计划、生产过程控制等在物理车间、虚拟车间、车间服务系统间的迭代运行，从而在满足特定目标和约束的前提下，达到车间生产和管控最优的一种车间运行新模式。DTW 主要由物理车间、虚拟车间、车间服务系统（Workshop Service System，WSS）、车间孪生数据四部分组成。

3.2.1 数字孪生车间的系统组成

物理车间是车间客观存在的实体集合，主要负责接收 WSS 下达的生产任务，并严格按照虚拟车间仿真优化后预定义的生产指令，执行生产活动并完成生产任务；虚拟车间是物理车间的完全数字化镜像，主要负责对生产计划/活动进行仿真、评估及优化，并对生产过程进行实时监测、预测与调控等；WSS 是数据驱动的各类服务系统功能的集合或总称，主要负责在车间孪生数据驱动下对车间智能化管控提供系统支持和服务，如对生产要素、生产计划/活动、生产过程等的管控与优化服务等；车间孪生数据是物理车间、虚拟车间和 WSS 相关的数据，以及三者数据融合后产生的衍生数据的集合，是物理车间、虚拟车间和 WSS 运行及交互的驱动[1]。

1. 数字孪生车间的系统组成

（1）物理车间

与传统车间相比，DTW 除传统车间所具备的功能和作用外，其物理车间还需具备异构多源实时数据的感知接入与融合能力，以及车间"人-机-物-环境"要素共融的能力。在实现异构多源数据的感知接入与融合方面，需要一套标准的数据通信与转换装置，以实现对生产要素不同通信接口和通信协议的统一转换以及数据的统一封装；在此基础上，采用基于服务的统一规范化协议，将车间实时数据上传至虚拟车间和 WSS。该装置对多类型、多尺度、多粒度的物理车间数据进行规划、清洗及封装等，实现数据的可操作、可溯源的统一规范化处理，并通过数据的分类、关联、组合等操作，实现物理车间多源多模态数据的集成与融合。此外，物理车间异构生产要素需实现共融，以适应复杂多变的环境。生产要素个体既可以根据生产计划数据、工艺数据和扰动数据等规划自身的反应机制，也可以根据其他个体的请求做出响应，或者请求其他个体做出响应，并在全局最优的目标下对各自的行为进行协同控制与优化。与传统的以人的决策为中心的车间相比，"人-机-物-环境"要素共融的物理车间具有更强的灵活性、适应性、鲁棒性与智能性。

（2）虚拟车间

虚拟车间本质上是模型的集合，这些模型包括要素、行为、规则三个层面。在要素层面，虚拟车间主要包括对人、机、物、环境等车间生产要素进行数字化/虚拟化的几何模型和对物理属性进行刻画的物理模型。在行为层面，虚拟车间主要包括在驱动（如生产计划）及扰动（如紧急插单）的作用下，对车间行为的顺序性、并发性、联动性等特征进行刻画的行为模型。在规则层面，虚拟车间主要包括依据车间繁多的运行及演化规律建立的评估、优化、预测、溯源等规则模型。

在生产前，虚拟车间基于与物理车间实体高度逼近的模型对 WSS 的生产计划进行迭代仿真分析，真实模拟生产的全过程，从而及时发现生产计划中可能存在的问题，实时调整和优化。在生产中，虚拟车间不断积累物理车间的实时数据与知识，对其运行过程进行连续的调控与优化。同时，虚拟车间逼真的三维可视化效果可使用户产生沉浸感与交互感，有利于激发灵感、提升效率；而且虚拟车间模型及相关信息可与物理车间进行叠加和实时交互，实现虚拟车间与物理车间的无缝集成、实时交互与融合。

（3）WSS

WSS 是数据驱动的各类服务系统功能的集合或总称，主要负责在车间孪生数据驱动下对车间智能化管控提供系统支持和服务，如对生产要素、生产计划/活动、生产过程等的管控与优化服务等。例如，在接收到某个生产任务后，WSS 在车间孪生数据的驱动下，生成满足任务需求及约束条件的资源配置方案和初始生产计划。在生产开始之前，WSS 基于虚拟车间对生产计划的仿真、评估及优化数据，对生产计划做出修正和优化。在生产过程中，物理车间的生产状态和虚拟车间对生产任务的仿真、验证与优化结果被不断反馈到 WSS，WSS 实时调整生产计划以适应实际生产需求的变化。DTW 有效集成了 WSS 的多层次管理功能，实现了对车间资源的优化配置及管理、生产计划的优化以及生产要素的协同运行，能够以最少的耗费创造最大的效益，从而在整体上提高 DTW 的效率。

（4）车间孪生数据

车间孪生数据主要由物理车间相关的数据、虚拟车间相关的数据、WSS 相关的数据以及三者融合产生的数据四部分构成。物理车间相关的数据主要包括生产要素数据、生产活动数据和生产过程数据等。生产过程数据主要包括人员、设备、物料等协同完成产品生产的过程数据，如工况数据、工艺数据、生产进度数据等。虚拟车间相关的数据主要包括虚拟车间运行的数据以及运行所需的数据，如模型数据、仿真数据以及评估、优化、预测等数据。WSS 相关的数据包括从企业顶层管理到底层生产控制的数据，如供应链管理数据、企业资源管理数据、销售/服务管理数据、生产管理数据、产品管理数据等。以上三者融合产生的数据是指对物理车间、虚拟车间及 WSS 的数据进行综合、统计、关联、聚类、演化、回归及泛化等操作后产生的衍生数据。车间孪生数据为 DTW 提供了全要素、全流程、全业务的数据集成与共享平台，消除了信息孤岛。在集成的基础上，车间孪生数据进行深度的数据融合，并不断对自身的数据进行更新与扩充，是实现物理车间、虚拟车间、WSS 的运行和两两交互的驱动。

2. 数字孪生车间的参考系统架构

数字孪生车间的参考系统架构，如图 3-10 所示。

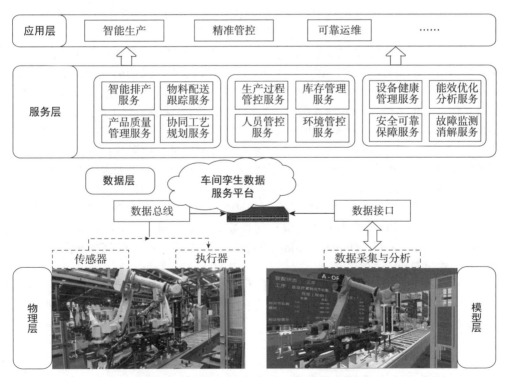

图 3-10　数字孪生车间的参考系统架构[1]

该架构主要包括5层：1）物理层，主要指车间人、机、物等物理车间实体，以及物理车间对应生产活动的集合，负责产品生产加工的物理空间实现，同时具有自感知、自决策、底层数据采集与传输等功能；2）模型层，主要指DTW的虚拟车间及其承担的虚拟生产活动，包括虚拟车间的各类模型、规则、知识等，负责生产活动在虚拟空间的仿真、分析、优化、决策等；3）数据层，指车间孪生数据服务平台，负责为DTW的物理车间、虚拟车间和WSS运行提供数据支撑服务，并具备车间孪生数据的生成、处理、集成、融合等数据生命周期管理与处理功能；4）服务层，负责为车间生产提供智能排产、协同工艺规划、产品质量管理、生产过程管控、设备健康管理、能效优化分析等各类车间生产服务；5）应用层，主要指开展具体产品加工生产涉及的智能生产、精准管控、可靠运维等智能制造任务应用需求。

3.2.2 数字孪生车间的演化机理

制造企业已逐步认识到信息流、物料流、控制流在生产执行过程中的重要性，并建立起诸如ERP、MES、SCADA等系统，实现了信息、物料、控制的有序流动。然而，在传统的制造模式中，信息流、物料流、控制流在生产执行各阶段仍然相互独立，缺乏有效整合，因而难以形成合力，从而制约了生产效率和系统智能化水平的进一步提高。具体分析如下。

1）在生产执行前，物料流尚未开始，以信息流为主导，计划部门制订生产计划时往往不考虑资源匹配或执行中资源到位情况，使得实际生产中计划难以按时完成，同时也缺乏必要手段来验证、评估和优化生产排程。

2）在生产执行中，以物料流为主导。目前MES通常采用自顶向下设计方法和层次控制结构，定义的功能模块往往只能确保父模块和子模块之间的通信而不能对底层变化做出反应，各工位端的设备实时状态（故障、修复、调试、运行等）和进度难以及时反馈至其他工位端和计划部门，造成信息流与物料流脱节；另外，SCADA主要用于数据采集与监视，在数据分析挖掘和实时数据驱动下在线仿真方面存在不足。

3）在生产执行一段时间后，由于缺乏物料流和信息流数据融合机制，无法形成完整的实时/历史数据集来复现生产过程，无法实现产品质量追溯和潜在价值信息挖掘以优化系统决策，形成精准可靠、行之有效的控制流。针对上述问题，以信息流、物料流和控制流在生产执行各阶段的交互与融合为主线，在数字孪生现有研究成果基础上，探索物理车间虚拟化和从虚拟车间到数字模型车间（Digital Model Shopfloor，DMS）、数字投影车间（Digital Shadow Shopfloor，DSS）、DTW模型构建及其演化规律，从而给出DTW运行机制。

下面从两个方面论述DTW的演化机理[11]：1）物理车间到信息空间的虚拟映射与重建，即物理车间虚拟化；2）从虚拟车间到数字孪生车间的进化过程，即数字孪生车间的演化。

1. 物理车间虚拟化

图3-11描述了物理车间和虚拟车间模型。如图3-11a所示，生产车间是一个典

型的层次结构,同时包括物理硬件(如过程控制传感器、执行器)和信息管理软件(SCADA、MES 等)。如图 3-11b 所示,从轴向看,从 CPS 的可交互、可控制、可计算三个要求出发,三个轴分别从可视化模型、逻辑模型和数据模型三个维度来刻画物理车间;从周向看,三个不同维度又从三个层次实现了对生产车间各尺度的映射,如从对象可视化、组成要素、监控变量三个维度刻画了设备层,从布局可视化、组织结构、评价指标刻画了单元/产线层(子系统),从过程可视化、运行机制、系统决策刻画了车间层(复杂系统)。

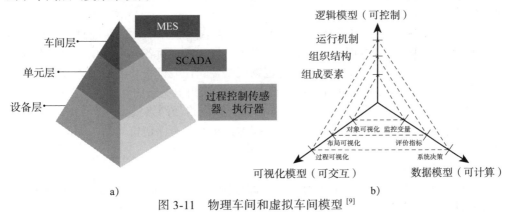

图 3-11 物理车间和虚拟车间模型 [9]

(1)可视化模型

可视化模型旨在构建一个与物理车间在视觉效果上高度形似的虚拟车间,同时为后续应用提供一个人机交互平台,体现"可交互"性。它可分为对象可视化、布局可视化和过程可视化三个层次,为逐层递进关系,其中,对象可视化和布局可视化构建了虚拟车间的静态场景,过程可视化则描述了虚拟车间的动态运行过程。

1)对象可视化。对象可视化指基于图形学、机构学等实现生产对象几何外形和机械结构的映射。为实现对机床、机械手这类复杂设备的刻画,提出从几何属性、运动属性和功能属性三个方面实现对象的可视化。对象几何属性包括设备形状尺寸、外观颜色、纹理、材质等,可通过 CAD 软件实现;根据对象的装配关系建立对象拓扑结构,定义部件间拓扑关系,并添加相应物理属性(如关节速度、行程限制等),从而刻画对象运动属性;在运动属性的基础上,赋予其逻辑关系,将单个关节的运动按逻辑关系串联成一组有特定功能和意义的动作链(如机器人的抓取、复位等),形成对象功能属性。

2)布局可视化。基于可视化对象模型库,通过拖拽相应对象和输入其在车间坐标系下的位姿信息实现对象的精准定位;通过关联生产对象形成生产单元/产线;最后通过多联通图描述物流路径以串联起多个生产单元/产线,实现快速虚拟布局。

3)过程可视化。过程可视化指利用三维动画技术和虚拟漫游技术等实现对生产布局场景、设备加工过程和物料流转过程的虚拟漫游和场景再现。

(2)逻辑模型

逻辑模型通过对物理车间组成要素、组织结构和运行机制建模达到与物理车间

"神似"的目的,通过生产计划/过程运行模拟和分析评价,实现对物理车间的优化,体现"可控制"性。逻辑模型可分为组成要素、组织结构、运行机制三个层次,前两层刻画了系统静态结构,而运行机制层则刻画了静态结构下各要素间的相互作用关系。

1)组成要素。将车间组成要素(控制设备、加工设备、物流设备、仓储设备、物流路径、生产对象、外部接口)分别映射为控制器、处理器、执行器、缓存器、物流路径、流动实体和虚拟服务节点 7 个基本逻辑元素,并通过图形化、形式化描述各要素的属性和行为。

2)组织结构。通过虚拟服务节点将 7 元素关联成服务单元,通过封装内部行为和对外接口,对外隐藏内部细节,对内自组织运行,实现对各类生产单元的映射和生产组织关系的刻画;进一步地,通过绑定物流路径、物流设备和虚拟服务节点形成物流路径网络模型,实现服务单元间的物流关联和物流组织关系的刻画。

3)运行机制。基于流动实体、服务单元、物流路径网络模型动态关联工艺、生产和物流,构建生产逻辑模型,实现物料在虚拟车间的有序逻辑流动,刻画系统运行机制。

(3)数据模型

数据模型通过构建数据采集通信、数据分析评价、数据辅助决策体系实现物理/虚拟车间的"契合",体现"可计算"性,可分为监控变量、评价指标和系统决策三个层次。

1)监控变量。监控变量泛指一切可以从物理车间获得的设备运行参数、状态和生产信息等,涵盖不同数据来源(传感器、控制系统、PLC 等)、不同数据格式(数字量、模拟量等)、不同采集对象(设备、产线、车间等)。用监控变量 $V = <CUID, Obj, Var, Val, Uni, Ran>$ 统一数据格式,其中,6 个参数分别为全局唯一编号、监控对象名、监控变量名、监控值、单位、合理范围。某设备的实时状态可通过监控变量集来描述,以某五轴数控机床为例,其监控变量集 V_{Set} = { 启停状态,报警号,报警内容,X 坐标,Y 坐标,Z 坐标,A 摆角,B 摆角,主轴功率,主轴转速,主轴电流,加工速度,上电时间,NC 程序当前行内容 }。

2)评价指标。为表征设备/系统的状态和性能,对监控变量进行统计与分析以形成评价指标 $N = f(V_1, V_2, \cdots, V_3)$,它为监控变量的函数。类似地,以某机床为例,其设备指标集 N_Set = { 空闲率,故障率,全局设备效率(Overall Equipment Effectiveness,OEE) }。

3)系统决策。系统决策指根据设定目标对系统参数进行调节,决策依据是评价指标,最终作用于监控变量上。目标 $T = f(N_1, N_2, \cdots, N_n)$ 为评价指标的函数,以某生产系统为例,目标集 T_Set = { 质量最高,成本最低,效率最高,性能最佳 }。

2. 数字孪生车间的演化

通过可视化、逻辑、数据模型的建立可在信息空间快速构建出一个与物理车间几何高度相似、内部逻辑一致、运行数据契合的虚拟车间。在此基础上进一步探讨物理/

虚拟车间到 DMS、DSS 和 DTW 的演化。借鉴 Kritzingeer 等对"数字孪生"的分类方法，将"数字孪生车间"分为 DMS、DSS 和 DTW 的三个演化阶段，各演化阶段物理/虚拟车间的数据集成程度逐步提高，最终实现物理/虚拟车间数据的深度融合，如图 3-12 所示。

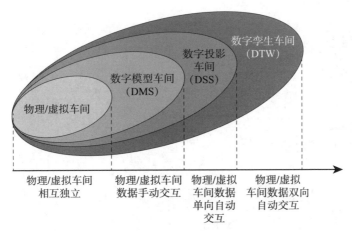

图 3-12　数字孪生车间的演化 [9]

3.2.3　数字孪生车间的运行机制

图 3-13 中阶段①是生产要素管理的迭代优化过程，同时反映了 DTW 中物理车间与 WSS 的交互过程，其中 WSS 起主导作用。当 DTW 接到一个输入（如生产任务）时，WSS 中的各类服务系统在车间孪生数据中的生产要素管理的历史数据及其他关联数据的驱动下，根据生产任务对生产要素进行管理及配置，得到满足任务需求及约束条件并且与其他相关环节关联的初始资源配置方案。WSS 获取物理车间的人员、设备、物料等生产要素的实时数据，对要素的状态进行分析、评估及预测，并据此对初始资源配置方案进行修正与优化，将方案以管控指令的形式下达至物理车间。物理车间在管控指令的作用下，将各生产要素调整到适合的状态，并在此过程中不断地将实时数据发送至 WSS 进行评估及预测，当实时数据与方案有冲突时，WSS 再次对方案进行修正，并下达相应的管控指令。如此反复迭代，直至对生产要素的管理最优。基于以上过程，阶段①最终得到初始的生产计划/活动。阶段①产生的数据全部存入车间孪生数据库，并与现有的数据融合，作为后续阶段的数据基础与驱动 [1]。

图 3-13 中阶段②是生产计划的迭代优化过程，同时反映了 DTW 中 WSS 与虚拟车间的交互过程，在该过程中，虚拟车间起主导作用。虚拟车间接收阶段①生成的初始的生产计划/活动，在车间孪生数据中的生产计划及仿真分析结果的历史数据、生产的实时数据以及其他关联数据的驱动下，基于要素、行为及规则模型等对生产计划进行仿真、分析及优化，保证生产计划能够与产品全生命周期各环节及企业各层相关联，并能够对车间内部及外部的扰动具有一定的预见性。虚拟车间将以上过程中产生的仿真分析结果反馈至 WSS，WSS 基于这些数据对生产计划做出修正及优化，并将

生产计划再次传至虚拟车间。如此反复迭代，直至生产计划最优。基于以上过程，阶段②得到优化后的预定义的生产计划，并基于该计划生成生产过程运行指令。阶段②中产生的数据全部存入车间孪生数据库，与现有数据融合后作为后续阶段的驱动。

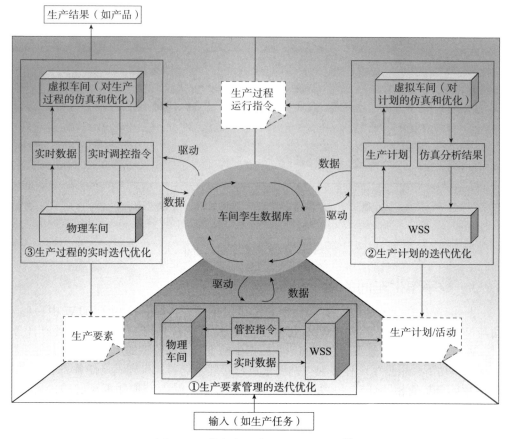

图 3-13　数字孪生车间的运行机制[1]

图 3-13 中阶段③是对生产过程的实时迭代优化过程，同时反映了 DTW 中物理车间与虚拟车间的交互过程，其中物理车间起主导作用。物理车间接收阶段②的生产过程运行指令，按照指令组织生产。在实际生产过程中，物理车间将实时数据传至虚拟车间，虚拟车间根据物理车间的实时状态对自身进行状态更新，并将物理车间的实际运行数据与预定义的生产计划数据进行对比。若二者数据不一致，则虚拟车间对物理车间的扰动因素进行辨识，并在扰动因素的作用下对生产过程进行仿真。虚拟车间基于实时仿真数据、实时生产数据、历史生产数据等车间孪生数据，从全要素、全流程、全业务的角度对生产过程进行评估、优化及预测等，并以实时调控指令的形式作用于物理车间，对生产过程进行优化和控制。如此反复迭代，直至实现生产过程最优。该阶段产生的数据存入车间孪生数据库，与现有数据融合后作为后续阶段的

驱动。

通过以上三个阶段，车间完成生产任务并得到生产结果（如产品），生产要素相关信息存入 WSS 中，开始下一轮生产任务。通过阶段①、②、③的迭代优化，车间孪生数据被不断更新与扩充，DTW 也得到不断的进化和完善。

3.2.4 数字孪生车间的特征

1. 虚实融合

DTW 虚实融合的特点主要体现在以下两个方面。1）物理车间与虚拟车间是双向真实映射的。首先，虚拟车间是对物理车间高度真实的刻画和模拟。通过虚拟现实、增强现实、建模与仿真等技术，虚拟车间对物理车间中的要素、行为、规则等多维元素进行建模，得到对应的几何模型、行为模型和规则模型等，从而真实地还原物理车间。通过不断积累物理车间的实时数据，虚拟车间真实地记录了物理车间的进化过程。反之，物理车间忠实地再现虚拟车间定义的生产过程，严格按照虚拟车间定义的生产过程以及仿真和优化的结果进行生产，使生产过程不断得到优化。物理车间与虚拟车间并行存在，一一对应，共同进化。2）物理车间与虚拟车间是实时交互的。在 DTW 运行过程中，物理车间的所有数据会被实时感知并传送给虚拟车间。虚拟车间根据实时数据对物理车间的运行状态进行仿真、优化、分析，并对物理车间进行实时调控。通过物理车间与虚拟车间的实时交互，二者能够及时地掌握彼此的动态变化并实时地做出响应。在物理车间与虚拟车间的实时交互中，生产过程不断得到优化。

2. 数据驱动

WSS、物理车间和虚拟车间以车间孪生数据为基础，通过数据驱动实现自身的运行以及两两之间的交互。具体体现在以下三个方面。1）对于 WSS：首先，物理车间的实时状态数据驱动 WSS 对生产要素配置进行优化，并生成初始的生产计划；随后，初始的生产计划交给虚拟车间进行仿真和验证；在虚拟车间仿真数据的驱动下，WSS 反复地调整、优化生产计划直至最优。2）对于物理车间：WSS 生成最优生产计划后，将计划以生产过程运行指令的形式下达至物理车间；物理车间的各要素在指令数据的驱动下，将各自的参数调整到适合的状态并开始生产；在生产过程中，虚拟车间实时地监控物理车间的运行状态，并将状态数据经过快速处理后反馈至生产过程中；在虚拟车间反馈数据的驱动下，物理车间及时反应，优化生产过程。3）对于虚拟车间：在产前阶段，虚拟车间接收来自 WSS 的生产计划数据，在生产计划数据的驱动下仿真并优化整个生产过程，实现对资源的最优利用；在生产过程中，在物理车间实时运行数据的驱动下，虚拟车间通过实时的仿真分析及关联、预测及调控等，使生产能够高效进行。DTW 在车间孪生数据的驱动下，被不断地完善和优化。

3. 全要素、全流程、全业务的集成与融合

DTW 的集成与融合主要体现在以下三个方面。1）车间全要素的集成与融合：在

DTW 中，通过物联网、互联网等信息手段，物理车间的人、机、物、环境等各种生产要素被全面接入虚拟空间，实现了彼此间的互联互通和数据共享；生产要素的集成与融合，实现了对各要素合理的配置和优化组合，保证了生产的顺利进行。2）车间全流程的集成与融合：在生产过程中，虚拟车间实时监控生产过程的所有环节；在 DTW 的机制下，通过关联、组合等作用，物理车间的实时生产状态数据在一定准则下被自动分析、综合，从而及时挖掘出潜在的规律和规则，最大化地发挥了车间的性能和优势。3）车间全业务的集成与融合：由于 DTW 中 WSS、虚拟车间和物理车间之间通过数据交互形成了一个整体，车间中的各种业务（如物料配给与跟踪、工艺分析与优化、能耗分析与管理等）被有效集成，实现数据共享，消除信息孤岛，从而在整体上提高了 DTW 的效率。全要素、全流程、全业务的集成与融合为 DTW 的运行提供了全面的数据支持与高质量的信息服务。

4. 迭代运行与优化

在 DTW 中，物理车间、虚拟车间和 WSS 两两之间不断交互、迭代优化。具体体现在以下三个方面。1）WSS 与物理车间之间通过数据双向驱动、迭代运行，使得生产要素管理最优。WSS 根据生产任务产生资源配置方案，并根据物理车间生产要素的实时状态对其进行优化与调整。在此迭代过程中，生产要素得到最优的管理及配置，并生成初始生产计划。2）WSS 和虚拟车间之间通过循环验证、迭代优化，达到生产计划最优。在生产执行之前，WSS 将生产任务和生产计划交给虚拟车间进行仿真和优化。然后，虚拟车间将仿真和优化的结果反馈至 WSS，WSS 对生产计划进行修正及优化。此过程不断迭代，直至生产计划达到最优。3）物理车间与虚拟车间之间通过虚实映射、实时交互，使得生产过程最优。在生产过程中，虚拟车间实时地监控物理车间的运行，根据物理车间的实时状态生成并反馈优化方案，指导物理车间的生产[12]。在此迭代优化中，生产过程以最优的方案进行，直至生产结束。DTW 在以上三种迭代优化中得到持续的优化与完善。

3.3 数字孪生车间的发展与展望

3.3.1 数字孪生车间的发展

数字孪生车间概念提出之后，北京航空航天大学的陶飞等人紧接着给出了数字孪生车间的参考架构，同时对物理车间异构要素融合、虚拟车间多维模型融合、车间物理-信息数据融合、车间服务/应用融合等关键问题进行了研究分析。从物理融合、模型融合、数据融合和服务融合4个维度，系统地探讨了实现数字孪生车间信息物理融合的基础理论与关键技术，进一步完善数字孪生车间理论，为企业实践落地数字孪生车间提供了理论参考。

基于数字孪生车间理论参考模型，制造企业及相关科研机构在航空航天、汽车制造、造船、能源动力等工业领域展开了广泛的实践。

在航空航天领域。北京理工大学的赵浩然、刘检华等人针对数字孪生车间的实时可视化监控难题，提出一种基于实时信息的生产车间三维可视化监控方法[13]。他们分析了数字孪生车间与三维可视化实时监控之间的关系，提出一种多层次的三维可视化监控模式和实时数据驱动的虚拟车间运行模式，对基于实时信息的生产车间三维可视化实时监控方法的4个关键实现技术（虚拟车间几何建模、车间实时数据管理、车间多层次三维可视化监控和车间状态看板构建方法）进行了详细阐述。并面向卫星制造车间设计开发了孪生车间的可视化实时监控系统。

北京航空航天大学的刘蔚然、陶飞等人基于数字孪生车间理论构建了数字孪生卫星总装车间，实现对卫星总装车间的数字化映射与智能化管控[14]。数字孪生卫星总装车间在实际卫星生产过程中，具体实现工艺的规划与仿真、物流的智能配给、总装过程监控与快速调度、全要素管理与配置，以及总装过程中卫星的系统功能虚拟集成与验证、全流程质量分析追溯、整星虚拟测试等。西北工业大学的常笑、贾晓亮针对飞机大修车间的感知能力不足、决策实时性差、动态响应能力不足等问题，提出一种知识驱动的飞机大修数字孪生车间主动管控方法，并设计了一种实现框架。

在汽车制造领域，上海大学的刘丽兰等人针对轿车底盘装配车间构建了对应的数字孪生车间，解决了装配车间多源异构数据的通信与采集，以物理装配车间运行装配机理构建虚实映射规则和行为准则，实现数字孪生车间的实时同步运作，最终基于数字孪生车间实现了对轿车底盘装配过程的实时远程监控和设备故障预警[15-16]。

在能源领域，东南大学的严兴煜、高赐威等人面向发电厂基于数字孪生车间理论，在电力专业领域提出了数字化电厂的概念，并给出了数字孪生电厂的总体框架及其关键技术[17]。华北电力大学的房方、姚贵山等基于数字孪生车间的理论，针对并网风电机组构建了风力发电机组的数字孪生系统、综合机理与数据方法，搭建了各子系统实时动态模型；通过对数据信息流的有效组织，解决了风电机组和数字孪生系统之间的数据实时通信、精准映射及可视化呈现问题；应用多模型数字线程交互技术，实现了对风电机组整机动态载荷的实时模拟。

综合数字孪生车间在各制造细分领域的实践应用案例，可以发现当前数字孪生车间的实践应用主要集中在对物理车间的实时同步虚拟仿真、可视化远程监控，以及基于车间大数据的设备故障分析。当前面向不同制造场景下构造的数字孪生车间框架和其构建方法并不具有通用性，不同细分领域孪生模型的构建机理也存在很大差别。为了提高孪生模型开发的效率和质量，孪生模型的标准化甚至模块化开发正在变得愈发重要。此外，当前的数字孪生车间实践处于起步阶段，数字孪生车间有待进一步与大数据、人工智能算法结合，真正实现信息物理深度融合与智能决策。

3.3.2 数字孪生车间的展望

随着工业信息系统、5G网络、人工智能和机器学习、工业大数据等技术的快速发展与成熟，数字孪生车间在智能制造领域和车间装备智能维护领域展现了良好的前景，逐步获得来自军民两个领域的重视，包括离散制造、航空航天、新能源等行业均开始持续关注和探索数字孪生车间在其相应领域的应用以及数字孪生车间背后的关键技术和应用潜力。然而，数字孪生车间理论所描绘的美好愿景与工业与装备领域的现实技术水平间存在着巨大的鸿沟，很多基础性的技术要求仍不具备，具体体现在如下几个方面。

1）多行业的数字化设计水平较低。航空航天、汽车制造等行业的优势更多体现在集成创新层面，基础设计能力水平仍然不高，很多传统行业的数字化设计水平较低，缺乏支撑数字孪生技术体系构建所需的基础数学模型、仿真模型，尤其是关键核心部件或工艺过程的数字化仿真能力欠缺，成为制约数字孪生车间孪生模型构建的最大瓶颈。

2）复杂工业系统和复杂装备数据价值较低。在现有典型复杂工业系统领域或复杂装备领域，随着大数据概念和技术的推广，以及诊断、预测和健康管理需求的不断增加，数据中心或增强的工业信息化系统平台大都具备对工业大数据的存储和管理能力，尤其近年不断积累了一定量的历史数据，覆盖仿真、设计验证、测试和试验、在线运行、维护和维修等全寿命周期的不同环节，但这些数据限于工业数据和高度关联于不同行业领域的专家经验，而数据分析师和领域工程师间尚存在一定割裂，无论是管理机制、技术体制还是从业人员专业能力均存在局限。加之，已有累积数据质量较差，价值过低，与现实迫切的需求难以匹配，数据源已经成为当下和未来一段时间制约数据分析和利用，乃至构建有价值的数字孪生车间的基本性瓶颈。

3）成本和收益、研究和应用间的差距短期内难以消除。装备领域由于其特殊性，对成本和收益尚不敏感，但过小的规模和领域的特殊性决定了短期内无法取得较大突破。而可能取得大规模应用和技术应用突破的工业领域，限于成本和收益的矛盾，尤其短时间内无法解决的收益模式和收益量化的问题，会在某个阶段或技术推广时间节点前成为现实制约。

综上所述，构建多领域通用的、更智能化的数字孪生车间需要多种关键技术的共同作用，包括人工智能技术、知识图谱技术、多传感器融合技术、寿命预测技术、数据分析技术、支撑试验和验证技术。而大多技术目前仅在某一特定领域有局部突破，距离综合形成大规模应用还有一定的距离，有待进一步的发展。

参考文献

[1] 陶飞,张萌,程江峰,等.数字孪生车间——一种未来车间运行新模式[J].计算机集成制造系统,2017,23(1):1-9.

[2] 韩路平,卫蒙.SQLite嵌入式数据库在自动化生产车间中的应用[J].计算机时代,2017(12):42-45.

[3] 陶飞,程颖,程江峰,等.数字孪生车间信息物理融合理论与技术[J].计算机集成制造系统,2017,23(8):1603-1611.

[4] 张兆坤,邵珠峰,王立平,等.数字化车间信息模型及其建模与标准化[J].清华大学学报(自然科学版),2017,57(2):128-133,140.

[5] 庞建军.基于数字孪生的数字化车间升级方案及实现[J].制造技术与机床,2022(4):165-171.

［6］宋铠钰. 基于信息互联的数字化车间智能化关键技术研究 [D]. 北京：北京工业大学, 2020.
［7］李世杰, 张艳蕊. 数字化车间的构建策略 [J]. 机械设计与制造, 2009(9):250-252.
［8］ZHOU X K, XU X S, LIANG W et al. Intelligent small object detection for digital twin in smart manufacturing with industrial cyber-physical systems[J]. IEEE Transactions on Industrial Informatics, 2021, 18(2):1377-1386.
［9］江海凡, 丁国富, 张剑. 数字孪生车间演化机理及运行机制 [J]. 中国机械工程, 2020, 31(7):824-832, 841.
［10］宋铠钰. 基于信息互联的数字化车间智能化关键技术研究 [D]. 北京：北京工业大学, 2020.
［11］郭安. 智能车间信息物理系统关键技术研究 [D]. 沈阳：中国科学院大学 (中国科学院沈阳计算技术研究所), 2018.
［12］张建超, 王峰年, 杨少霞, 等. 关于制造业数字化车间的建设思路 [J]. 制造业自动化, 2012, 34(16):4-7.
［13］赵浩然, 刘检华, 熊辉, 等. 面向数字孪生车间的三维可视化实时监控方法 [J]. 计算机集成制造系统, 2019, 25(6):1432-1443.
［14］刘蔚然, 陶飞, 程江峰, 等. 数字孪生卫星：概念、关键技术及应用 [J]. 计算机集成制造系统, 2020, 26(3):565-588.
［15］YANG M C, LIU L L, GAO Z G, et al. Research on digital twin system of intelligent workshop and application of historical data[J]. Springer, 2022, 880:230-237.
［16］XU T, LIU L L, CHEN C, et al. Optimization of digital twins in the workshop[C]//WANG Y, MARTINSEN K, YU T, et al. Lecture Notes in Electrical Engineering, Zhanjiang, Springer, 2021, 737:262-269.
［17］严兴煜, 高赐威, 陈涛, 等. 数字孪生虚拟电厂系统框架设计及其实践展望 [J]. 中国电机工程学报, 2023, 43(2):604-619.

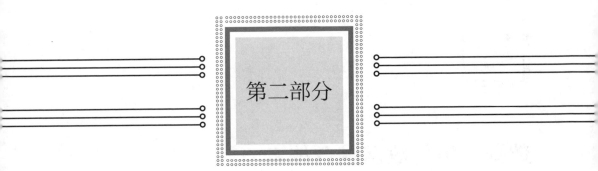

生产现场的数字孪生技术

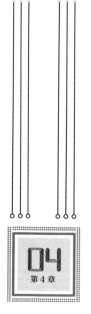

第 4 章

数据采集与数据融合技术

数据是数字孪生系统的原始驱动力,因此数据的实时采集、传输和管理至关重要。海量的数据中蕴含着大量有价值的信息,对这些数据的提取有利于指导人们对生产制造、设备管理和生产调度做出正确的决策。

本章从制造过程中产生的多源数据入手,详细介绍数字孪生车间生产数据的来源和分类;以此为基础,阐述了数字孪生车间的数据采集与传输技术、数据管理技术和多源数据融合技术。本章内容总体框架如图 4-1 所示。

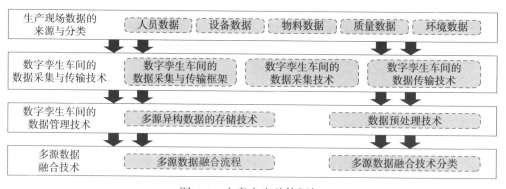

图 4-1 本章内容总体框架

4.1 生产现场数据的来源与分类

工业数据/生产现场数据，在传统意义上指制造生产线在生产、管理及管控过程中产生的海量资料的数字化信息[1]。数据采集是生产线信息化以及建立产线监测系统的基础工作，其采集主体包括各类传感器、监控设备、生产设备、物流设备和生产人员等。上层订单管理计划与下层技术人员执行之间的通信监督，也需要生产线物流、设备、产品等数据信息的协助；这些信息的获取是上层管理层及时了解生产线的实际生产过程、及时把握设备生产状态、制定合理有效的调度方案和生产排程，乃至优化生产线传输技术、节省生产线网络信息传输耗能、提高生产线管理监测效率的关键。

信息化生产线的异构数据采集是生产线信息化的关键部分。针对生产线监测管理的问题和需求，生产现场数据采集的主体包括各类传感器、监控设备、生产设备、物流设备和生产人员等。生产现场数据种类纷杂多样，为获取完整的数据，需要对其进行科学的分类。如图4-2所示，生产现场数据可以按照数据源分为五类：人员数据、设备数据、物料数据、质量数据、环境数据。

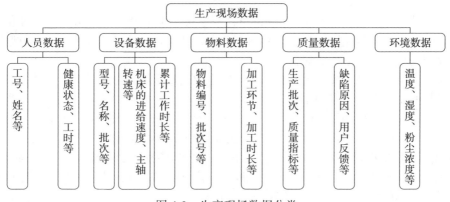

图 4-2　生产现场数据分类

1）人员数据。人员数据是与车间工作人员相关的数据，是计算员工绩效、保证生产执行进度、追溯产品质量的重要保障，包含人员静态数据和动态数据。其中静态数据包括车间生产人员、管理人员的工号、姓名等数据，动态数据包括健康状态、工时等数据。实际操作中可通过将员工工号关联数据库中其他信息来实现，员工使用员工卡在车间或者工位上进行登记，可得到员工与车间或者工位的绑定关系。读卡器的数据传输方式一般包括串口、以太网等。在制造过程中，人员数据可以对制造排程进行辅助决策与优化，提升车间的生产效率。

2）设备数据。设备数据是与车间生产设备密切相关的数据，完善的设备数据是设备维护、产品质量因素分析等流程的重要依据。设备数据可以分为三种：设备自身静态数据包括设备自身的稳定、静态特征，如设备型号、名称、出厂批次等；设备运转统计数据包括累计工作时长、维修记录、加工某零件使用时长、加工零件的批次等；设备当前运行数据包括机床的进给速度、主轴转速、AGV所处的位置、运行速度等。基于通信接口的设备主要包含串口设备与联网设备等,其中机器人、AGV 等设备可直接通过控制中心通信接口或者软件二次开发获取其运行参数。

3)物料数据。车间物料数据反映了生产过程以及产品库存状况,是车间加工物料管理的重要工具。车间物料数据包含物料的静态数据,如物料编号、批次号、物料库存等;也包括各类动态数据,如加工环节、加工时长等。为方便物料或者产品的追踪与回溯,可以采用粘贴条形码或者 RFID 标签的形式标记数据。获取上述数据的扫码枪或者 RFID 读写器多使用以太网或者串口通信。

4)质量数据。加工过程中的质量数据包括生产批次、质量指标、缺陷原因、用户反馈等,为产品质量追溯、缺陷因素分析优化提供重要支撑。质量数据的获取主要依赖于机器检测和人工检测。机器检测数据,可以直接通过通信接口上传,而人工检测数据需要工人通过工业便携式设备或者计算机录入后上传。

5)环境数据。车间生产环境的数据包括当前加工车间的温度、湿度、粉尘浓度等。该类数据可以通过部署各种不同的传感器来实现。适用于远距离传输的工业现场仪表使用数字信号传输数据,该类传感器的传输链路一般为串口、以太网、无线传输等。

根据数据产生过程和产生主体的不同,生产现场数据也可以被划分为企业信息化数据、工业物联网数据以及外部跨界数据三类,其中企业信息化数据和工业物联网数据是生产现场数据的主要来源。

企业信息化数据主要指被收集并存储在企业信息系统内部的各类生产数据,包括生产现场和企业后端对接的生产系统管理平台数据、企业资源计划数据、产品生命周期数据、供应链数据和环境管理系统数据等。通过累积大量的产品研发数据、生产性数据、经营性数据、客户信息数据、物流供应数据及环境数据等产线数据资产,企业可以对生产现场进行管理,如通过企业信息化数据的挖掘和分析,进行需求分析和成分控制,及时调整生产现场各个生产线的生产计划和工作排程,对生产工序进行优化,最大化生产线的利用率和工作效率。

工业物联网数据主要指产品和工业生产设备在物联网运行模式下,实时产生、收集的相关数据,此类数据涵盖操作和运行情况、工况状态、环境参数等各个方面,是生产现场中增长最快的数据。这类数据主要由数控装备等物理设备自身产生,由生产设备中内嵌的传感器、摄像机和 RFID 读取器等部件采集。这些数据处理方案都可以将数据转化为有价值的信息,可用于帮助生产现场人员或智能机器做出更具相关性和指导性的决策。

外部跨界数据是指来自于生产现场流程和产品相关的企业外部互联网的数据,包括第二方、第三方数据等。其中的典型数据包括产品运营成本、可用率、维修率等。生产现场(尤其是各类大宗工业产品的生产线)的运行和优化决策也需要深度分析既成产品的产后使用妥善率等数据,以提升其生产质量。

总而言之,大数据技术、高新传感器技术、产线排程和通信等技术的发展使得通过数据挖掘和知识发现为数字化生产线等制造主体提供全面而系统的信息成为可能。来自企业平台、外部客户、生产线设备传感器各个主体,涵盖生产设备、生产物流等各个流程的生产现场数据为车间的数字化、智能化提供了关键动力。

4.2 数字孪生车间的数据采集与传输技术

智能生产线设备网络的采集技术包括传感器技术、智能互联技术、射频识别技术、数据实时感知技术等，智能生产线采集技术在制造企业中的应用实现了生产线智能设备互联互通、生产线待监控设备对象信息实时数据采集，同时结合互联网技术建立企业的智能网络系统。对下层设备的大量数据的采集与获取是支持数字孪生同步监测系统的重要基础点。

随着工业 4.0 的推出和建设柔性智能生产线需求的日渐增长，目前生产线都积极发展企业科技信息化，积极整合生产线信息资源，然而目前生产线智能化设备还不能做到系统的统一，接口通信协议也不相同，导致生产时生产线的数据并不能实时、准确、统一地汇集到上层，生产线系统管理者无法对这些数据进行集中的处理，不能完全根据生产线监测管理的结果进行对应的安排。这一点在具备多品种、混线生产、工艺复杂、生产质量要求高等生产特点的特种装备制造业体现得尤为突出[2]。管理者无法根据生产线内真实的数据统计分析生产线内设备的故障率和完成情况，这给制造业带来以下问题。

1）数据不准确。由于生产线设备工作环境复杂、数控设备及其传感器产生干扰、通信过程中存在损失等问题，生产现场传感数据往往包含大量噪声、零漂、趋势项等干扰，这对获取准确的数据信息造成了较大的干扰。

2）数据采集机制不完善，信息更新不及时。生产现场信息的数字化采集是保证数字化车间高效运作的关键。不同厂家的数控设备、加工中心、旧式机床等的网络通信协议和接口的限制，导致数据交互困难，难以实现底层数据的在线采集；车间现场很多数据需要人工填写，无法实现数据的自动采集，一旦工作人员疏于补充，就不能形成持续的数据源；缺乏与生产相关的设计、工艺、操作规程等数据的收集和转换标准，没有形成上下贯通的数字化信息链。

3）生产线数据无法集中处理。尽管对于数据实时储存和传输等问题，各个企业都提出了有效的框架和解决方案，如分布式数字控制系统（Distributed Numerical Control，DNC）实现了底层设备之间的互联，制造数据采集系统（Manufacturing Data Collection，MDC）为 MES 提供数据来源，MES 管理制造执行过程中的所有数据等。然而目前，这些框架和系统大都孤立存在，需要通过独立的手段、接口和权限获取相应的数据，导致现场数据的采集和处理不同步、不一致，数据难共享、难集中，从而使生产线集中管理更为困难。为了实现智能生产线各个功能的协同运作，建立一套智能车间生产线的数据集中采集和传输框架异常重要。

4.2.1 数字孪生车间的数据采集与传输框架

在数字孪生车间多通道异构设备数据感知系统和车间异构数据采集系统中，需要以通过制造车间生产过程的设备状态、物流状态实时采集的信号量为基础，一般通过设备通信协议的联网来实现信息的共享和数据的更新[3]。数字孪生车间的一种典型数据采集和传输框架包括生产线设备层、生产线采集层、生产线传输层、生产线处理层，各个层次共同构成了一套如图 4-3 所示的生产线多通道异构设备数据感知系统。

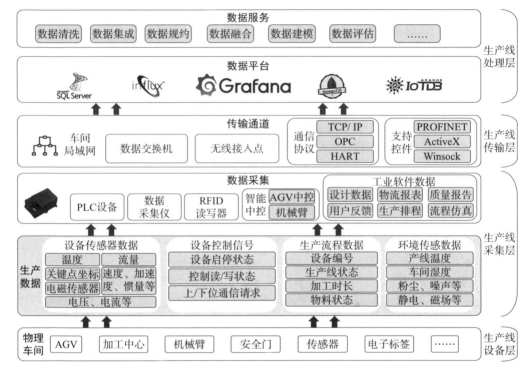

图 4-3　生产线多通道异构设备数据感知系统

生产线多通道异构设备数据感知系统各层次主要功能如下。

1）生产线设备层。生产线设备层是数字孪生车间系统的硬件基础，也是上层网络数据的来源。生产线设备主要包括生产过程中的生产加工设备以及物流设备，车间中主要有用于自动控制的加工中心、加工机器人，用于工件运输的 AGV 和机械臂，安全门、限位装置等安全装置，传感器、电子标签等数据采集装置。

2）生产线采集层。生产线采集层是针对设备层布置的网络架构进行信息获取的设备层，此层包括车间数据采集中运用到的各种采集技术以及相应的采集设备。在现代化的生产线车间中，大量生产流程数据，如设备编号、生产线状态、加工时长、物料状态等，都通过 PLC 设备，利用过程控制对象嵌入系统（OLE for Process Control，OPC）技术进行统一的采集；AGV 的运行信息通过专门的 AGV 中控系统连接到交换机上进行采集；设备外置传感器通过数据采集仪，采用无线接入点（Access Point，AP）的方式进行采集。生产线采集层的主要功能是采集生产过程中产生的各种信息，并且提供上层调用接口，为数据处理做铺垫。这个部分支撑了整个系统的运行，其工作是生产线数据信息化的第一步。

3）生产线传输层。生产线传输层是系统的第三层，通过对应的传输控制协议/网际协议（Transmission Control Protocol / Internet Protocol，TCP/IP）、OPC 等中间层协议，使用在车间部署的数据交换机，工业无线接入点等物理信道对数据进行解析和传递。传输层的目的是实现多源数据格式统一，完成多源数据统一传输的要求。

4）生产线处理层。生产线的处理层是上层数字孪生监测系统的功能应用，其具体作用为通过将数据进行一定的过滤清洗，得到最准确的数据，并在上层对应生产线具体的模型，进行设备监测分析。

4.2.2 数字孪生车间的数据采集技术

1. PLC-OPC 设备的数据采集技术

根据车间生产线实际情况，考虑到设备间的通信接口不一致，此处以利用 OPC 协议进行的数据交换为例，对 PLC 信号点的设备数据采集技术进行简要介绍。PLC 作为整条生产线的主要控制器，控制着车间的主要设备，完成了大量生产数据的交换和处理工作。利用车间的工业以太网络与 OPC 来调用和处理 PLC 数据，允许上层应用程序直接访问不同厂商设备中的过程数据，从而实现整个车间加工的设备联网工作。

从通信的角度看，当前的工业设备主要分为这样几类：带有上位机系统的设备、基于非 TCP/IP 的设备、基于 TCP/IP 的设备和不具备通信接口的设备。设备的通信方式各不相同，需要根据各种设备不同的协议类型进行数据采集，将支持 TCP 的设备与生产线工作站系统中的网口交换机连接，将支持 COM 开放协议的设备与生产线工作站系统中的串口交换机连接，将不具备通信接口的设备外接传感器或者改装接口。这种方式会造成各个设备采集的数据的格式互不兼容，且采集速度很慢，容易导致车间形成一个个的"信息孤岛"。对于数据实时性要求较高的生产车间数据采集系统而言，上述采集方法难以满足要求，可行性很低。OPC 技术是一种用于服务器/客户机连接的统一而开放的接口标准和技术规范，其基于对象连接与嵌入技术（Object Linking and Embedding，OLE）、部件对象模型（Component Object Model，COM）和分布式 COM（Distribute COM，DCOM）技术，包括一整套接口、属性和方法的标准集，为多种过程控制设备之间的通信提供了公用的接口。一个 OPC 服务器由三种对象组成：服务器（Server）、组（Group）、项（Item）。这三者关系如图 4-4 所示。

图 4-5 和图 4-6 分别表示 OPC 规范中定义的标准 OPC 服务器对象及接口、标准 OPC 组对象及接口。开发 OPC 服务器时，方形接口可以根据实际情况选择实现或不实现，椭圆接口在开发时必须全部实现。

基于 OPC 技术的特点，考虑到车间往往同时拥有多种类型的加工设备，设备间的通信接口不一致，可以利用 OPC 协议进行数据交换，从而实现整个车间加工设备联网协作，这是一个值得考虑的方法。采用 OPC 技术，可以调用和处理 PLC 的

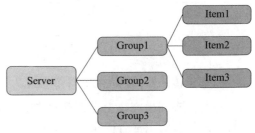

图 4-4 Server、Group 和 Item 的关系

数据和事件，允许上层应用程序直接访问不同厂商设备中的过程数据，同时发挥 PLC 控制系统可靠性高、抗干扰能力强的特点，将系统复杂性大大简化的同时提升系统的稳定性。

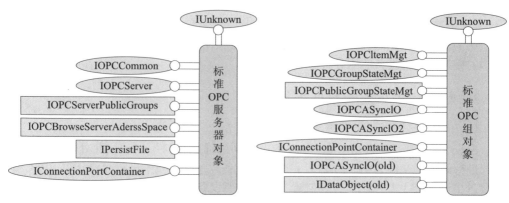

图 4-5　标准 OPC 服务器对象及接口　　　　图 4-6　标准 OPC 组对象及接口

如图 4-7 所示，PLC 作为整条生产线的主要控制器，控制着车间的主要设备，完成了大量生产数据的交换和处理工作，利用车间的工业以太网络与 OPC 服务器连接，一个 Item 对象代表了 OPC 服务器到 PLC 系统数据源的一个物理连接，其通过车间以太网获取 PLC 程序中一个信号点的对应寄存器地址的数据。

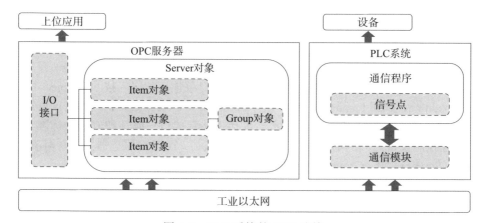

图 4-7　PLC 系统的 OPC 连接

2. 基于传感器的设备数据采集技术

在智能车间生产线上，大量的传感器被用来监视和控制生产过程中的各个参数，保证车间设备的正常运行和生产现场相关工作的有序展开。传感器的数据采集系统如图 4-8 所示。

传感器的数据采集系统主要由车间设备层、传感采集层和现场应用层三部分构成。其中车间设备层与 OPC 设备的数据采集框架的设备层相近，包含生产线上的加工中心、AGV、机械臂等，是现场应用输出的最终对象。在传感采集层中，部署于生产线内各个工位上的传感器，为现场应用采集加速度、角速度、惯量、气压、电功率等关键过程参数；数据采集仪对底层信号进行调理运放并为外接传感器供电，系统设计成多通道同步采集，利用无线 AP 远程通信技术或有线网络实现自组网连接；现场应用层的数据服务器通过 TCP/IP 和固定的端口号与数据采集仪连接，实现上位机与下位机的信息数据交换，并将采集的数据供上层数字孪生系统使用，进行生产状态监控、现场数据监测、故障监测与预警。

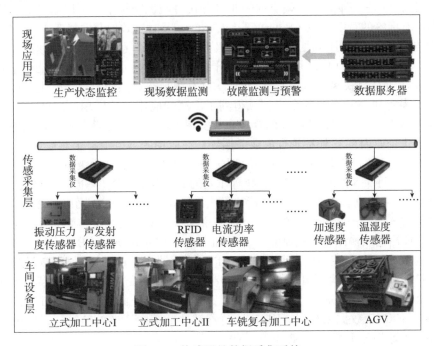

图 4-8　传感器的数据采集系统

　　传感器的数据采集系统应用于车间底层的加工生产线，面对复杂的车间现场，对系统硬件的设计提出很高的要求。数据采集硬件主要包括前端传感器和数据采集仪。因为生产现场环境一般存在面积较大、生产设备密集、生产设备复杂等特点，为精确监测和管理车间环境、满足数字孪生车间环境构建要求，需要采用包括温湿度传感器、噪声传感器和粉尘传感器等多种传感设备；此外，为针对特定关键设备进行全面监控，也需要在特定位置安装传感器，获取除 PLC 控制信号外的设备信息，如使用气压传感器以监测气源设备出气压力，使用加速度传感器监测机床主轴动平衡等。除传感器的设计和布网外，数据采集仪的选择和布置也是传感采集层硬件设计的核心之一。

　　由于车间生产现场的情况复杂，传感器采集的信号易混杂着外界的干扰，传感器需要通过串行接口与采集仪相连，从而采集信号。数据采集仪是系统硬件设计的核心，集成信号调理与数据采集两种功能，可以实现信号的放大、隔离、滤波以及多路转换,其中含有电压放大滤波、电荷适调、集成压电电路(Integrated Circuits Piezoelectric,ICP)适调和恒压等模块,其采样速度频率最高可达100 kHz,因此,数据采集仪能够防止信号干扰和衰减,放大处理测量信号以满足数据采集模块模拟输入电压范围的要求。数据采集仪内置+24 V电源,用于外接传感器供电,简化了系统布线要求,方便传感点的选择。数据采集仪通过无线模块接入车间局域网,采用非阻塞方式进行数据的发送与接收。

3. 基于RFID的产品加工数据采集技术

RFID技术是一种基于射频原理的非接触式自动识别技术,可以通过射频信号自动识别带有标签的智能对象(Smart Object,SO),及时有效地获取静态或动态信息[4]。相较于传统的条码识别方法,RFID技术极大地加速了信息采集和处理速度,具有使用方便、操作快捷、适应环境能力强、抗干扰能力强等特点,因而在智能化车间领域备受关注。随着物联网技术的发展,RFID技术在制造业供应链物流、生产制造、资产管理、零售和公共安全等众多领域得到了广泛的应用。从应用的广度而言,RFID技术令包括沃尔玛、P&G在内的众多企业实现了从生产、运输到储存、销售的全程跟踪,优化企业内部-外部管理的业务循环;在应用的深度上,企业逐步从RFID技术验证阶段过渡到RFID企业级实施应用阶段,由此激发了企业级应用架构、实施经验和RFID中间件等方面的需求。在物理车间的RFID部署中,一般由固定式RFID读写器、RFID手持机、无线路由器、读写天线等组成完整的RFID网络。首先,产品特征信息被写入产品或者托盘上的RFID标签中;特定工位的光电传感器检测到有物体通过时,通用输入输出接线控制盒(General Purpose Input/Output Box,GPIO Box)将检测到的信号转换成控制信号并发送给RFID读写器,以达到控制RFID读写器工作状态的目的;RFID读写器再将需要反馈的产品物理状态变化/工序流程状态变化等写入产品RFID标签中,完成"产品-工位/工艺流程-读写器"间的RFID交互。

在进行RFID数据采集时,RFID读写器把从标签中读取的信息通过路由器上传给RFID中间件(计算机),RFID中间件在对原始数据进行过滤处理后,提取读写器的工位编号、产品状态标志信息和物料特征信息等实时数据,以及数据采集的时间,并将这些有效信息写入数据库。在生产状态信息监控中,标签一般安装在被监控的在制品上或者运送在制品的托盘上,RFID读写器一般部署于生产物流所经过的关键点(即数据采集点)。基于RFID的产品加工数据采集流程如图4-9所示。

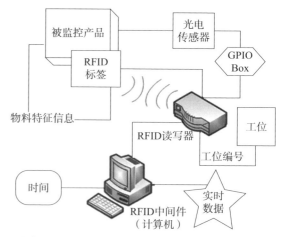

图4-9 基于RFID的产品加工数据采集流程

4.2.3 数字孪生车间的数据传输技术

1. 车间传输控制协议和相关控件

在数字孪生系统中，采集系统不但要把采集数据实时传输给上层应用，还要处理数据服务器和数据采集仪之间的连接通信任务，这些动作若由一个线程来执行的话，考虑到工业数据量巨大的因素，会导致系统传输卡死，不能满足要求。在智能制造与网络服务业，TCP/IP 是一个理想的解决方案。TCP/IP 是网络中的最基本的通信方式。TCP/IP 对互联网中各部分进行通信的标准和方法进行了规定，并且保证了数据的完整性与传输的及时性。其中一种基于 TCP 的多线程通信方式通过建立传感器链接接口和 main 主线程，将底层传感器的数据采集任务和上层应用数据调取进程由不同的线程执行，保证了数据传输的实时性[5]。TCP 的通信实现一般采用服务器/客户端模式，服务器与客户端的连接通过"三次握手"，即由客户端发送建立 TCP 连接的请求报文，由服务器回复客户端发送的建立 TCP 连接的请求报文，客户端收到服务端发送的 TCP 建立验证请求后实现连接。TCP 通信过程如图 4-10 所示，在按图中顺序调用函数建立连接后，通信双方便可交换数据。传感器数据在基于 TCP 的传输过程中，会被不断封装成包来传输，封装的方式是通过添加一些信息段（报文头以一定格式组织起来的数据），接收数据时将数据包按一定方式解析以获取相关的信息。

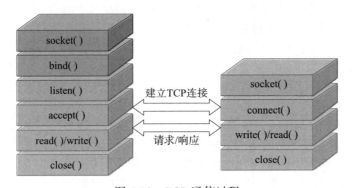

图 4-10　TCP 通信过程

在制造企业实现自动化制造、信息化管理进程中，涌现了大量基于计划层/执行层/控制层 3 层结构体系的信息化管理系统。除了传统的客户端/服务器（Client/Server，C/S）管理系统以外，网页端/服务器（Browser/Server，B/S）模式的信息化流程管理系统也逐渐兴起并得到了大规模应用。B/S 结构中上下层之间通过浏览器进行交流，大大减轻了软件开发的工作量和成本，但是控制层自动化设备采集的产品数据无法直接传送到上层，直接通信受到阻碍，出现了信息传递瓶颈。解决自动化设备与上位机的通信障碍的一种解决方案是以"ERP/MES-车间终端浏览器-ActiveX 控件-本地应用程序-自动化设备-加工产品"为线路的数据传输技术方案。当上层有控制信息需要传递到底层设备时，终端浏览器调用相关 ActiveX 控件并建立临时进程，与本地进程（程序）建立通信，将控制信息传递给本地进程，本地进程调用终端通信接口，与控制层设备进行通信，将信息传送给设备，设备及时调整工作状态，响应上层调整的生产计划；当控制层设备有数据需要传送给上层服务器时，终端本地进程跟随系统启动同时开启，实时等待并接收控制层设备传送上来的数据，并保存在临时数据堆栈里；车间终端网页平台索取设备层传送来的数据，网页调用相关控件建立一个临时进程，与本地进程（程序）建立通信，将设备的数据信息接收上来，由后续服务器处理。

2. 工业软件数据传输技术

工业软件是指在工业领域里特定应用、解决特定问题的软件，大体上分为两种类型：嵌入式软件和非嵌入式软件。嵌入式软件是嵌入在控制器、通信、传感装置之中的采集、控制、通信等软件；非嵌入式软件是安装在通用计算机或者工业控制计算机之中的设计、编程、工艺、监控、管理等软件，这类工业软件又可分为研发设计类（CAD、CAM、CAE、PLM 等）、生产制造类、销售类、运营类和服务类等。其中研发设计类工业软件的功能覆盖产品的生命全周期，从工业产品的概念设计到生产制造，再到售后保修和报废，对车间物理实体管理以及车间孪生体的建设和运营具有至关重要的作用[6]。

CAD 用于产品设计的软件解决方案；CAE 可用于静态结构分析、动态分析，研究线性、非线性问题，分析固体、流场、电磁场，为产品物理行为描述提出了软件解决方案；CAM 用于定义制造作业的软件解决方案；PLM 是 CAD、CAE、CAM、PDM 的组合集成，用于帮助企业共享产品数据，统一工作流程。工业软件在生产车间的运行中也会产生大量的信息，如产品设计变更、产线设备变更、用户反馈、仿真模型数据等，这些对于车间的生产和产品质量优化、生产流程的管理来说具有非常重要的意义。

制造执行系统（MES）是生产车间进行数据采集的管理系统。根据美国先进制造研究机构（AMR）所提出的概念，MES 是"位于上层计划管理系统与底层工业控制系统之间的车间管理信息系统"。MES 以车间的视角，向生产线的操作人员、管理人员提供生产过程中包括人员、机床、物料、工具和客户要求等信息，主要起着传递上下层信息的桥梁作用。相较于企业资源计划（ERP）相关产品，MES 的一个特殊之处是其不仅仅与外围 IT 系统通信，它还需要与下游的控制设备通信，从而在计划层与控制层之间起到承上启下的桥梁作用。以下将从应用程序接口（API）和网页端服务（Web Service）入手，简要介绍 MES 与 ERP、PLM 等之间的数据传输方式。

1）REST API 连接。表述性状态转移（Representational State Transfer，REST）标准是一种针对网络应用的设计和开发方式，可以降低开发的复杂性，提高系统的可伸缩性。基于 HTTP 协议的 Restful 接口，可以实现工业软件和数据中台的远程连接和交互。

在客户端和网页应用程序开发中，最重要的 REST 开发原则是客户端和服务器之间的交互在请求之间是无状态的。从客户端到服务器的每个请求都必须包含理解请求所必需的信息，如果服务器在请求之间的任何时间点重启，客户端不会收到通知。此外,无状态请求可以由任何可用服务器回答,这十分适合云计算环境。客户端可以缓存数据以改进性能。

2) Web Service。Web Service 是一个平台独立的、基于可编程 Web 的应用程序,可使用开放的 XML(标准通用标记语言下的一个子集)标准来描述、发布、发现、协调和配置这些应用程序,用于开发分布式的交互操作的应用程序。

Web Service 技术能使得运行在不同机器上的不同应用无须借助第三方软件或硬件,如上所述的 ActiveX 等控件就可使服务器和应用端进行数据交换和传输。依据 Web Service 规范实施的应用之间,无论它们所使用的语言、平台或内部协议是什么,都可以相互交换数据。Web Service 是自描述、自包含的可用网络模块,可以执行具体的业务功能。Web Service 也很容易部署,因为它们基于一些常规的产业标准以及已有的一些技术,诸如标准通用标记语言下的子集 XML、HTTP。Web Service 减少了应用接口,为整个企业甚至多个组织之间的业务流程的集成提供了一个通用机制。

4.3 数字孪生车间的数据管理技术

随着智能制造建设的推进和数字孪生技术的发展,快速建模、仿真等实用技术手段以及云计算、无线传输等数据工具在生产线管理系统中得到了广泛应用[7-8]。数字孪生车间需要大量基础的输入数据,与传统的工业数据管理相比,数据形式从一个时间断面(如日、月、季度等)变成一段时间(小时、分、秒、毫秒等)的整体数据或者标签、音频等非结构化数据,现有的结构化数据管理技术已无法满足其实际运算需求。

数字孪生车间数据除具有一般大数据的特征(数据容量大、多样性、快速性和价值性)外,还具有时序性、强关联性、准确性、闭环性等特征[9]。

1)数据容量大(Volume):工业数据体量比较大,大量机器设备的高频数据和互联网数据持续涌入,大型工业企业的数据集将达到 PB 级甚至 EB 级。

2)多样性(Variety):指数据类型的多样性和来源广泛。工业数据分布于机器设备、工业产品、管理系统、互联网等各个环节,并且结构复杂,既有结构化和半结构化的传感数据,也有非结构化数据。

3)快速性(Velocity):指获得和处理数据的速度快。工业数据处理速度需求多样,生产现场要求分析时限达到毫秒级,管理与决策应用需要支持交互式或批量数据分析。

4)价值性(Value):工业大数据对提升创新能力和生产经营效率,以及促进个性化定制、服务化转型等智能制造新模式变革具有重要价值。

5)时序性(Sequence):工业大数据具有较强的时序性,如订单、设备状态数据等。

6)强关联性(Strong-relevance):一方面,产品生命周期同一阶段的数据具有强关联性,如产品零部件组成、工况、设备状态、维修情况、零部件补充采购等;另一方面，产品生命周期的研发设计、生产、服务等不同环节的数据之间需要进行关联。

7）准确性（Accuracy）：主要指数据的真实性、完整性和可靠性，更加关注数据质量以及处理、分析技术和方法的可靠性。对数据分析的置信度要求较高，仅依靠统计相关性分析不足以支撑故障诊断、预测预警等工业应用，需要将物理模型与数据模型结合，挖掘因果关系。

8）闭环性（Closed-loop）：包括产品全生命周期横向过程中数据链条的封闭和关联以及在智能制造纵向数据采集和处理过程中，需要支撑状态感知、分析、反馈、控制等闭环场景下的动态持续调整和优化。

4.3.1 多源异构数据的存储技术

生产过程管控系统集成的生产数据包含结构化数据、半结构化数据、非结构化数据，若仅采用传统关系型数据库难以实现异构数据的高效存储。同时，设备工艺状态等数据刷新频率快，读写频繁，要求数据库具备高速读写能力，而车间运行过程产生的历史数据则要求数据库具有大规模数据存储与分析能力，传统研究多采用一种数据存储工具，难以较好地满足上述需求。如何针对多源异构数据进行存储和管理，已成为现代数据挖掘领域的一个研究热点。

从数据类型及其存储的结构而言，由生产线流出的数据主要分为结构化和非结构化两类，对应的数据存储仓库主要分为关系型数据库和非关系型数据库。其中结构化数据也称作行数据，是具有清晰的、可定义的关系，并包含一个预定义模型的数据，主要由二维表结构实现逻辑表达，如生产报表、传感器数据等。这些数据严格地遵循数据格式与长度规范，主要通过关系型数据库进行存储和管理。与结构化数据相对的是不适合由数据库二维表来表现的非结构化数据，包括所有格式的办公文档、XML、HTML、图片和音频、视频信息等。支持非结构化数据的数据库采用多值字段、子字段和变长字段机制进行数据项的创建和管理，广泛应用于全文检索和各种多媒体信息处理领域。以下将从关系型数据库和非关系型数据库相关存储技术入手，介绍多源异构数据的存储技术。

1. 关系型数据库

自 1970 年美国 IBM 公司首次提出了数据库系统的关系模型后，关系型数据库技术在几十年内快速发展，已成为如今存储结构化数据的主要技术。根据所用的结构化查询语言 (Structured Query Language，SQL)，这些数据库系统被广泛称为 SQL 数据库。

关系型数据库采用关系模型，以包含行和列的二维表格及其之间的关系组成数据组织，有严格的实体关系，便于关联数据存放，同时也便于与其他管理系统集成。因此，将关系型数据库和时序数据库进行并行处理的方法，可以同时满足控制和管理的要求。关系型数据库采用关系模型，传统的关系型数据库存在较多瓶颈问题。为综合提高数据的插入和查询性能，关系型数据库中通常选择"B+ 树"数据结构作为存储和索引结构，然而针对以插入为主、一般没有更新和删除操作的模型动态数据，这种结构反而制约了数据的处理性能。因为关系型数据库针对时序数据的压缩效果一般，存储海量数据时会造成机器资源的大量占用和成本提升。最终两者相结合的数据储存平台以数据资产高效管理为基础，沉淀数据通用能力，通过构建规范的、安全的、智能的、全域化的数据处理架构，提供数据采集、数据存储、数据萃取、数据治理、数据服务、数据可视化等全链路一体化的服务。

此外，关系型数据库在构建和运行过程中需要遵循 ACID 原则以确保数据库中数据的完整性[10]。ACID 是数据库事务正确执行的四个基本要素的缩写，它包含：原子性（Atomicity）、一致性（Consistency）、隔离性（Isolation）、持久性（Durability）。其中原子性指只有所有的操作执行成功，整个事务才提交；一致性指事务操作成功（或失败）后，数据和数据库的完整性和完整约束不应被破坏；隔离性指所有的事务都相互独立，不能互相影响，根据隔离性要求的不同，关系型数据库需要对多事务并发执行进行一定的控制；所谓持久性就是说在事务成功提交了之后，数据的最终变更操作都会记录到磁盘，不会因为故障导致数据丢失。

2. 非关系型数据库和时序数据库

随着 Web2.0 和智能工业的兴起，超大规模和高并发的工业网络服务对数据库提出了更高并发读写、更大可扩展性和更高可用性的要求，同时对海量数据存储和访问在效率上提出了更高标准，传统关系型数据库逐渐落后于技术发展的脚步。为了解决这些新时代的数据处理问题，新数据库技术得到了空前的发展，非关系型数据库已经成为一个热门的研究领域。

1998 年，Carlo Strozzi 首次提出非关系型数据库，即 NoSQL（Not Only SQL）。NoSQL 试图去摆脱传统关系型数据库的一些数据库约束限制，比如像数据的一致性、合并内存中的数据处理以及简化数据模型。NoSQL 数据库存储和检索非结构化数据，不使用为关系型数据库提供支撑的结构化数据图表，这与关系型数据库有很大的差别。

根据 NoSQL 存储的数据格式，大致可以将其分为键值存储数据库、图形结构数据库、列式数据库等。

键值存储数据库将数据存储为键 - 值对（键 - 阵列对）或字母 - 数字哈希表，使得值可用于检索。每个独立的表包括主键值（PK）和逻辑值集合两列。这种技术也可以被称为元组存储，对于单一的数据任务，键值存储数据库可以做到一起存储元组中的所有数据。由于以上特点，键值存储数据库能够实现内容缓存，适合混合工作负载并扩展大的数据集。键值存储数据库应用的例子有很多，例如 Dynamo DB、Riak、Redis 等。

图形数据库也被称为面向图形的数据库，它是一种特殊类型的非关系型数据库。在图形数据库中，数据间的关系和数据本身同样重要，它们作为数据的一部分被存储起来。这样的架构使图形数据库能够快速响应复杂关联查询，因为实体间的关系已经提前存储到了数据库中。图形数据库可以直观地可视化关系，是存储、查询、分析高度互联数据的最优办法。图形数据库也具有 ACID 属性，具有回滚支持和半结构化等高效存取数据的特征。图形数据库利用对指针的优化调用克服了传统关系型数据库难以探索、链接数据的缺点，适合联机事务处理（OLTP）等场景。在工业中得到应用的图形数据库包括 Mongo DB、Couch DB、EJDB 等。

列式数据库也可称为柱状数据库。在当今的工业界，列式存储已经用于存储和处理大量分布在创建的不同服务器上的数据。不同于关系型数据库，列式数据库数据没有存储在结构化的表中，而是将数据由序列形式存储在分布式体系结构中，因此给数据的搜索、读取、使用等提供了前所未有的自由度。由于其一个键值可以连接到多个序列，列式数据库非常适合快速搜索、基础运算和高性能聚合查询。列式数据库的典型案例包括 HBase、Cassandra、Hypertable 等。

通过传感器采集的各类数据是来源多样、沿时间方向成列簇状排列的时序数据。由于生产现场多源数据的时间序列之间存在大量的依赖关系，具有数据产生快、数据收发量高、存储占用空间大等特点，引入 NoSQL 相关技术可以很好地解决存储容量和访问效率的问题。其中时序数据库作为一种针对时间序列存储处理特化的列式数据库，主要由点名、值、时间戳、数据质量四个部分组成[11]。它允许快速写入、多维度地聚合查询时序数据等操作。该类数据库不但存储了此刻的数据值，而且保存了全部历史数据，在查询时也总会将时间作为过滤条件。因此时序数据库适用于一切有时变数据形成，对数据的历史规律、异常变化等有分析需求 / 需判断时序数据后续发展趋势的场景。对于数字孪生生产线运行过程中累积的海量数据，有错误、不一致等不符合规范的"脏数据"存在，也可以通过时序数据库本身携带或二次开发的数据清洗功能提高数据质量。

3. 多数据库存储在 MES 领域的应用

以传统 MES 的数据存储优化为例，张人敬等在《基于深度神经网络的车间生产异常发现与分析方法研究》一文中在数据存储方面对传统 MES 系统进行了优化，使用多数据库相结合的数据仓库作为存储方案，充分发挥了不同数据库的优点。系统使用了 NoSQL 数据库领域中的 HBase 数据库，来存储生产过程中采集的加工数据。HBase 数据库特殊的存储结构和可扩展的特性，使其可以支持海量具有半结构化和非结构化特征的加工数据。HBase 数据库依赖于 Hadoop 生态系统中的分布式文件系统（HDFS），可以通过列簇将数据存储在不同的文件中，列簇中的列支持动态添加，列为空时则不占用存储空间，HBase 数据库支持自动切分数据操作，使得数据存储具有水平可扩展性的特点，它还支持高并发的读写操作；同时，系统使用了内存数据领域中的 Redis 数据库，来存储最近时刻采集的生产加工信息和异常预测过程中需要的加工数据。内存数据库访问速度快的特点，使得数据存取不再是系统运行速度的瓶颈，通过实时地传递生产数据到异常发现系统，提高了系统的响应速度。Redis 数据库是完全运行在内存中的数据库，提供了丰富的存储数据类型，并且具有良好的数据同步能力，可以将数据复制到任意数量的从服务器中，使其在高效的数据操作基础上，仍能保持事务操作的原子性；在采集系统运行过程中，SFC（Shop Floor Control，产线智能中控）采集模块将采集到的生产加工信息存储在数据仓库中，生产加工信息包括生产加工过程中的物料信息、设备信息、人员信息、订单信息、生产任务信息、生产异常信息等。

4.3.2 数据预处理技术

在故障诊断、质量预测、流程仿真等应用场景中，数据需要达到较高的准确性、完整性、一致性、时效性、可信度和可解释性等质量指标以满足相关功能的正常开发和运行。在真实的车间生产线中，数据通常是不完整的（缺少某些重要的属性值）、不一致的（包含代码或者名称的差异）、极易受到噪声（错误或异常值）的侵扰的[12]。因为数据库太大，而且数据集经常来自多个异种数据源，低质量的数据将导致低质量的挖掘结果。例如在一些车间设备的运行过程中，不同激励源及传递路径的复杂作用、传感器的零点和基线漂移等因素可能会导致设备数据缺失、真实状态信息被噪声掩盖、信号呈现线性趋势、信号波形出现毛刺等问题。

不完整数据的出现可能有多种原因。例如，来自多源感知设备所采集的多模态制造数据，由于探测设备、网络、数据传输等错误往往存在丢失问题；产品的详细属性报表可能难以获取。缺失的数据，特别是某些属性上缺失值的元组，可能需要通过对其他数据的测量和融合得出。

影响数据质量的另外两个因素是可信性和可解释性。可信性反映有可信数据在数据源中的占比，而可解释性反映数据是否容易理解。即便数据就其数量、分布、结构等方面而言是正确的、完整的、一致的、及时的，但是由于很差的可信性和可解释性，如某些本身就不稳定或受质疑的评价指标，在使用时仍然可能把它看成低质量的数据。因此为保证数据质量，在使用数据进行分析前对其进行预处理是必要的，数据预处理基本步骤包括数据清洗、数据变换、数据集成和数据规约等。

1. 数据清洗

数据清洗是指针对数据数值上的各种异常情况的处理，根据数值异常情况的不同，常见的数据清洗方法包括：缺失值处理、离群和噪声值处理、异常值处理等。

缺失值是指数据记录丢失了部分信息，会导致一些鲁棒性不佳的模型无法计算数据。缺失值的处理，一般有以下两种方法：丢弃和估计。

丢弃指根据该条数据记录上其他的数据是否有价值，选择丢弃缺失项处的值，或者丢弃包含缺失项的整条数据记录。由于丢弃操作相对较为简单、新数据获取难度较低，在数据更新频繁的现场应用中丢弃更为常见。需要注意的是在某一类数据样本较少的情况下，需要着重权衡选择清洗方法，如使用均值、上下分位数值替代，或者利用回归模型进行拟合等。

估计指在不想丢弃缺失值时，通过现有样本的数据分布对数据集中的缺失值进行估计补充。估计的方法有多种，除了依赖领域知识、使用人工填写以外，其他的常见方法有如下几种。

1）替代。用缺失值所处属性上全部值的平均值（此时也可以加权重）或某个分位值代替。对于时间序列，则可以用相邻数据记录处的值（或平均值）替代。

2）填充。可以用与缺失值记录"相似"记录上的值来填充缺失值，不过这里需要先定义"相似"，这可能会是一个棘手的问题，用 K 最邻近、聚类等方法估计缺失值都是基于这种思想。对于时间序列，则可以用插值的方法，包括线性和非线性插值。

3）基于统计模型的估计。基于非缺失值构建统计模型，并对模型参数进行估计，然后再预测缺失处的值。

此处以自回归滑动平均模型（Auto-Regressive and Moving Average Model，ARMA）模型为例，简述以统计模型对缺失值和异常值的处理原理。在车间信号采集时，时常会因为传感器故障、机械启停等原因产生一些异常值和缺失值；幸运的是，在绝大多数的生产线作业过程中，很多数据和信号都是随时间变化的，并带有一定的模式特征。在此情况下，可以考虑采用 ARMA 等时间序列预测和回归模型对异常值、缺失值等进行近似估计。

ARMA 模型是研究平稳随机过程有理谱的典型方法，适用于很大一类实际问题，它比单纯的自回归（Auto-Regressive，AR）模型与滑动平均（Moving Average，MA）模型有更精确的谱估计及更优良的谱分辨率性能。模型参数估计的方法很多，如模型的输入序列 $\{u(n)\}$ 与输出序列 $\{a(n)\}$ 均能被测量时，可以用最小二乘法估计其模型参数；在某些谱估计问题中仅能得到模型的输出序列 $\{x(n)\}$，这时，参数估计是非线性的，难以求得 ARMA 模型参数的准确估值。尽管近年来有学者从理论上推出了一些 ARMA 模型参数的最佳估计方法，但它们存在计算量大和不能保证收敛的缺点。因此工程上采用的一般是次最佳方法，即分别估计 AR 和 MA 参数，而不像最佳参数估计中那样同时估计 AR 和 MA 参数，从而使计算量大大减少。

在多元回归分析中，如某时间序列 y_t 的变化受到其自身变化的影响，则多元线性回归模型可以表述为如下形式：

$$y_t = b_0 + b_1 y_{t-1} + b_2 y_{t-2} + \cdots + b_k y_{t-k} + \epsilon_t \quad (4\text{-}1)$$

式中，$b_0, b_1, b_2, \cdots, b_k$ 为回归系数，b_0 为回归常数，而 ϵ_t 则为误差或噪声序列。由于上式中的自变量为时间序列 y_t 滞后不同时期的序列 $y_{t-1}, y_{t-2}, \cdots, y_{t-k}$，因此可以将其称为自回归 AR 模型。

而在利用前期误差和噪声序列对模型修正、得到下一期预测值的平滑模型中，时间序列 y_t 的随机波动也可以由不同滞后状态下时间序列的误差项 $\epsilon_{t-1}, \epsilon_{t-2}, \cdots, \epsilon_{t-k}$ 组合表示，即 MA 模型：

$$y_t = b_0 + b_1 \epsilon_{t-1} + b_2 \epsilon_{t-2} + \cdots + b_k \epsilon_{t-k} + \epsilon_t \quad (4\text{-}2)$$

将其组合，可以得到如下表达式，即 ARMA 的一般表示：

$$y_t = \alpha_0 + \alpha_1 y_{t-1} + \alpha_2 y_{t-2} + \cdots + \alpha_k y_{t-k} + b_0 + b_1 \epsilon_{t-1} + b_2 \epsilon_{t-2} + \cdots + b_k \epsilon_{t-k} + \epsilon_t \quad (4\text{-}3)$$

噪声包含的范围比较广，对计算过程无用或造成干扰的都可以称为噪声，如缺失值、异常值均属于噪声的范畴。离群点则是指与数据总体特征差别较大的数据，其是否属于噪声范畴则需要结合实际的应用场景和数据的具体分布综合判断，如在系统整体建模中，一定数量的离群点有可能对模型的创建毫无用处，甚至会影响模型的准确性和稳健性，则离群点需要视为噪声并使用特定的清洗方式去除；而在特定的模式识别领域，很有可能就会以离群点作为模式的特征之一，对其分布和数值做具体分析。此外，如果与数据总体特征差别较大的数据到达了总数据集的一定比例，可能需要将其作为总数据集中的少数类综合处理。总之，噪声的处理可以针对具体情况进行，具体处理方法包括五点三次平滑、经验模态分解（Empirical Mode Decomposition，EMD）及其各种变体、傅里叶变换、小波包去噪等。

在实际生产过程中，由于设备的载荷往往是通过不同激励源及传递路径的复杂卷积结果，特征信息往往淹没在大量高频、宽频的强噪声中，这导致了输入信号信号分量复杂、毛刺较多等问题。因此一般需要对经传感器采集和传输的设备工作信号进行如平滑、EED 等降噪处理，再进行特征提取等操作。

对于阶数较低、结构较为简单的信号，五点三次平滑是一个常用且简便的预处理方法。以对信号 $y(x)$ 取前三项的泰勒展开为例：

$$y_i(x_i) = a_0 + a_1 x_i + a_2 x_i^2 + a_3 x_i^3 \tag{4-4}$$

求得方差的和可以由下式表述：

$$F(a_0, a_1, a_2, a_3) = \sum_{i=1}^{5} \left[(a_0 + a_1 x_i + a_2 x_i^2 + a_3 x_i^3) - y_i \right]^2 \tag{4-5}$$

由式（4-5）取得极值的条件是其导数值为 0，根据最小二乘法得到：

$$\frac{\partial F}{\partial a_k} = 0, k = 0,1,2,3 \tag{4-6}$$

式（4-6）展开即可得到五点三次平滑法的数学表述：

$$\begin{cases} y_{i-2} = \frac{1}{70}(69y_{i-2} + 4y_{i-1} - 6y_i + 4y_{i+1} - y_{i+2}) \\ y_{i-1} = \frac{1}{35}(2y_{i-2} + 27y_{i-1} + 12y_i - 8y_{i+1} + 2y_{i+2}) \\ y_i = \frac{1}{35}(-3y_{i-2} + 12y_{i-1} + 17y_i + 12y_{i+1} - 3y_{i+2}) \\ y_{i+1} = \frac{1}{35}(2y_{i-2} - 8y_{i-1} + 12y_i + 27y_{i+1} + 2y_{i+2}) \\ y_{i+2} = \frac{1}{70}(-y_{i-2} + 4y_{i-1} - 6y_i + 4y_{i+1} + 69y_{i+2}) \end{cases} \tag{4-7}$$

由五点三次平滑处理计算可知，等间距的节点，平滑公式计算与节点的选取和节点距离无关，只与样本数据有关。该算法的特点在于，对原有曲线的特性做到了很好的保留，同时又对存在的干扰成分进行了有效的消除，与原有曲线相比增加了可读性。

除了五点三次平滑处理外，各种经验模态分解（EMD）及其拓展方法也被广泛应用于噪声信号的处理中。EMD 方法在理论上可以应用于任何类型的信号的分解，因而在处理非平稳及非线性数据上，具有非常明显的优势，适合于分析非线性、非平稳信号序列，具有很高的信噪比。所以，EMD 方法一经提出就在不同的工程领域得到了迅速有效的应用，例如用在海洋、大气、天体观测资料与地震记录分析、机械故障诊断、密频动力系统的阻尼识别以及大型土木工程结构的模态参数识别方面。

进行 EMD 处理需满足三个前提条件：1）该信号需要至少分别包含一个极大值和一个极小值；2）该信号的局部时域特性由极值点间的时间尺度唯一确定；3）如果该信号不存在极值点但有拐点，可以对该信号进行微分处理求得极值，然后再进行积分来得到分解结果。为了选择与原始信号最为接近的模态函数，可以使用如 Pearson 矩阵、独立成分分析（Independent Component Analysis，ICA）等方法进行相关性的分析和检验。以利用相关系数来说明原始信号与处理后信号之间的关联度为例，相关系数绝对值越大，两个变量之间的关系越密切。其计算公式表示如下：

$$\text{cov}(x_i, y_i) = \frac{\sum_{i=1}^{n}(x_i - \bar{x})(y_i - \bar{y})}{\sqrt{\sum_{i=1}^{n}(x_i - \bar{x})^2 \sum_{i=1}^{n}(y_i - \bar{y})^2}} \qquad (4\text{-}8)$$

式中，x_i 和 $\bar{x}$ 分别为变量 x 及其平均值，y_i 和 $\bar{y}$ 表示变量 y 及其平均值。

在去除趋势项后，可以使用 EMD 将输入数据分解为具有不同特征尺度的 IMF（Intrinsic Mode Functions，内涵模态分量），然后从选取最优相关 IMF 分量和改进阈值去噪两个方面对船用柴油机表面振动信号进行降噪处理。以对时变信号 $X(t)$ 的处理为例，具体的步骤如下：

1）对信号 $X(t)$ 首先使用三次样条曲线将信号 $X(t)$ 上的所有极大值点进行连接形成上包络线，将所有极小值点进行连接成下包络线。将信号 $X(t)$ 与上下包络线均值 m_1 的差记为 h_1，则有：

$$h_1 = X(t) - m_1 \qquad (4\text{-}9)$$

将求得的 h_1 作为新的信号 $X(t)$ 并重复进行以上步骤，直到 h_1 满足特征模态函数的两个限制条件时，将 h_1 作为从原始信号 $X(t)$ 中筛选出的第一阶 IMF 分量，并将其记为 C_1。

2）将筛选出的第一阶 IMF 分量 C_1 从原信号 $X(t)$ 中去除，得到去掉高频分量的差值信号 r_1。

$$r_1 = X(t) - C_1 \qquad (4\text{-}10)$$

3）重复把剩下的差值信号 r_1 当成"原始信号"，并进行上述筛选步骤，直到第 n 阶 IMF 残余分量为单调函数，EMD 分解过程结束。

4）将原始信号 $X(t)$ 最终表示为 n 阶 IMF 单调分量和一个残余分量 $r_n(t)$ 之和。

$$X(t) = \sum_{j=1}^{n} C_j(t) + r_n(t) \qquad (4\text{-}11)$$

除了毛刺和噪声外，信号在采集过程中，由于外部环境对传感器的干扰、放大器温度升高产生的零点漂移和传感器低频时的灵敏性不佳等问题，往往会使得信号偏离基线，这也会给后续的信号分析带来困难，因此需要执行适当的清理操作。

线性趋势项就是信号线性偏移基准线的大小，随着信号长度的增加，偏移量会越来越大，这造成信号存在一定的误差，使得信号在时域和频域分析的结果不准确，进而给信号的特征提取带来困难。一般信号的多项式表示如下式所述：

$$x^* = \sum_{i=0}^{k} a_i (nT)^i, n = 1, 2, \cdots, N \quad (4\text{-}12)$$

式中，x^*为多项式函数，a_i为多项式系数，T为采样周期。根据最小二乘原理，可以使多项式函数x^*和原始信号x的误差平方和最小，进一步得到多项式系数a_i的值。误差平方和如下：

$$E = \sum_{n=0}^{N} (x - x^*)^2 \quad (4\text{-}13)$$

E存在极值点的数学表述如下：

$$\frac{\partial E}{\partial a_j} = 2 \sum_{n=1}^{N} \left[x_n - \sum_{i=0}^{k} a_i (nT)^i \right] \left[-(nT)^j \right] = 0, j = 0, 1, \cdots, k \quad (4\text{-}14)$$

对该$k+1$元线性方程组，可以求出$k+1$个待定系数a_j。当$k = 0$时，求得上式的解为：

$$a_0 = \frac{1}{n} \sum_{n=1}^{N} x_n \quad (4\text{-}15)$$

从上式可得，当$k = 0$时，趋势项即为原始信号的算术平均值，所以消除线性趋势项的公式为：

$$x_k = x_k - x^* = x_k - a_0, k = 1, 2, \cdots, N \quad (4\text{-}16)$$

当$k=1$时，求得上式的解为：

$$\begin{cases} a_0 = \dfrac{2\left(2N + 1 \sum_{i=1}^{N} x_i\right) - 6 \sum_{i=1}^{N} i x_i}{N(N-1)} \\ a_1 = \dfrac{12 \sum_{i=1}^{N} i x_i - 6(N+1) \sum_{i=1}^{N} x_i}{TN(N-1)(N+1)} \end{cases} \quad (4\text{-}17)$$

则基线偏移/零漂趋势项的数学表述如下：

$$x_k = x_k - x^* = x_k - (a_0 + a_1 kT), k = 1, 2, \cdots, N \quad (4\text{-}18)$$

通过以上计算，可以得到高阶的线性趋势项，并采用相应的分析方法将其去除。但是阶数过高的过滤方法会使得计算时间增加、效率降低，并且令信号的低滤波衰减加重。一般取$k = 1，2，3$来进行信号的线性趋势项去除。在实际应用中，一般会结合趋势项和被测信号的频率特征进行综合处理，如可以使用小波变换、经验模态分解（EMD）、变分模态分解（VMD）等方法，对原始信号进行初步分解，选取最优分解层数，得到相应的模态/频域/时频域分量，确定趋势项或各类偏移对应的模态分量，最后将其去除并重构获得预处理后的信号[13]。通过对原始非线性、非平稳信号的处理后，信号能够获得更高的信噪比，这对相关的状态预测和故障诊断而言具有非常重要的意义。

2. 数据变换

数据变换的方法众多，作用也不尽相同。数据变换的目的可以简单地概括为改变数据的特征，方便计算和发现新的信息。常见的数据变换过程包含以下方法：离散化、二元化、归一化（标准化）等。其中离散化应用于在分类或关联分析中使用到的属性上。一般来说，离散化的效果取决于所使用的算法，以及用到的其他属性。

连续属性变换成分类属性涉及两个子任务：决定需要多少个分类值，以及确定如何将连续属性值映射到这些分类值中。其中第一步会将连续属性值排序后，通过指定 $n-1$ 个分割点将连续值分成 n 个区间，而第二步将一个区间中的所有值映射到相同的分类值。因此，离散化问题就是决定选择多少个分制点和确定分制点位置的问题。结果可以用区间集合 $\{(x_0, x_1], (x_1, x_2], \cdots, (x_{n-1}, x_n]\}$ 表示，其中 x_0 和 x_n 可以分别为 $-\infty$ 或 $+\infty$，或者用一系列不等式 $x_0 < x \leq x_1, \cdots, x_{n-1} < x \leq x_n$ 表示。

用于分类的离散化方法之间的根本区别在于使用类信息还是不使用类信息。根据是否使用类信息分为监督式离散化和非监督离散化方法。如果在离散过程中不使用类信息，则会使用一些简单的非监督方法[14]。例如指定区间后利用等宽方法将属性的值域划分成具有相同宽度的区间，或将相同数量的对象放进每个相等深度的区间等。作为非监督离散化的另一个例子，可以使用诸如 K- 均值等聚类分析方法。

一般情况下，使用附加信息、采用监督离散化方法常常能够产生更好的结果。一种简单方法是以极大化区间纯度的方式确定分割点；然而，实践中可能需要人为确定区间的纯度和最小的区间大小。为了解决这一问题，一些基于统计学的方法用每个属性值来分隔区间，并通过合并根据统计检验得出的相邻区间来创建较大的区间。以下将以一种基于熵的方法为例，简要阐述监督式离散化方法的过程。

设 k 是不同的类标号数，m_i 是某划分的第 i 个区间的中值数，而 m_{ij} 是区间 i 中类 j 的值的个数。第 i 个区间的熵 e_i 由如下等式给出：

$$e_i = -\sum_{j=1}^{k} p_{ij} \log_2 p_{ij} \tag{4-19}$$

式中，$p_{ij} = m_{ij}/m_i$ 是第 i 个区间中类 j 的概率（值的比例）。该划分的总熵 e 是每个区间的熵的加权平均，即：

$$e = \sum_{i=1}^{n} w_i e_i \tag{4-20}$$

式中，m 是值的个数，$w_i = m_i/m$ 是第 i 个区间的值的比例，而 n 是区间个数。直观上，区间的熵是区间纯度的度量。如果一个区间只包含一个类的值（该区间非常纯），则其熵为 0 并不影响总熵。如果一个区间中的值类出现的频率相等（该区间尽可能不纯），则其熵最大。

一种划分连续属性的简单方法是：开始将初始值切分成两部分，让两个结果区间产生最小熵。该技术只需要把每个值看作可能的分割点即可，因为假定区间包含有序值的集合。然后，取一个区间，通常选取具有最大熵的区间，重复此分割过程，直到区间的个数达到用户指定的个数，或者满足终止条件。

除离散化外，归一化也是在数据预处理中需要额外注意的操作。在现实数据中，由于不同传感器采集的数据类型不同，数据大小值相差甚远，这些采集到的原始数据没有统一的量纲，这样的情况会影响到数据分析的结果；尤其是对于以几何距离作为度量指标的分类或预测模型而言，未经量纲统一操作的数据会造成模型在实际运行过程中给出极具误导性的评价。为了消除原始数据量纲等影响，在对数据进行特征提取之前，首先需要使用数据归一化技术对数据进行预处理。归一化的策略很多，如 min-max 归一化：

$$x' = \frac{x - x_{\min}}{x_{\max} - x_{\min}} \qquad (4\text{-}21)$$

式中，$x_{\min}$、$x_{\max}$ 分别为属性取值的最小值和最大值。

z-score 规范化：

$$x' = \frac{x - \bar{u}}{\sigma} \qquad (4\text{-}22)$$

式中，$\bar{u}$、σ 分别为属性的均值和标准差。

当数据中存在一些离群点时，上述的规范化方式受离群点影响较大，此时可以用中位数代替均值，用绝对偏差代替标准差，弱化离群点的影响。其中绝对偏差的定义为：

$$s = \sum_{i=1}^{m} |x_i - \bar{u}| \qquad (4\text{-}23)$$

通过对原始数据的线性变换，将数值映射到一定范围内，如 [0, 1] 上，除去对不同量纲的数据转换和分析之外，还存在着其他的运用场合，如图片里面的每个像素值并不能保证在 0~256 之间，在区间外的像素点会导致灰度图无法显示，需要进行规范化操作，然后将每个值都乘以 256，完成特征映射后，图像就有可能以多通道灰度图的形式进行传输。

3. 数据集成

进行数据分析经常需要数据集成，即合并来自多个数据存储的数据。选择合适的数据集成策略，有助于减少结果数据集的冗余和不一致，进而提高数据分析过程的准确性和速度。

冗余是数据集成的一个重要问题。一个属性如果能由另一个或另一组属性"导出"，则这个属性可能是冗余的。属性或维命名的不一致也可能导致结果数据集中的冗余。在数据分析中，有些冗余可以被相关分析检测到，如给定两个属性，可以根据可用的数据，度量一个属性能在多大程度上蕴含另一个。对于标称数据可以使用χ^2

（卡方）检验；而对于数值属性，相关系数和协方差都是评估一个属性的值如何随另一个变化的理想标准。

对于标称数据，假设 A 有 c 个不同值 $(a_1,a_2,\cdots,a_c)$，B 有 r 个不同值 $(b_1,b_2,\cdots,b_r)$，则用 A 和 B 描述的数据元组可以用一个相依表显示，其中 A 的 c 个值构成列，B 的 r 个值构成行。令 (A_i, B_j) 表示属性 A 取值 a_i、属性 B 取值 b_j 的联合事件，即 $(A_i = a_i, B_j = b_j)$。每个可能的 (A_i, B_j) 联合事件都在表中有自己的单元。χ^2 值（又称 Pearson χ^2 统计量）可以用下式计算：

$$\chi^2 = \sum_{i=1}^{c} \sum_{i=1}^{r} \frac{(o_{ij} - e_{ij})^2}{e_{ij}} \quad (4\text{-}24)$$

式中，o_{ij} 是联合事件 (A_i, B_j) 的观测频度（即实际计数），而 e_{ij} 是 (A_i, B_j) 的期望频度，可以用下式计算：

$$e_{ij} = \frac{\text{count}(A_i = a_i) \times \text{count}(B_j = b_j)}{n} \quad (4\text{-}25)$$

式中，n 是数据元组的个数，$\text{count}(A_i = a_i)$ 是 A 上具有值 a_i 的元组个数，而 $\text{count}(B_j = b_j)$ 是 B 上具有值 b_j 的元组个数。式（4-25）中的和在 $r \times c$ 个单元上计算。

对于数值数据，则可以通过计算属性 A 和 B 的相关系数（又称 Pearson 积矩系数），估计这两个属性的相关度 $r_{A,B}$。其数学表述如下：

$$r_{A,B} = \frac{\sum_{i=1}^{n}(a_i - \overline{A})(b_i - \overline{B})}{n\sigma_A\sigma_B} = \frac{\sum_{i=1}^{n}(a_ib_i) - n\overline{A}\,\overline{B}}{n\sigma_A\sigma_B} \quad (4\text{-}26)$$

式中，n 是元组的个数，a_i 和 b_i 分别是元组 i 在 A 和 B 上的值，$\overline{A}$ 和 $\overline{B}$ 分别是 A 和 B 的均值，σ_A 和 σ_B 分别是 A 和 B 的标准差，而 $\sum(a_ib_i)$ 是 A 和 B 的叉积和（即对于每个元组，A 的值乘以该元组 B 的值）。理论上，在任何场合下，A 与 B 的相关系数都应该保持在 -1 与 1 之间，即 $-1 \leqslant r_{A,B} \leqslant +1$。如果 $r_{A,B}$ 大于 0，则 A 和 B 是正相关的，这意味着 A 值随 B 值的增加而增加。该值越大，相关性越强（即每个属性蕴含另一个的可能性越大）。因此，一个较高的 $r_{A,B}$ 值表明 A（或 B）可以作为冗余而被删除。

4. 数据规约

数据规约的目的是减少数据量，降低数据的维度，删除冗余信息，提升分析准确性，减少计算量。数据规约包含的方法有：数据聚集、数据抽样、维归约。

数据聚集是将多个数据对象合并成一个数据对象，目的是减少数据和计算量，同时也可以得到更加稳定的特征，可以采用对所有记录每个属性上的值求和、求平均（也可以加权重）的方式，也可以依据应用场景采用其他方式。

数据抽样是采用从多个样本中抽选出数个样本以缩减数据量的方法。最简单的抽样是简单随机抽样及其变形，即无放回抽样和有放回抽样。当样本与数据集相比相对较小时，这几种方法产生的样本差别不大，而且均能有效地缩减样本中的无效信息量；但是当总体由不同类型的对象组成、每种类型的对象数量差别很大时，简单随机抽样不能充分地代表不太频繁出现的对象类型。例如，当为稀有类构建分类模型时，样本中适当地提供稀有类是至关重要的，因此需要提供具有不同频率的感兴趣的项的抽样方案，如分层抽样。它从预先指定的组开始抽样。在最简单的情况下，尽管每组的大小不同，但是从每组抽取的对象个数相同。

维归约是另一种数据归约的有效方式。在很多数据挖掘的实例中，如果维度（数据属性的个数）较低，许多数据分析算法的效果就会因为学习了更少的冗余特征而获得更好的表现。维归约可以使模型涉及更少的属性，从而更直观和（相对而言）更容易理解。此外，维归约也可以更容易让数据可视化：即使维归约没有将数据归约到二维或三维，也可以通过观察属性对或三元组属性达到数据可视化的目的。使用维规约可以降低数据分析算法的时间和内存需求。

维度灾难是指随着数据维度的增加，许多数据分析变得非常困难。一个极端例子是，在低维空间中距离很远的两类样本，其距离可能随着维度的增加而急剧缩短，从而在高维空间中变得不可分。对于分类，这可能意味没有足够的数据对象来创建模型，无法将所有可能的对象可靠地指派到一个类。对于聚类，点之间的密度和距离的定义（对聚类是至关重要的）失去了意义。结果是，对于高维数据，许多分类和聚类算法准确率降低，聚类质量下降。

维归约的一些最常用的方法是使用线性代数技术，将数据由高维空间投影到低维空间，特别是对于连续数据。其中主成分分析（Principal Component Analysis，PCA）是一种用于连续数据的线性代数技术，它从高维数据中找出新的属性（主成分），这些属性是原属性的线性组合，是相互正交的，并且捕获了数据的最大方差。近年来，随着深度学习技术的发展，越来越多的深度学习算法运用到维规约中，如循环神经网络。

4.4　多源数据融合技术

随着计算机网络技术、通信技术、信号检测技术的快速发展，车间现场和生产过程管理对于数据内容的丰富度、准确性、实时性等方面的要求已经无法被单一数据来源提供的信息满足，特别是在智能制造场景下，对于产品的制造、工艺的评估、质量的评价等，都需要多源数据融合技术。

多源数据融合是针对多源数据的一种处理手段，通过知识推理和识别从原始数据源中得出估计和判决，以增加数据的置信度、提高可靠性、降低不确定性。这一概念起源于二十世纪七十年代军工领域提出的多传感器数据融合技术，由于每个传感器的检测范围和工作能力是有限的，为了得到更全面、准确的消息，提高信息系统的鲁棒性和准确性，工作在同一系统中的传感器数量和类型越来越多。最初在作战场景下，由于信息的多源异构性、信息来源途径的多样化、电子对抗的高强度等原因，单来源的传感器信息难以完整表述和掌控战场态势，但来源于不同传感器的数据充斥着不精确、不一致甚至互相矛盾的信息，因此，多传感器（多源）数据融合技术诞生且开始蓬勃发展，它使得多个传感器协同工作，把已有信息融合在一起，得到比单源传感器更准确可靠的信息。于是，多源数据融合这一研究方向能够迅速地发展起来并在现代作战系统中达到了较为普遍的应用。

总而言之，数据融合的目的是通过聚合来自多个信息源的证据，减少决策中的不确定性，从而改善最终决策的质量。更重要的是，这种技术应该有效地利用资源之间的冗余和补充性，从而在全局视图中实现最优的系统性能。但是多源数据之间不同程度的数据相关联或者冲突是无法避免的，这就需要相应的数据融合技术按照一定的规则对数据信息进行预处理、分析、融合、决策，充分利用数据之间的关联又充分考虑数据各自的独特性来提高决策结果的精确度。

4.4.1 多源数据融合流程

当前的多源数据已经不仅局限于来源于传统传感器的数据。为了适用于更普遍的应用场景，数据融合的数据源不仅包括多种传感器，还包括人为输入的据数、计算机系统中的数据库等更广泛的数据获取系统[15]。但对于传统的非前所述的"广泛定义"的传感器时，有些特征信息是非电量信息，这就需要通过模数转换（Analog-to-Digital Convert，A/D 转换）得到系统能够处理得了的数据信息。然后，因为传感器自身属性或环境的影响，得到的数据中会存在一定程度噪声数据，或者在几个数据库中存在着不同的数据结构和冗余数据，这就需要数据预处理来执行包括去重、去噪、填充等操作在内的一系列处理[16]。然后进行数据的特征提取，从原始数据中提取数据融合的操作对象，即将要融合的特征属性，再通过数据融合操作进一步得出融合结果。多源数据融合的一般流程如图 4-11 所示，具体包括：

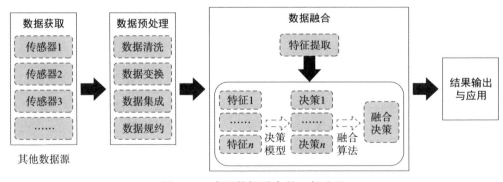

图 4-11　多源数据融合的一般流程

1）数据获取。在多传感器融合系统中，各个应用所检测的目标特征与数据格式不尽相同，得到这些信息后需要按照一定规则进行 A/D 转换，把模拟信号统一转换成数字信号，再继续接下来的操作。

2）数据预处理。不论是数据融合的信息源是哪一种，数据噪声、冗余和缺失都是不可避免的情况，所以要在数据融合之前对数据进行一定的预处理操作，减少数据冗余与噪声，得到更精简的原始数据。

3）数据融合。数据预处理后的信息有更高效的特征信息，再按照一定的规则进行特征提取，得到的就是最终需要进行融合操作的信息。将特征提取到的特征信息进行融合以得到优化的决策，常用的经典数据融合算法包括粗糙集、神经网络、D-S证据理论等，具体算法的选取要根据实际应用中的具体需求来决定。

4.4.2 多源数据融合技术分类

就数据融合的层次而言，多源数据融合可以被分为数据层融合、特征层融合和决策层融合三种。其中数据层融合是一种贴近原始工业数据的融合层次，可以有效消除数据中的冗余信息、去除异常信息和噪声，还能为下一层特征提取提供信息基础，卡尔曼滤波、神经网络等方法在数据层融合中得到了广泛应用；特征层融合主要依据产线数据的数值特征，相较于数据层融合，具有更强的实时性，经常使用卡尔曼滤波、压缩聚类等融合算法；而决策层融合以各个模型/推理链的决策和识别结果为基准，针对生产数据完成决策的融合，具有融合效率高、对数据变化的容忍度高等特点[17]。

多源数据融合技术基本上可以概括为经典融合方法和现代融合方法。其中经典融合方法主要依据数学理论按照数据特征进行融合运算，包括多变量估计、统计量概率估计；多变量估计主要是利用数据估计拟合数据的特征，如最小二乘法、加权平均法和卡尔曼滤波法；统计量概率估计则以概率论为基础，依据数据的概率分布特征，得到合适的融合结果，包括支持向量机法、贝叶斯推理法等统计方法。在另一方面，现代融合方法依据目前比较流行的优化算法，以融合结果最优为目标，包括智能融合法等，其关系如图4-12所示。

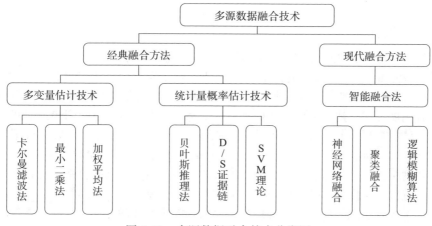

图4-12 多源数据融合技术分类图

1. 多变量估计技术

多变量估计技术主要包括最小二乘法、加权平均法、卡尔曼滤波法（Kalman Filtering，KF）等线性估计技术，以及高斯滤波技术、扩展的卡尔曼滤波技术 EKF 等非线性融合技术。

以卡尔曼滤波法为例，卡尔曼滤波法具有不需要大量的数据存储和计算的优点，其核心思想是对各个变量进行加权平均，其中每个变量的权重与方差负相关。卡尔曼滤波法可实现系统状态最优估计，尤其是当被测对象的观测信息和动态模型较为准确时，卡尔曼滤波法获得的系统状态估计值，具有较高的准确性[18]。特别是在测量速度与采样频率不同的多传感器数据融合中，由于卡尔曼滤波法能够根据不同测量速度与采样频率的多个传感器的测量结果，实现系统状态快速在线估计，提高融合测量的动态响应，而且结构简单、计算量小和易于实现，所以它被广泛应用于多传感器的数据融合方面。

2. 统计量概率估计技术

统计量概率估计技术主要包括贝叶斯推理法、支持向量机（SVM）理论、D/S 证据链，主要依靠统计量的概率分布和相关关系进行分析。

以贝叶斯推理法为例，贝叶斯推理法是基于贝叶斯定理的条件或后验概率的统计数据融合算法，能够通过已知向量推断预估未知的 n 维状态向量，在实际应用中表现出的优势主要有计算量比较小、推理过程容易。虽然贝叶斯推理法可以有效融合多源数据，使数据更加完整和准确，但是贝叶斯推理法要求所有的假设都是独立的，而在实际应用中，假设之间可能存在或多或少的关联。贝叶斯推理法需要事先得知先验概率和条件概率，因此在实际应用中专家们能否给出正确一致的条件概率和先验概率将成为决定融合效果的重要因素，此步骤具有较强的主观性。在对不同层次数据进行分组融合时，贝叶斯推理法必须在统一的识别框架下进行，否则可能会得到不符合客观事实的结果；因此在多源数据的融合过程中，需要针对具体任务选择合适的统计量和融合方法。

3. 智能融合法

近年来，随着人工智能的快速发展，很多研究工作开始思考从复杂系统的角度开展信息融合的深度学习解决方案，基本理念就是探索以人工神经网络（Artificial Neural Network，ANN）及其各种变体的深度学习模型与复杂系统智能体模型理论框架的融合拓展形式，建立从原始数据到特征信息提取，从特征空间到知识空间的学习映射的一体化处理机制，进一步推进形成数据驱动的智能体感知、认知、决策与动作的演化学习型智能涌现机制，例如神经网络融合、聚类融合、逻辑模糊算法等。

神经网络是一种可以实现多个输入信号的某种函数变换的融合系统，它是一种人脑神经系统的抽象模型。神经网络为数据融合技术提供了一种新的解决思路，其推翻了传统的推理式模式，使数据融合技术不仅仅拘泥于严谨的计算，并且使很多传统方法无法解决的难题迎刃而解[19]。

神经网络依赖于现代神经生物学中的模拟网络，它包含以下三个部分：

1）神经元特性：它可以理解为一个将所有输入值综合起来对应到一个输出函数的方法。

2）学习规则：即在使用过程中按照一定规则实时改变权值和方法，以达到提高学习速度的目的。

3）神经网络拓扑结构：神经网络使用一定的拓扑结构将多个处理单元联系起来，并且神经网络能够依靠这些最基本的处理单元完成其高效的数据信息处理过程。

使用基于神经网络的数据融合方法对多源数据进行融合处理时，首先要根据数据源的特性、数据源网络拓扑结构和信息流向确定合适的神经网络模型。然后需要将从数据源处获取的数据和系统输入一一对应，并确定输出结果与决策。以人工神经网络为基础的数据融合能大大减少数据融合的误差，但是其计算量大，模型的超参数结构复杂，训练和优化所需的时间非常长，且其结果缺乏解释性。随着计算机性能的提升和算法的改进，训练效率和速度逐步提高，有理由认为，人工神经网络在实际应用的限制会逐步减少。

参考文献

[1] 任宇. 中国与主要发达国家智能制造的比较研究 [J]. 工业经济论坛, 2015, 2(2):68-76.

[2] DE BRABANT J, PAVLO A, TU S, et al. Anti-caching: A new approach to database management system architecture[J]. Proceedings of the VLDB Endowment, 2013, 6(14): 1942-1953.

[3] 黄可塑，吕光帅. 基于OPC的工业过程客户端监控软件开发 [J]. 微处理器, 2006, 8(4):51-53.

[4] HOZAK K, COLLIER D A. RFID as an enabler of improved manufacturing performance [J]. Decision Sciences, 2008, 39(4):859-881.

[5] 张辰. 物联网产业的发展历程及目前的发展态势 [J]. 机电一体化, 2011(8):4-9.

[6] 姜延吉. 多传感器数据融合关键技术研究 [D]. 哈尔滨：哈尔滨工程大学, 2010.

[7] 刘欣，李向东，耿立校，等. 工业互联网环境下的工业大数据采集与应用 [J]. 物联网技术, 2021, 11(8):62-65, 71.

[8] 李洁，张东，常洁，等. 面向智能制造的工业连接现状及关键技术分析 [J]. 电信科学, 2017, 33(11):8.

[9] KAN M, SHAN S, ZHANG H, et al. Multi-View Discriminant Analysis[J]. IEEE Transactions on Pattern Analysis & Machine Intelligence, 2015, 38(1):188-194.

[10] 顾恩硕，刘海粟，白雪. 关系数据库与非关系数据库 [J]. 艺术科技, 2016, 29(12):84.

[11] 杨婕. 时序数据库发展研究 [J]. 广东通信技术, 2020, 40(3):46-48, 57.

[12] PAN W, LI Z, NIE Y, et al. An effective redundancy data cleaning technology in multi-data sources based on RFID network[J]. Journal of Northwestern Polytechnical University, 2011, 29(3):435-442.

[13] 文成林，吕冰，葛泉波. 一种基于分步式滤波的数据融合算法 [J]. 电子学报, 2004, 32(8):1264-1267.

［14］YIN Q, SHU W, RAN H, et al. Multi-view clustering via pairwise sparse subspace representation[J]. Neurocomputing, 2015, 156:12-21.

［15］KHALEGHI B, KHAMIS A, KARRAY F O, et al. Multisensor data fusion:A review of the state-of-the-art[J]. Information Fusion, 2013, 14(1):28-44.

［16］宋明月. 基于多传感器信息融合的关键技术的研究 [D]. 哈尔滨：哈尔滨工程大学, 2011.

［17］ZHAO X L, LI B. The countermeasures of urban energy risk control oriented to machine learning and data fusion[J]. Energy Reports, 2022, 8: 2547-2557.

［18］赵玲. 多传感器信息融合技术及其应用 [J]. 红外, 2021, 42(1):21-26.

［19］韩山. 基于广义粗糙集的不完备信息系统决策融合方法研究 [D]. 上海：上海交通大学, 2015.

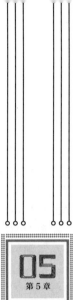

数字孪生建模与智能交互技术

数字孪生的核心是虚拟模型和数据，其中虚拟模型是经过数据虚实映射的再现物理实体的几何特征和运行逻辑的数字化镜像，是推动数字孪生落地应用的重要引擎。数字孪生建模过程是一个跨学科的综合过程，涉及机械学、水力学、空气动力学、结构力学、流体力学、声学、热学、电磁学和控制理论。建模应针对多目标和全性能进行优化，以达到高精度、高可靠性，并再现动态和静态特性。

在第 4 章的基础上，结合本章多尺度多领域建模，使用虚实映射技术，可实现虚拟空间和物理空间的交互与融合，这也是数字孪生建模的整个过程。此外，使用虚拟现实/增强现实/混合显示技术可以实现虚实叠加及融合显示，增强虚拟空间的沉浸性、真实性及交互性。最后，通过系统集成与测试技术，可以提高数字孪生模型精度和系统仿真可信度，在最大程度上满足人们对系统的性能要求。本章内容总体框架如图 5-1 所示。

图 5-1　本章内容总体框架

5.1　多尺度、多领域数字孪生建模技术

多尺度建模能够连接不同时间尺度的物理过程以模拟众多的科学问题，多尺度模型可以代表不同时间长度和尺度下的基本过程并通过均匀调节物理参数连接不同模型，这些计算模型比起忽略多尺度划分的单维尺度仿真模型具有更高的精度。多尺度建模的难点体现在长度、时间尺度以及耦合范围3个方面，克服这些难题有助于建立更加精准的数字孪生系统。

多领域建模是指在正常和非正常工况下从不同领域视角对物理系统进行跨领域融合建模，且从最初的概念设计阶段开始实施，从深层次的机理层面进行融合、设计、理解和建模[1-2]。当前大部分建模方法是在特定领域进行模型开发和熟化，然后在后期采用集成和数据融合的方法将来自不同领域的独立的模型融合为一个综合的系统级模型，但这种方法的融合深度不够且缺乏合理解释，限制了将来自不同领域的模型进行深度融合。多领域建模的难点是多种特性的融合会导致系统方程具有很大的自由度，同时要求传感器采集的数据与实际系统数据高度一致，以确保基于高精度传感测量的模型动态更新。

5.1.1　多尺度几何建模

1. 快速三维建模技术

近些年，快速三维建模技术飞速发展，它可基于倾斜摄影进行三维建模，适用于大区域环境模型的构建；还可基于三维激光点云数据辅助进行逆向建模，适用于单体设备、建筑的建模[3]。

（1）基于倾斜摄影的三维建模

倾斜摄影技术不同于传统的航空摄影技术，它通过搭载带有倾斜角度的相机采集垂直角度的影像信息和物体侧面的影像信息，解决了仅从垂直角度采集影像信息造成的物体侧面影像信息缺失的问题。目前倾斜摄影相机多为5镜头相机，它同时从垂直和四个倾斜角度等五个不同的角度采集影像信息，最终再结合飞行设备的 POS（Position and Orientation System，定位和定向系统）数据信息得到可以满足建模要求的影像数据。基于倾斜摄影的三维建模概括为影像采集、多视影像平差、多视影像密集匹配、纹理映射。

（2）基于三维激光点云数据辅助的逆向建模

三维激光扫描系统的工作原理是利用发射器向目标物体发射激光脉冲信号，脉冲信号照射到物体表面发生反射，通过仪器上的激光接收器进行接收，最终根据脉冲信号从发射到接收的时间和脉冲信号的传播速度求解出目标物体表面到扫描仪的距离。根据扫描仪所测得的扫描仪到物体表面的距离在配合扫描仪中记录的水平方向和垂直方向上的角度信息，便可以准确地记录物体表面的三维数据。将这些数据进行计算处理便可以得到高精度点云数据，最终利用处理后的点云数据进行逆向三维模型的构建。

三维激光扫描因其独特的采集方式相比于传统的数据采集能够显著地减轻工作强度，降低工作的危险系数，提高工作效率。并且所采集的数据更加精细化，信息更加全面丰富，保留了完整的地物信息的几何拓扑特征。三维激光扫描仪得到的点云数据包含目标物体表面点的三维坐标（x, y, z）、激光反射强度（Intensity）和颜色信息（RGB）。为目标物体的三维模型重建提供了精确可靠的数据基础。

利用基于三维激光点云数据辅助的逆向建模概括为三维扫描仪点云数据采集、多站点点云数据的配准、点云数据降噪与轻量化、点云数据辅助建模。

2. 模型轻量化技术

设备普遍存在计算性能较低、屏幕尺寸小、渲染能力偏低、内存带宽和容量受限等缺点，与三维产品模型结构复杂、数据量大的特点存在难以调和的矛盾，使得要在设备上直接快速显示原始三维产品模型变得较为困难。随着模型轻量化技术的不断进步，处理方法逐渐成熟，它主要分为几何算法优化、文件格式优化、数据优化、渲染优化 4 种优化方向[3]。

1）几何算法优化主要有边折叠算法及其变种方法，通过优化三角面片数与顶点数，减小数据体量的同时减轻渲染压力，达到轻量化的目的。

2）文件格式优化包括数据剔重、数据分组、空间索引等。数据剔重是将重复出现在文件格式中的数据进行分类处理，再结合数据分组操作，方便数据在各个组内的压缩和解压缩。

3）数据优化常见的方法有数据压缩、数据分解等。数据压缩需要有相应的压缩及解压缩算法支撑，部分厂商在压缩过程中还会对数据进行加密操作。数据分解关键在于对数据进行细节层次（Levels of Detail，LOD）处理。

4）渲染优化主要有遮挡剔除和批次绘制。当视图中一些构件物体距离视点较远，其像素投射在屏幕上的数量小于一个阈值时，将其从内存中剔除，同时视野外的物体数据也不会出现在内存中，以确保渲染的流畅。

5.1.2　多领域数字孪生建模

建立多领域融合的复杂系统精确一致的数字孪生模型，是进行模型和数据融合的必要条件。模型构建过程中，需选用科学的建模方法，应充分考虑模型在空间上的多层次耦合表达能力和时间上的虚实一致性。

如图 5-2 所示，在传统多领域融合的复杂设备建模和使用过程中，机械系统、电气系统、控制系统等往往由不同的开发人员采用不同的建模软件分别建立，进行独立的设计、调试和实验后再进行各模块的联合调试。建模过程中往往是基于理想的工况进行虚拟样机的仿真与验证，然后指导零部件的生产加工、装配形成原型机。设备交付使用后进行定期或不定期的维护直至报废。

上述不同子系统单独设计的模式会造成大量的设计反复，以及各子模型兼容性与整体性能欠缺的问题，因此多领域统一建模和集成测试是必然要求。目前数字孪生多领域统一建模和集成测试的方法主要包括如下三种方法[4]。

（1）基于软件接口的方法

基于软件接口的方法是利用目前已经开发的大量各学科领域商用建模软件来进行相应开发和接口集成。常用的为有限元仿真软件 ANSYS，多体动力学软件 ADAMS，控制系统软件 MATLAB/Simulink，电子系统软件 SABERS，液压、气动仿真软件 AMESim 等。上述软件采用各个学科领域积累的大量知识，单一领域建模仿真技术发展较成熟，但不同软件之间存在接口兼容性、模型重用性以及软件开放性的问题。同时由于采用多种软件接口的技术，导致模型自动部署运行与仿真比较困难，只能开发传统意义上的数控机床虚拟样机模型。不同软件间的模型多是由不同的工程师建模和仿真得到的，这导致数控机床建模过程的重复迭代，建模效率较低。

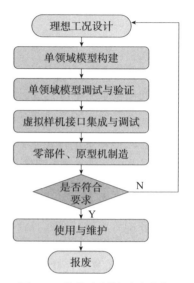

图 5-2　传统多领域融合的复杂设备建模和使用过程[4]

（2）高层体系结构方法

高层体系结构（High Level Architecture，HLA）通过集成多领域建模中涉及的各类仿真系统，实现子系统之间的互操作和重用。HLA 支持对实时性要求较高的仿真，但是需要各领域商用仿真软件开发出与 HLA 的接口，与基于软件接口的方法类似，HLA 以子系统模型和参数关联关系的建立为基础，同样存在接口兼容性和模型重用性的问题。

（3）基于多领域统一建模语言的方法

基于多领域统一建模语言的方法主要是采用 Modelica 和 Simscape 等语言实现数字孪生系统的统一模型构建。Modelica 和 Simscape 建模语言提供了丰富的多领域系统组件库，如机械、电气、液压、电磁、热、流体等领域的动力源、功能组件与信号传感组件等。利用 Modelica 建立系统模型简单直观，容易理解。目前国内外已开发多种支持 Modelica 的建模软件，如开源的 OpenModelica 提供了多个平台（Linux，Windows，MAC）的源代码，国外商用的软件如 SimulationX、Dymola、TwinBuilder 等，以及国内的 MWorks。但是上述软件的短板在于对有限元分析和多体系统动力学的支持功能不是很强大，同样需要将第三方软件的分析结果导入到建模环境中，这也同样存在软件接口兼容性的问题。

Simcape 基于 MATLAB Simulink 环境表述物理设备实际的系统连接关系，构建系统的多领域统一物理模型，真实地还原物理系统的连接和拓扑结构。其优势在于 Simscape 模型可与 MATLAB 中的变量和参数进行交互，或利用 Code Generate 生成 C/C 代码，部署到硬件设备中，还可以生成 HIL 代码以实现硬件在环的仿真。另外 Simscape 语言还提供了 Simscape Multibody 功能，可以将 CAD 软件构建的三维装配几何模型导入 Simscape，并定义质量、惯量、运动副和约束，从而实现 3D 机械系统的多体运动学、动力学仿真功能，并与 Simscape 构建的其他机电液控等多领域模型进行耦合集成。

5.1.3 生产现场运行逻辑建模

生产现场运行逻辑建模的正确性是保证生产设计方案正确、合理、高效的前提，目前常用的逻辑建模方法一般包括马尔可夫过程建模、Petri 网建模、复杂事件处理建模。

1. 马尔可夫过程

（1）马尔可夫过程概念

某一状态信息包含了所有相关的历史，只要当前状态可知，所有的历史信息都不再需要，当前状态就可以决定未来，则认为该状态具有马尔可夫性。马尔可夫过程又叫马尔可夫链（Markov Chain），它是一个无记忆的随机过程，用一个元组〈S, P〉表示，其中 S 是有限数量的状态集，P 是状态转移概率矩阵。

（2）马尔可夫过程原理

随机过程 $X(t)$，$t \in T$，如果对于任意参数 $t_1 < t_2 < \cdots < t_n$，有：

$$P\{X(t_n) < x_n | X(t_1) = x_1, X(t_2) = x_2, X(t_3) = x_3, \cdots X(t_{n-1}) = x_{n-1}\} = P\{X(t_n) < x_n | X(t_{n-1}) = x_{n-1}\} \tag{5-1}$$

从式（5-1）中可以看出 t_n 时刻的状态只和 t_{n-1} 时刻有关而与 t_1、t_2、t_3 等时刻无关。未来发生的事情不确定所以用<号，而过去和现在发生的事情已确定所以用=号。

条件分布如下：

$$F_{t_n}|t_1, t_2, \cdots, t_{n-1}(x_n | x_1, x_2, \cdots x_n) = F_{t_n}|t_{n-1}(x_n | x_{n-1}) \tag{5-2}$$

条件密度如下：

$$f_{t_n}|t_1, t_2, \cdots, t_{n-1}(x_n | x_1, x_2, \cdots x_n) = f_{t_n}|t_{n-1}(x_n | x_{n-1}) \tag{5-3}$$

马尔可夫奖励过程在马尔可夫过程的基础上增加了奖励 R 和衰减系数 γ：〈S, P, R, γ〉。R 是一个奖励函数。S 状态下的奖励是某一时刻 t 处在状态 S 下在下一个时刻（$t+1$）能获得的奖励期望：

$$R_s = E[R_{(t+1)} | S_t = s] \tag{5-4}$$

衰减系数（Discount Factor）$\gamma \in [0,1]$。

收获（Return）G_t 为在一个马尔可夫奖励链上从 t 时刻开始往后所有奖励的衰减的总和，也称为"收益"或"回报"。公式如下：

$$G_t = R_{t+1} + \gamma R_{t+2} + \cdots = \sum_{k=0}^{\infty} \gamma^k R_{t+k+1} \tag{5-5}$$

式中，衰减系数体现了未来的奖励在当前时刻的价值比例，在 $k+1$ 时刻获得的奖励 R

在t时刻的体现出的价值是$\gamma^k R$,γ接近于0,则表明趋向于"近视"性评估;γ接近于1则表明偏重考虑远期的利益。

价值函数:价值函数给出了某一状态或某一行为的长期价值。一个马尔可夫奖励过程中某一状态的价值函数为从该状态开始的马尔可夫链收获的期望,即

$$v(s) = E[G_t | S_t = s] \quad (5\text{-}6)$$

价值可以仅描述状态,也可以描述某一状态下的某个行为,在一些特殊情况下还可以仅描述某个行为。价值函数分为行为价值函数和状态价值函数。在本书中,除了特别指出,约定用状态价值函数或价值函数来描述针对状态的价值;用行为价值函数来描述某一状态下执行某一行为的价值,严格意义上说行为价值函数是"状态行为对"价值函数的简写。

2. Petri 网建模

(1) Petri 网建模基本理论

Petri 网是离散事件系统建模的通用分析工具,在系统建模领域有着广泛的应用,且具有严格的形式化定义、强大的表达能力和直观的图像化描述等特点。Petri 网适用于描述异步并发系统的网状模型,既能描述系统的结构,又可以模拟系统的运行状态[5]。

Petri 网的基本组成元素包括库所(Place)、变迁(Transition)、托肯以及流关系等,在 Petri 网的图形化描述中,库所、变迁和托肯分别使用圆圈、矩形块和小黑点表示,使用有向弧(带箭头的线)连接库所和变迁,从而共同构成一个基本的 Petri 网模型,如图 5-3 所示。

在 Petri 网模型中,若一个或多个库所由有向弧连接指向一个变迁,称这些库所为该变迁的输入库所;若一个或多个变迁由有向弧连接指向一个库所,则称该库所为输出库所。变迁发生使能的条件为指向该变迁的所

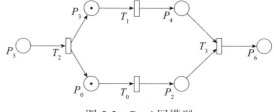

图 5-3 Petri 网模型

有库所中都具有至少一个托肯,即满足触发规则。一个变迁被实施时,会从该变迁的输入库所中消耗一个托肯,并在该变迁的输出库所中产生一个托肯。

库所中的托肯代表资源,库所代表空间资源的分布,可以表示为容量函数,而且库所的容量是有限的。托肯的消耗与产生,则表示了资源的消耗和产生,资源的转移则代表的相关变迁发生了实施。托肯反映了 Petri 网模型的资源分布情况,体现一种全局状态;而某一个变迁能否被触发实施,仅与其外延库所有关,这说明 Petri 网具有局部确定原理,能够不借助全局状态实现整体的控制。Petri 网的定义如下:

三元组 $N = (P, T, F)$ 是满足如下这些条件的一个网系统。

$P = \{p_1, p_2, \ldots, p_3\}$,表示一个有限的库所集合。

$T = \{t_1, t_2, \ldots, t_n\}$,表示一个有限的变迁集合。

$P \cap T = \varnothing$，表示集合 P 和集合 T 彼此之间不相交。

$F \subseteq (P \times T) \cup (T \times P)$，表示有向弧仅存在于库所与变迁之间，构成流关系集合。

$\mathrm{dom}(F) \cup \mathrm{cod}(F) = P \cup T$，表示没有单独的元素。

式中，$\mathrm{dom}(F) = \{x \mid \exists y: (x,y) \in F\}$ 和 $\mathrm{cod}(F) = \{y \mid \exists x: (x,y) \in F\}$ 分别表示为流关系的定义域和值域。Petri 网具有动态性质和结构性质，其中动态性质是指网系统在运行过程中所体现出来的动态特征，结构性质是指网模型结构所决定的结构特征。

（2）Petri 网模型基本特性

Petri 网是一种图形语言，可直观地反映并行、同步和共享等行为或操作的系统。Petri 网具有精确的语义和严格的数学基础，把系统的组成部件看成是分离且独立的物理实体，尽管传统的 Petri 网还难以直接用于工作流过程模型的建立，但它的高级变种（有色网、时间网、层次网、对象网等）却能描述和分析复杂的过程。

由于不同的 Petri 网模型之间存在结构、参数和初始状态标识等差异，所在状态转换过程中会表现出不同的特性。借助 Petri 网可以研究系统的行为特性和结构特性，其中行为特性与初始标识有关，而结构特性与初始标识无关，下面介绍系统的行为特性。

1）可达性（Reachability）。可达性是研究任何系统动态特性的基础，它决定系统能否到达一个指定的状态。按照 Petri 网的点火规则，使能变迁的点火将改变标记的分布（产生新的标识）。如果存在一个从 $M_0 \sim M_n$ 的点火序列，则标识 M_n 是从 M_0 可达的，点火序列转化为 $\sigma = M_0 t_1 M_1 t_2 \cdots t_n M_n$ 或简化为 $\sigma = t_1 t_2 \cdots t_n$。可用 $M_0[\sigma\rangle M_n$ 表示三者之间的关系，即从标识 M_0 经过点火序列 σ 到达 M_n 的标识。

2）有界性（Boundedness）。有界性是一个非常重要的特性，它保证系统在运行过程中不会需要无限的资源。Petri 网若存在一个整数，使得 M_0 的任一可达标识的每个库所中的标记数都不超过 K，即对于每个标识 $M \in [M_0\rangle$ 和每个库所 p，$M(p) \le K$ 均成立，则称 Petri 网是 K 有界，简称有界。有界性反映一个库所在系统运行过程中能够获得的最大的标记数（即最大资源数），它与系统的初始标记有关。在实际系统设计中，必须使网络中的每个库所在任何状态下的标记数小于库所的容量，这样才能保证系统的正常运行。

3）活性（Liveness）。活性在系统中用于检测是否存在死锁，对一个计算机系统而言，死锁是一个潜在的问题，为了避免死锁，系统的 Petri 网模型必须具有活性。一个 Petri 网被称为活的，是指从 M_0 可达的任一标识出发，都可以通过执行某一变迁序列而最终点火任何一个变迁。这意味着，无论选择什么样的点火序列，一个活的 Petri 网都可以保证无死锁操作。

4）可覆盖性（Coverability）。如果 M_1 中的每一个库所的 token 数大于或等于 M_2 中对应的每个库所的 token 数，则称 M_1 覆盖了 M_2。同样地，对于 Petri 网 (N, M_0) 的一

个状态 M,当在 $[M_0\rangle$ 中存在一个 M' 并且对于每一个给定的 p,有 $M'(p) \geq M(p)$,则 M 被称为可覆盖。

5)安全性(Security)。安全性决定系统中正在执行的操作不会发出请求。若 Petri 网为 1 有界,则称此 Petri 网是安全的。这种网的每一个库所要么有一个标记,要么没有标记,安全性是有界性的一种特殊情况。

6)守恒性(Conservation)。Petri 网中的标记被用来描述系统资源,守恒性是一个重要性质,要使代表资源的标记在 Petri 网运行中既不会增加也不会减少,最简单的方法就是网中总标记数保持恒定。

7)同步距离(Synchronic Distance)。同步距离是与两个事件相互依赖度有关的量。在 Petri 网 (N, M_0) 中,两个变迁 T_1 和 T_2 间的同步距离的定义如下:

$$d_{12} = \max_{\sigma} \left| \bar{\sigma}(T_1) - \bar{\sigma}(T_2) \right| \tag{5-7}$$

式中,σ 是从 $[M\rangle$ 中任意状态 M 开始点火的序列,$\bar{\sigma}(T_i)$ 是 $T_i (i=1,2)$ 点火的次数。

3. 复杂事件处理

(1)复杂事件处理概念

复杂事件处理(Complex Event Processing,CEP)是一项用于构建和管理信息系统的新兴技术。它将系统数据看作不同类型的事件,通过分析事件间的关系(如成员关系、时间关系以及因果关系等)建立不同的事件关系库,再利用事件间的关联、事件提取以及事件分层等技术,从多个事件中提取有意义的复杂事件,使系统的不同使用者提取各自需要的信息,这些信息可以是底层的处理数据,也可以是更高一级的管理数据。

(2)复杂事件处理理论

复杂事件处理是指检测不断产生的数据流,根据每个事件发生的集合序列识别复杂事件,然后对检测到的状态做出回应。复杂事件处理主要有四步:1)从大量数据中获取原始事件;2)根据具体规则检测关联性事件或聚合事件,用事件操作符创建有意义事件;3)处理原始事件或复杂事件,获取这些事件的时间、因果关系、层次关系及其他语义关系;4)为了确保事件信息发送到用户,向应用层做出回应。复杂事件处理总体上可以分为以数据为中心的方法和以事件为中心的方法。

(3)复杂事件处理引擎

复杂事件处理引擎是能够进行复杂事件处理的系统,它会接收大量来自不同事件的源事件,根据指定的数据模型将这些事件转化成系统内部可以处理的形式,并对新来的事件进行过滤、结合、聚集等来生成复杂事件,最后通知上层应用有复杂事件发生。复杂事件处理引擎使得事件分析过程从上层应用中分离了出来。复杂事件处理引擎的体系结构如图 5-4 所示。

1)输入适配器。输入适配器负责接收外部的输入事件,并根据指定的数据模型将所有事件转化为一个具有固定格式的事件序列,然后将事件序列传送给复杂事件检测组件。

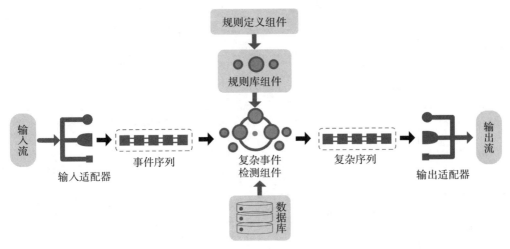

图 5-4 复杂事件处理引擎的体系结构

2）规则定义组件。不同的用户可以使用规则定义组件提供的事件处理语言来定义特定的规则以订阅自己感兴趣的事件，规则定义完成之后将存入规则库。

3）规则库组件。负责存储已经定义好的事件规则。

4）复杂事件检测组件。它是复杂事件处理引擎的核心模块，根据规则库中已经注册的规则对输入适配器传送过来的事件序列进行过滤、结合、聚集、关联等操作，在匹配成功后生成新的事件序列并执行事件序列的输出操作。

5）输出适配器。将输出的事件序列转化成所需要的格式并发送给感兴趣的用户。

6）数据库。对已经发生的事件进行存储。

通过对复杂事件处理引擎体系结构进行分析，可以看出规则定义和复杂事件检测是复杂事件处理的两大核心模块。在复杂事件处理引擎中，定义规则的语言称为事件处理语言。事件处理语言可以分成三个类型：组合操作表达式、数据流查询语言和产生式规则。事件检测是复杂事件处理的核心环节，该过程是发现能够构成复杂事件的所有基本事件的过程。复杂事件处理系统中主要的事件检测模型包括：自动机检测模型、Petri 网检测模型、基于树的检测模型和基于图的检测模型。

5.2 多源异构数据虚实映射技术

5.2.1 工业通信协议

工业通信协议有多种，下面介绍 ModBus 协议、Profinet 协议和 OPC UA 协议这三种常用的工业通信协议，其他协议见表 5-1。

表 5-1　除 ModBus 协议、Profinet 协议和 OPC UA 协议外的工业通信协议 [6]

协议名称	作用 / 性质	特点
Profibus 协议	用于实现离散制造，现已扩展到过程自动化和企业应用	支撑模拟信号和离散信号的器件级总线，适用于整流器，可互操作且可互换
HART 协议	为了实现现场硬件设备和控制设备的智能通信而设计	使仪器工程师能够保留现有的 4～20 mA 仪器电缆，并同时使用相同的导线来承载叠加在模拟信号上的数字信息
Ethernet/IP 协议	从机器级到过程级的工厂通信协议	在数据交换中提供了极大的易配置性，在每个循环中需要的配置时间少，且在带宽管理方面具有更好的性能。然而周期时间具有较大的方差，并且不是很稳定，在网络上会产生错误数据，对网络攻击的抵抗力较低
POWERLINK 协议	适用于工厂内设备较为分散的场景	可以为用户提供更大的适应性和扩展灵活性的结构。当网络受到攻击时，具有很好的稳定性能，调试和配置更简单，恢复通信所需的时间更短
DeviceNet 协议	将低级设备（传感器和执行器）与高级设备（控制器）互连	最多可以支持 64 个节点，这些节点可以在通电的情况下单独拆除，而无须切断中继线
InterBus 协议	用于工业环境中的快速传感器 / 执行器总线，可传输过程数据	易于操作和安装，可用于光纤传输。InterBus 主 / 从系统可以在 16 个网络级别上连接 512 个设备，并将根据它们在系统中的物理位置自动分配

1. ModBus 协议

ModBus 协议是由 Modicon 公司研发的，经过几十年的使用和发展，它已成为全球化的工业领域通信协议。ModBus OSI 参考模型如图 5-5 所示。由于 ModBus 协议是完全公开透明的，所需的软硬件又非常简单，这就使它成为一种通用的工业标准。ModBus 协议有两种传输模式：ASCII（标准码信息交换）和 RTU（远程终端单元）。在 ASCII 模式下，消息以 ASCII 字符的形式发送。在 RTU 模式下，数据以十六进制字符发送。

ModBus 协议总结如下：

1）两种类型的消息：RTU 和 ASCII。

2）两种校验方法：CRC 校验和 LRC 校验（CRC 代表 RTU，LRC 代表 ASCII）。

3）通信配置：主 / 从。

4）一个网络上最多连接 32 个设备。

5）最大传输距离 4920in⊖。

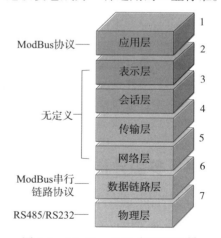

图 5-5　ModBus OSI 参考模型 [6]

⊖　1 in=0.0254m

2. Profinet 协议

Profinet 是新一代基于工业以太网技术的自动化总线标准，其功能包括 7 个主要的模块：实时通信、分布式现场设备、运动控制、分布式自动化、网络安装、IT 标准和信息安全、故障安全和过程自动化。为了达到上述的通信功能，定义了以下三种的通信协定等级：

1）TCP/IP 标准通信：针对 Profinet CBA 及工厂调试使用，其响应时间约为 100ms。

2）实时通信：传感器与工业设备之间的数据交换对通信实时性提出了更高的要求，Profinet 基于以太网第二层提供了一种优化的实时通信机制，极大地减少了数据在通信栈中的处理时间，使得响应时间可达 5~10ms。

3）等时实时通信：在生产现场的通信中，对于实时性要求最高的运动控制，Profinet 可以在 100 个节点下，达到小于 1ms 的响应时间，抖动误差小于 1μs。

Profinet 接口可在不到 1ms 的时间内提供 32 个现场设备的 1000 多个输入和输出的循环交换。I/O 控制器和 I/O 设备之间的通信是通过建立应用关系来完成的。应用关系是指在两个设备之间提供数据交换所需的逻辑连接。需要交换的数据在不同的通信关系中定义，在循环过程中，数据在 I/O 数据通信关系上流动，配置数据和其他非循环数据在记录数据通信关系上流动，实时报警数据在报警通信关系上流动。在 Profinet 协议中，I/O 控制器和 I/O 设备之间的循环数据交换只有在它们之间的所有通信关系都配置和参数化之后才能开始。

3. OPC UA 协议

OPC UA 协议提供统一定义异构网络中数据的标准，解决了语义互操作问题，是当前智能制过程中的通信解决方案。

在 20 世纪 90 年代初期，Windows 操作系统在工业制造领域中广泛使用，产生了大量以 COM 技术和 DCOM 技术为基础的自动化产品。为了进一步推动自动化信息标准化，让使用不同总线、协议以及接口的自动化系统都可相互访问设备数据，一些自动化领域企业与微软公司于 1996 年共同成立了 OPC 基金会。OPC 基金会成立的目的是在以微软 COM/DCOM 为基础的平台上开发出一套新的数据访问标准，通过增加不同系统之间的互操作性来提高整个自动化系统的控制性能。随后 OPC 基金会针对当前自动化系统的不同需要分别推出了 OPC 数据访问（Data Access）、OPC 警报与事件（Alarm & Event）和 OPC 历史数据获取（Historical Data Access）等规范，构成了 OPC 技术的基础体系。

微软的 COM/DCOM 技术随着网络技术的发展逐渐暴露出越来越多的缺点，使得 OPC 在一些方面已经无法满足生产的需求。

1）OPC 使用平台单一，除了微软系统外，在其他平台无法使用。

2）基于 COM/DCOM 的 OPC 技术终端间的消息交互没有穿透防火墙的能力，导致 OPC 的应用范围不够广泛。

3）OPC 各个服务所定义的信息模型和接口不同，不利于自动化系统信息的统一与整合。

OPC 基金会为了解决上述问题以及进一步增强控制系统的互联互通性，成立了 UA（Unified Architecture）工作组，发布了基于 SOA 架构的具有跨平台性、高安全性、高可靠性以及更大程度数据集成性的 OPC UA 技术规范。

基于 SOA 架构的 OPC UA 技术规范的优越性体现在：

1）将 OPC 的各个规范如 OPC 数据访问、OPC 警报与事件以及 OPC 历史数据获取等服务集成到了统一的地址空间中，向外以统一接口的方式提供各项服务。

2）体现了 SOA 架构松耦合型的特点，整个架构的组成构件在异构系统中能够以统一的方式进行交互，并加入了二进制编码的形式，在使用时可以根据工业通信需求选择编码方式。

3）具有跨平台性。在通信方式统一的前提下，SOA 架构允许 OPC UA 服务器和客户端的交流可用不同的语言在不同的系统上实现。因为任何系统都支持基于 HTTP 信道 SOAP 编码的 Web Services，所以 OPC UA 协议可以广泛应用于任何系统。

4）具有更高的灵活性和安全性。基于 COM/DCOM 技术的 OPC UA 的安全性只能够通过配置访问控制列表设定来实现，这导致 OPC UA 的安全配置灵活性较差。基于 SOA 架构的 OPC UA 在这一方面进行了优化，用户认证和加密有多种配置方式可供选择，大大提高了灵活性和安全性。

5.2.2 同步映射和匹配映射

1. 同步映射

同步映射是数字孪生车间最重要的功能，即将车间的物理实体通过虚拟模型实时动态地展现出来，其中主要解决的是通信问题。数据通信起到桥梁的作用，一方面，它将采集系统的数据同步到虚拟车间中，驱动仿真运行；另一方面，又将虚拟车间的仿真信息反馈到物理实体，优化车间的生产。当前实现数字孪生同步映射的主要通信方式有：

（1）基于消息中间件（Message）的数据通信方式

消息中间件是通过消息传送进行数据通信，能够较好解决分布式系统的需求，Java 消息服务是典型的实现方式。消息中间件的通信原理如图 5-6 所示，两系统之间的数据通信通过中间件完成，双方需要统一消息格式。

基于消息中间件的数据通信方式主要有以下特点：

1）具有众多开源项目，使用简单。

2）连接方式灵活，消息处理可靠。

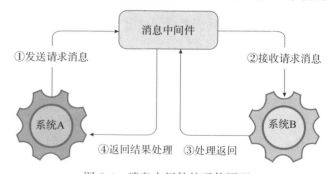

图 5-6 消息中间件的通信原理

3）数据量过大时会导致中间件消息积压，发送延迟。

（2）基于 HTTP 协议的数据通信方式

协议采用客户端/服务端架构，浏览器通过 URL 向服务端即 Web 服务器发送数据请求。Web 服务器根据接收到的请求，向客户端发送响应信息。目前基于 HTTP 协议传输的主要有 HTTP 协议和 Web Service 技术，基于 HTTP 协议的数据通信方式的主要特点有：

1）简单快速。只需通过请求方法和路径即可向服务器请求数据资源。

2）灵活。可传输任意对象类型。

3）支持 B/S 及 C/S 模式。

（3）基于 MQTT 协议的数据通信方式

MQTT 协议基于客户端－服务器的消息发布/订阅传输，具有轻量、简单、开放和易于实现的优点，广泛应用于物联网。

MQTT 协议在客户端和服务器端通信中，有三种身份：发布者（Publish）、代理（Broker，即服务器）、订阅者（Subscribe）。其中，消息的发布者和订阅者都是客户端，消息的代理是服务器，消息的发布者也可以同时是订阅者。MQTT 传输的消息分为主题（Topic）和负载（Payload）。主题可以理解为消息的类型，订阅者订阅（Subscribe）后，就会收到该主题的消息内容（Payload）。

（4）基于 API 的数据通信

API（Application Programming Interface，应用程序编程接口）为访问数据提供统一的接口。Socket 通信方式本质上就是 API，也是基于 TCP/IP 的传输层协议。Socket 通信与 HTTP 不同的是，它是一种长连接模式，这种通信方式可以降低系统的复杂性，通用性比较强，但当需要传输的数据量较大时，则可能会导致网络拥塞和连接超时。

在传输数据格式方面，常用的轻量级有 XML 格式和 JSON 格式。JSON（Java Script Object Notation）是一种简单的、基于纯文本的数据交换格式，同时也易于机器的解析和生成，其通信方式如图 5-7 所示。XML 是一种被设计用来存储、交换数据的通用标记语言，使用 DTD（Document Type Definition，文档类型定义）来组织数据，具有格式统一、可跨平台、多语言的优点[7-8]。与 JSON 格式相比，XML 格式复杂，传输占带宽，不同客户端解析方式不一致，占用较多的资源和时间。

2. 匹配映射

（1）表述性状态传递技术

数字孪生系统包含不同的子

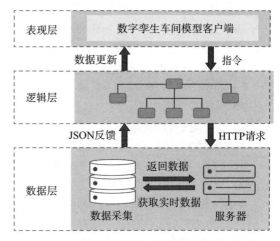

图 5-7 JSON 通信方式

系统（如数据采集系统、同步仿真系统等），要实现在不同的子系统中调用集成器中的服务并进行交互，则需要一个轻量级的扩展性强的架构。表述性状态传递（Representational State Transfer，REST）技术针对 B/S 软件服务架构，可在不同的系统间调用数据服务，大大减少开发的烦琐与复杂性，提供高速稳定的数据调用服务。REST 调用服务如图 5-8 所示，通过 HTTP 协议的 PUT、GET、POST、DELETE 等来对系统对象资源进行操作，通过统一资源标识符（URI）进行标识，由此实现数据的自由调用控制。

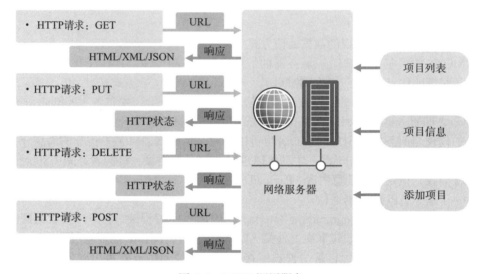

图 5-8 REST 调用服务

REST 技术的三大原则：一是每个资源对象必须通过统一资源标识符进行标识，且标识唯一；二是数据资源传递只在消息的提供方和接收方之间进行；三是在对消息进行描述时，必须保持一致的接口。

基于 REST 技术的连接器定义了客户对服务器中信息资源的访问和操作接口，由于此接口具有的通用性特征，使得在使用过程中并不需要对其隶属的函数信息进行分析。在设计 URI 时需要遵循以下规则：

1）避免 URI 过于复杂，应当在保证其意义和层次性的基础上尽量简单。
2）URI 需要保持独立性，且具有良好的可读性。
3）URI 能够对数据资源唯一定位，在资源重组或修改时，不影响使用。
4）URI 的设计针对数据资源而非调用行为，应当使用名词而不是动词。

通过 POST 操作执行 REST Web 服务查询产线上部分设备属性值的响应情况以及返回的 JSON 数据格式消息体。

利用 REST API 的通用性，所有对象数据都可以通过 HTTP 的动词方法 GET（获取信息）、POST（用于创建新实体和执行服务）、DELETE（删除 Thing 或属性）、PUT（更改现有实体的值）进行资源访问。

（2）逻辑关系与分析

1）对车间进行数字化建模，完成生产线模型的建立。2）对生产线数据进行采集和异构数据的集成，再利用 REST API 进行 JSON 格式的数据传输，完成对数据的处理和传输。3）将模型与数据进行关联，利用实时数据驱动数字模型进行仿真。在仿真模型的运行过程中，实时数据驱动数字模型需要依据生产逻辑进行运动。

（3）实现匹配映射

在车间生产线数字模型运动逻辑的基础上，定义数据与模型映射关系，实现数字孪生模型的匹配映射。实时数据驱动模型运动的技术实现流程如图 5-9 所示。

三维空间内的任一数字模型都可以用点、线和面三种特征来描述，模型的运动可以归结为点、线、面特征位置的变化，因此需要建立数字模型的特征对象。数字模型端通过 REST API 将生产数据以 JSON 字符串格式接收并进行解析。每一次传输获取的是该模型的同一时间点的全部数据，因此需要通过解析，将数据段拆分为数据点并赋值。由于数字孪生的仿真是实时的，所以需要设置一个不断接收 JSON 字符串的定时器，实时更新数据并将数据赋予对象，以保证模型仿真运动的同步性。根据模型的运动逻辑，将实时更新的对象与模型的特征对象相关联来驱动模型运动。

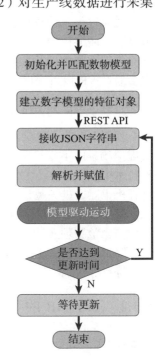

图 5-9 实时数据驱动模型运动的技术实现流程

5.3 基于 VR、AR、MR 的智能交互技术

虚拟现实、增强现实、混合现实（Virtual Reality、Augmented Reality、Mixed Reality，VR、AR、MR）具有强大的数据可视化、交互性、沉浸性等特点，是可以拓展人类感知能力、改变产品形态和服务模式的新兴技术。对制造而言，它们改变了产品研发过程中的信息流；为制造过程提供可视化、辅助和扩展空间；有助于在开发过程的早期阶段发现并避免设计错误；减少了物理原型的数量，并为企业节约了时间和成本[9]。在许多智能制造应用中，VR、AR、MR 被认为是改善和加速产品设计和工艺开发的有力工具。

5.3.1 基于 VR 的智能交互技术

1. VR 简介

VR 又称虚拟环境，是一种可以创建和体验虚拟空间的计算机仿真系统，即利用计算机生成一种多源信息融合的、三维的、可交互的动态实景系统。此系统注重于人的沉浸式体验，给人一种身临其境的真实感受，人在其中可以比较自然地完成在真实世界的行为，并且可以获得正确、真实的响应或反馈。

随着近年来计算机技术、传感器技术等相关硬件技术以及空间定位算法、人体关节算法、碰撞检测算法等相关算法的飞速发展，VR 技术开始进入商业化进程。VR 技术对虚拟空间中的相关信息加以处理，利用传感器将其传递给使用者，使用者的行动也会通过 VR 设备展现在虚拟空间。

2. 基于 VR 的人机交互技术

基于 VR 的人机交互技术是在虚拟场景中加入人机交互（体感设备），那么人在三维虚拟场景中不仅只获得沉浸式漫游体验，也可以获得近乎真实的交互体验；人机交互技术中融入 VR 技术，将使人机交互模式更加多种多样，人可以通过肢体实现输入，计算机也能通过头戴显示器、环幕等 VR 设备实现三维沉浸式输出[10]。

基于 VR 的人机交互可以在不具备物理实物的场景下，通过 VR 设备搭建虚拟场景模拟出该物理实物所能达到的预期效果，从而极大地减少制成成品之后返工的可能性，降低了重复制造的成本。因此，基于 VR 的人机交互技术在建筑、军事、医疗、加工等行业得到了广泛应用，如城市规划、虚拟训练、虚拟装配等。

5.3.2 基于 AR 的智能交互技术

1. AR 简介

AR 的产生与 VR 的发展紧密相关，同时 AR 技术具备 VR 技术的基本特征，如沉浸感（Immersion）、想象性（Imagination）以及交互性（Interaction）。

目前，学术界广泛认可的 AR 包括虚拟与现实的融合、即时互动和三维注册。由此可知，一个完整的 AR 系统应具备以下特征：1）将真实存在的物体与计算机生成的虚拟物体融合在同一场景中；2）具有实时性，使用者可以同 AR 系统进行交互；3）判断真实物体与虚拟物体在空间中的准确位置，利用它们之间的三维关系在 AR 系统中进行注册。综合以上内容，AR 技术的定义可以总结为：将计算机系统生成的虚拟物体、场景或是虚拟信息同现实空间的真实场景进行叠加，从而"增强"用户对现实空间的感知。AR 系统的框架结构如图 5-10 所示。

AR 技术融合了计算机视觉、计算机图形学、人机交互技术、图形图像处理等多种技术，同时也依赖于图形显示设备、图形加速设备、传感器、交互设备等硬件设备的发展[11]。AR 系统是增强真实世界的场景，实现真实场景与虚拟模型的无缝融合。一个典型的 AR 系统通常是由真实场景、跟踪注册、虚拟场景、虚实融合、显示以及人机交互界面等多个模块组成，如图 5-11 所示。

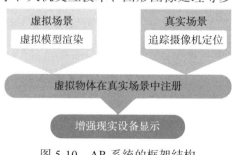

图 5-10　AR 系统的框架结构

2. 基于 AR 的人机交互技术

交互性是 AR 系统的重要特征，AR 技术的目标之一就是实现用户与真实场景中的虚拟对象进行交互。从传统的鼠标键盘交互，到新出现的语音、手势交互，基于 AR 的人机交互技术的发展极大地扩展了 AR 技术的应用。在 AR 系统中，常见的人机交互方式有以下几种：

1）基于三维空间点位置的交互。目前在 AR 系统中，使用最为广泛的交互方式就是通过判断三维空间点的位置来进行交互。这种交互方式具有操作简单、实现方便、系统执行效率高等优点，但也存在鲁棒性差、交互条件苛刻等缺点。

2）基于人为命令的交互。在 AR 系统中，可以根据使用者的意愿，人为地定义一组命令，再将某些空间点的位置、相互关系等状态特征与相应命令进行绑定，当系统呈现出特定状态时，便可执行某个人为命令，完成相应的操作，例如，可以在系统中定义拾取、选择等人为命令以完成同虚拟物体的交互。

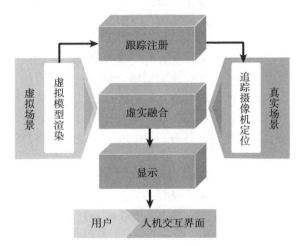

图 5-11 典型的增强现实系统

3）基于硬件设备的交互。在某些 AR 系统中，也可以使用一些便携的硬件设备来进行交互，例如在可以提供交互功能的实体人机交互界面中，用户通过操作按钮、滑杆、键盘等交互设备完成同系统的交互，以满足某些特定的交互需求。基于硬件设备的交互方式普遍存在成本较高的缺点。

4）基于手势的交互。基于手势的交互方式是近年来人机交互领域出现的一种新式的交互手段，在这种交互方式中，人手被当成了人机交互接口，以计算机捕捉到的各种手势、动作作为输入，这种交互方式更加直观、自然。在基于手势的人机交互方式中，用户通常需要借助数据手套、颜色手套等硬件设备来辅助完成手势的输入。目前，人们也正在研究在不需要任何外部设备的情况下，完全基于人手的自然特征来进行手势的输入，这种交互方式不但降低了人机交互的成本，而且更加符合人类的自然习惯，已经成为业内研究的热点。

5.3.3 基于 MR 的智能交互技术

1. MR 简介

MR 是 VR 和 AR 的进一步发展，通过在真实环境中融合虚拟场景，将虚拟空间、真实世界和操作人员三者紧密地联系起来，形成交互反馈的信息回路，提高用户的真实体验感。

MR 技术具有情景交融、真实感强和沉浸感强的特点。MR 通过重建三维场景，基于真实空间的远近位置，将虚拟模型精准地映射到真实世界，打破真实世界和虚拟空间的界限，其真实场景中的实体和虚拟环境中的数字对象存在真实三维映射关系，可以认为是"虚实交织"。VR、AR、MR 之间的关系如图 5-12 所示。

2. 基于 MR 的人机交互技术

MR 要实现彻底的虚实难分的融合效果，就要保持虚拟物体与真实物体之间的几何一致性与合成一致性。要实现几何一致性，就必须要有精准的三维注册；要实现合成一致性，就必须进行融合场景重建。此外，MR 系统还必须具有自然的交互效果[12]。

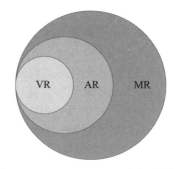

图 5-12 VR、AR、MR 之间的关系

MR 技术强调自然交互。交互方式可概括为 4 种交互方式［视线（Gaze）、手势（Gesture）、语音（Voice）、协同分享（Sharing）］和 3 种空间技术［空间映射（Spatial Mapping）、空间坐标（Spatial Coordinate）、空间声音（Spatial Sound）］。

视线交互可以进一步分为注视功能和瞳孔测量。注视功能包括凝视、扫视、驻留和过渡等。手势交互主要包括基于传感器和基于机器视觉两种方式。其中，基于传感器的手势交互是通过数据手套或者运动传感器等设备实时跟踪返回用户手部各部位的三维坐标，从而获得手部的运动信息进行交互。基于机器视觉的手势交互是用摄像机采集手势图像后由计算机分析的一种交互手段。

此外，用户、环境和 MR 系统之间还可以通过触觉、生理信息（如脑电、心电）等多种手段进行交互。

5.4　系统集成与测试技术

5.4.1　系统集成

1. 系统集成方法

（1）基于软件构件的集成方法

基于软件构件的集成方法是根据统一的标准结构，将具有不同功能的软件预制成构件存储在构件库中，具有可复用性好、开发效率高、动态集成能力强等特点。基于软件构件的集成方法中使用的构件是标准的，并且可以重复使用。通过使用该集成方法能够对已有系统进行预制，提高已有系统的复用能力，使已有资源得到更充分的利用，不仅节省了成本，而且降低了开发难度。

（2）基于面向服务架构的集成方法

基于面向服务架构（Service-Oriented Architecture，SOA）的集成方法具有很强的松耦合性，只要服务接口之间存在一致性，对内部功能的更改或对服务内部结构的调整就不会影响系统的其他部分。如果存在业务需求发生变化的情况，基于面向服务架构的集成方式也同样能够应对，其原因在于此种方法中的服务粒子可以调整大小，服务之间也可以根据实际的需求来安排关系。通过将原有的信息系统中的资源服务化，增强了其重用性和共享的特性，避免了因为重复开发而造成资源浪费的情况的出现，一方面节约了资本，另一方面也提高了效率。

（3）基于公共数据库的集成方法

基于公共数据库的数据集成方法，以异构环境为主要特征，但很多企业在信息系统开发和逐步完善的过程中，由于历史或其他外部因素，并没有将整个企业信息系统的总体架构作为一个整体来考虑；或者根据上级要求、针对不同的部门、不同的操作系统、不同的数据库，不同的网络平台，应用系统存在着明显的异构性，整合性的概念根本没有体现。由此产生了信息孤岛的现象，逐渐形成了不合理的数据环境。为此，相关企业需要将公共数据库作为主要的数据环境，采用公共数据库的方式实现数据的集成。

（4）基于 XML 的集成方法

XML 技术主要以一种独立运行的方式来共享数据，它能够利用计算机将 Internet 的功能进行扩大，并将其传递到其他多种多样的活动中去。XML 是一种半结构化的数据模型，可以很容易地将 XML 的文档描述与关系数据库中的属性一一对应起来，实现精确的查询与模型抽取。以 XML 为基础的新一代万维网环境，直接面向网络数据，既能很好地兼容原有网络应用，又能在网络上实现信息的共享和交换。

2. 系统集成技术

（1）数据集成技术

数据集成技术应用于数据仓库系统中。构建数据仓库系统时，首先需要建立一个存储大量数据的数据库，然后对数据库中的数据进行过滤、抽取、转换和存储，并按规定时间进行整合，以便可以在数据库中查找或存储所需的信息。该技术最突出的特点是查询速度快，缺点是数据的时效性较差。

（2）应用集成技术

应用集成技术分为分布式对象技术、消息中间件技术和网络服务技术。采用面向对象的概念，分布式对象技术组织和管理网络计算。消息中间件技术通常采用异步通信实现数据集成，可显著减少应用程序间的耦合。消息中间件技术由于其操作简便等优点，在实际集成工作中得到广泛应用。网络服务技术可以直接使应用程序根据 Internet 标准进行协作，对人工干预的要求较低，因而可应用于任何平台。

5.4.2　系统测试

1. 数字孪生系统可信评估体系

数字孪生系统是数据驱动与实时更新的，是真实系统的模拟仿真，建立一个可信的模型是仿真运行的基础，因此，数字孪生系统的可信度评估是仿真活动中重要的组成部分[13]。

目前关于数字孪生可信度尚未给出统一明确的定义，可借鉴仿真的可信度定义。仿真可信度是指仿真系统在一定环境和一定输入下，对真实系统行为的复现程度。现有的数字孪生可信度着重强调数字孪生可信度的主观性，认为数字孪生可信度本质上是仿真系统使用者的信心程度，其中最具有代表性的定义为：数字孪生系统的可信度是数字孪生系统的使用者对应用数字孪生系统在一定环境和一定条件下，解决所定义问题的信心程度[14]。

为解决如何判断数字孪生系统是否可信的问题，从数字孪生模型全生命周期中的多个阶段中总结出一套数字孪生可信评估体系，如图 5-13 所示。

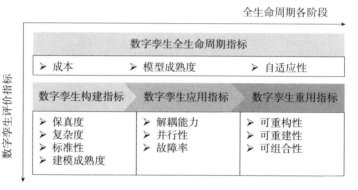

图 5-13　数字孪生可信评估体系[15]

（1）数字孪生构建指标

数字孪生构建指标主要包括模型构建的保真度、复杂度、标准性和建模成熟度。过分强调数字孪生的保真度可能会误导建模过程。高保真度绝对是任何仿真系统追求的目标，但不切实际的高保真度也会导致模型不必要的高复杂度，这极大地降低了模型的实用性。实际上，在满足仿真需求的前提下，应该更加注意保真度和复杂度之间的权衡。

（2）数字孪生应用指标

数字孪生模型主要用于模型配置和基于数字孪生模型的运行仿真。数字孪生应用指标包括解耦能力、并行性和故障率。

（3）数字孪生重用指标

大型复杂系统的数字孪生建模往往需要重用大量现有模型，以降低开发成本，缩短开发时间，提高模型的可信度。随着实际系统变得越来越复杂，在系统开发阶段和系统应用阶段，模型重用的价值越来越高。在一些研究中，可重用性被定义为一个整体度量，然而，由于模型的复杂性和多样性，很难对它进行定量评估，一般使用一些定性指标（如可重构性、可重建性、可组合性等）评估数字孪生的重用性能。

（4）数字孪生全生命周期指标

任何模型都会在其生命周期中发生变化。但对于数字孪生来说，演化过程与普通模型不同。数字孪生的演化是一个实时活动，这意味着演化可能发生在运行数字孪生的过程中。数字孪生在运行期间从物理系统接收数据，并根据数据不断演化。换句话说，演化贯穿于数字孪生生命周期的不同阶段。因此，数字孪生全生命周期指标与演化相关，包括成本、模型成熟度和自适应性。

2. 数字孪生模型可信评估技术

研究人员自 20 世纪 50 年代末开始对仿真可信度评估进行研究，经历了半个多世纪的发展，取得了长足进步，其发展历程如图 5-14 所示。

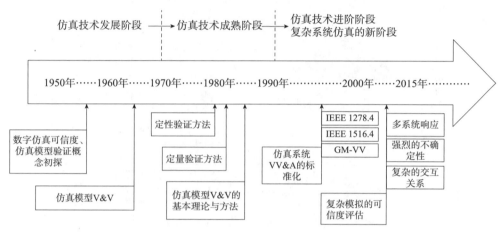

图 5-14　仿真可信度评估发展历程

20 世纪 60 年代出现了仿真模型 V&V，90 年代开展了仿真系统 VV&A（Verification, Validation, Accreditation）的标准化工作，规范了面向仿真系统开发过程的评估方式。电气与电子工程师学会（IEEE）于 1997 年和 2007 年分别制定了 VV&A 规范 IEEE 1278.4 和 IEEE 1516.4；2012 年仿真互操作标准化组织（SISO）组织制定了一个通用的仿真系统 VV&A 规范 GM-VV。

VV&A 指模型的校核、验证与验收。校核事实上是一个质量控制过程，侧重于对建模过程的检验即"是否正确地建立了仿真系统"，强调的是"检查仿真模型是否准确地完成了仿真系统的预期功能"。验证则侧重于对仿真结果的检验，即"是否建立了正确的仿真系统"，也就是说仿真系统在具体的应用中多大程度地反映了真实世界的情况。验收则是在校核与验证的基础上，由仿真系统的主管部门和用户组成的验收小组对仿真系统的可接受性和有效性做出正式确认。

VV&A 对数字孪生模型可信评估至关重要。在数字孪生建模过程中，VV&A 几乎存在于每个阶段。数字孪生可信评估的 VV&A 方法可分为定性方法、定量方法和集成方法，如图 5-15 所示。

常用的定性方法包括图灵测试、图解法、曲面验证、曲线法、熵法、德尔斐法等。定量方法可分为基于静态数据的方法和基于动态数据的方法。静态数据方法包括点估计、区间估计、贝叶斯估计、置信区间、回归分析等。基于动态数据的方法分为时域、频域和时频域。在这三种类型的动态数据中有不同的方法和算法。数字孪生常用的集成 VV&A 方法包括层次分析法（AHP）、模糊综合评价、贝叶斯网络、支持向量机、神经网络等。虽然上述方法可以为 VV&A 提供强有力的支持，但复杂数字孪生模型的 VV&A 仍然存在许多挑战。

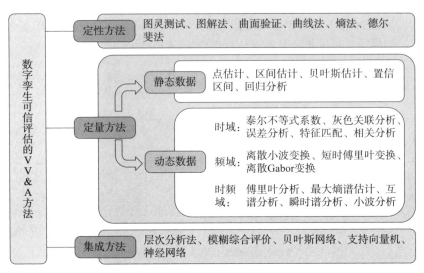

图 5-15　数字孪生可信评估的 VV&A 方法[15]

参考文献

［1］丁凯，张旭东，周光辉，等．基于数字孪生的多维多尺度智能制造空间及其建模方法[J]．计算机集成制造系统，2019, 25(6):1491-1504.
［2］李琳利，李浩，顾复，等．基于数字孪生的复杂机械产品多学科协同设计建模技术[J]．计算机集成制造系统，2019, 25(6):1307-1319.
［3］宋亮．面向数字孪生的三维快速建模与实时可视化的应用研究[D]．桂林：桂林电子科技大学，2021．
［4］骆伟超．基于 Digital Twin 的数控机床预测性维护关键技术研究[D]．济南：山东大学，2020．
［5］毛子剑．Petri 网的建模与分析[J]．无线互联科技，2021, 18(23):108-109.
［6］韩丰羽．数字化车间 PLC 互联互通关键技术的研究与实现[D]．沈阳：中国科学院大学(中国科学院沈阳计算技术研究所)，2020．
［7］方红萍，陈和平．信息系统 UML 建模研究[J]．计算机工程与设计，2006(19):3613-3615, 3655.
［8］蒋彩云，王维平，李群．SysML:一种新的系统建模语言[J]．系统仿真学报，2006(6):1483-1487, 1492.
［9］张金钊，张金镝．VR/AR/ 智能可穿戴交互设备实现（产业化）[J]．电脑编程技巧与维护，2016(15):71-78.

[10] 电脑报. VR 没有想象的火, 但是每个公司都在做 VR VR 乱局, 谁能突破重围 [EB/OL]. (2018-01-07) [2023-05-04]. https://www.163.com/dy/article/D7HTAT2M051288MF.html.
[11] 陈和恩, 何汉武, 吴悦明. VR/AR 与智能制造: 应用领域、核心技术 [J]. 机电工程技术, 2021, 50(2):1-4, 18.
[12] 程永恒. 探究 VR/AR/ 智能可穿戴交互设备实现 [J]. 数字技术与应用, 2019, 37(8):228-229.
[13] 张霖, 陆涵. 从建模仿真看数字孪生 [J]. 系统仿真学报, 2021, 33(5):995-1007.
[14] 任宇航. 数字孪生系统可信度评估方法研究 [D]. 哈尔滨: 哈尔滨工业大学, 2021.
[15] ZHANG L, ZHOU L F, HORN B. Building a right digital twin with model engineering[J]. Journal of Manufacturing Systems, 2021, 59:151-164.

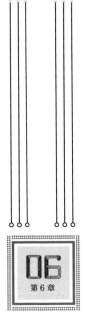

第6章 基于数字孪生的数据分析与智能决策技术

如果把企业比喻为人体,把数据比喻为人体的血液,那么企业内的各个组织和业务环节就是人体的器官,数据分析就是人体的循环系统,驱动血液在各个器官之间循环流动,用血液滋养各个器官,持续地促进其新陈代谢,并使人体作为一个有机整体保持青春活力。

在数字化时代,数据是企业最宝贵的资产,通过数据全景感知技术和数字孪生建模技术,可以建立一个数字孪生作为生产现场的数据聚合平台,实现多源异构数据的汇聚和融合。如何挖掘数据潜力,让数据说话,通过数据驱动业务和决策,已成为企业数字化和智能化转型成败的关键。本章聚焦数据分析与智能决策技术,为实现生产现场的数字孪生操作闭环提供技术支持,本章内容总体框架如图6-1所示。

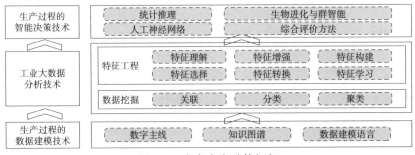

图6-1 本章内容总体框架

6.1 生产过程的数据建模技术

数据建模就是以业务对象或应用为导向,通过数据模型将来自各设备或系统的数据聚合起来,构成了工业互联网平台中数据分析和应用的基础,即元数据(Metadata)。例如,将来自物理产品的运行参数、使用数据,以及产品的设计参数和设计模型等聚合起来,形成产品数据模型,供后续业务分析与构建产品数字孪生调用。

国内外对于数据建模传统技术的研究已较为成熟,主要包括 E-R 建模、UML 建模、IDEF1X 建模和对象角色建模。然而,随着产品复杂度和业务复杂度的增加,很多企业尤其是数字化企业面临着数据量急剧增加的挑战。如何让海量的多源异构数据流动起来,为企业创新转型提供驱动力,成为目前企业迫切需要解决的难题。随着物联网、大数据和人工智能等新一代信息技术的蓬勃发展,全新的数据建模技术,如数据主线、知识图谱、数据建模语言等,开始进入学者和企业管理层的视野。

6.1.1 数字主线

数字主线的概念自提出以来一直在演进。如前文所述,最开始美国空军在应用数字主线的概念时主要借助 PLM 平台打通设计与制造之间的数据链路,其实现思路也基本依靠传统的 PLM 与 ERP/MES 的集成方式。随着数字主线概念的推广,以波音、空客为代表的复杂装备企业开始将数字主线概念延伸到产品全生命周期,构建了以 BOM 为核心的产品数字主线,如图 6-2 所示。企业利用不同视图的 BOM 将本视图相关的产品数据组织起来,再通过建立 BOM 视图之间的关联来实现跨视图的产品数据追溯和更改贯彻。这种数字主线还是在 PLM 平台的范畴之内,所以大部分企业都是以 PLM 平台作为产品单一数据源进行数据组织和实现。

随着工业互联网平台的兴起,数字主线概念得到了一次跨越式发展。其涵盖的业务范围包括全生命周期、全价值链的各个环节;其关联数据也不仅仅是 BOM 相关数据,而是各业务环节相关的多方面数据,包括 IT 和 OT 数据。这样的数字主线自然也不再依赖任何一个传统的数据源系统,而是基于所有这些系统和设备,立足于中台架构进行构建的。当然,这样的数字主线不可能一气呵成,而是需要一个持续建设、从局部到全局的过程。

在工业互联网时代,数字主线的核心是将多视图、多维度的业务模型基于既定的业务规则有机衔接起来,形成面向全生命周期、全价值链的业务模型数字网络,通过这个网络可以从一个节点追溯到其他任意节点。以 BOM 为核心的产品数字主线如图 6-2 所示。

模型之间基于特定的业务逻辑构建产品数字主线(见图 6-3),基于这个产品数字主线就可以实现数据流转和业务驱动。例如,建立客户、订单、产品设计数据、供应商、实物产品之间的关联,就可以通过订单追溯到产品设计数据、实物产品的生产序列号以及供应商供货记录等,也可以通过实物产品的序列号(业务模型)追溯到产品设计、制造、服务数据以及对应的客户订单号等。

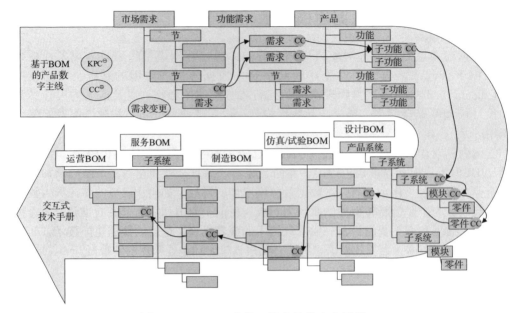

图 6-2 以 BOM 为核心的产品数字主线 [1]

图 6-3 模型之间基于特定的业务逻辑构建产品数字主线

6.1.2 知识图谱

1. 知识图谱概念

当前国内外专家学者在智能制造领域开展了大量的研究和实践应用探索，智能制造系统已经能够基于生产大数据完成在线识别、监控、预测等任务，辅助人们分析制造过程。然而，当前制造决策过程的智能化程度仍然较低，生产调度实时优化、制造异常分析与处理、生产工艺自适应调整等复杂决策问题仍主要依赖专家人工解决。新一代智能制造系统不仅需要具有强大的感知、计算分析与控制能力，更需要具有认知和学习提升的能力，实现对人类知识的组织、管理和自学习，充分理解数据并提供制造决策支持，甚至自主执行决策。

知识工程是人工智能在知识处理方面的发展，旨在通过计算机系统重用人类知识和经验解决工程问题，在该领域已有很多关于知识辅助制造决策的研究。而知识图谱

⊖ KPC：Key Product Characteristics（关键产品特性，用户需求相关特征）。
⊖ CC：Critical Characteristics（关键特性，产品质量、安全、合规等相关特征）。

（Knowledge Graph, KG）作为知识工程的前沿技术，能实现海量知识的获取、组织与利用，为构筑智能制造系统的学习认知能力提供了基础。

知识图谱来源于谷歌下一代智能语义搜索引擎技术。其本质上基于语义网络的思想，是一种有向图结构的语义知识库，用于以符号形式描述物理空间中的概念及其相互关系，在知识图谱内部，数据和知识的存储结构为三元组，形如 <s, p, o> 或 $p(s,o)$，其中 s 和 o 为知识图谱中的节点，分别代表了主语实体知识和宾语实体知识，p 为知识图谱中的边，代表了从 s 指向 o 的关系知识（谓语）。图 6-4 和图 6-5 所示为制造领域知识图谱相关研究中文关键词共现图谱和制造领域知识图谱相关研究英文关键词共现图谱。

基于知识图谱的应用服务架构如图 6-6 所示。知识型工作者统筹考虑各种制造要素，对产品设计、资源配置、生产规划、设备控制、仓储物流等一系列任务开展复杂分析、精确判断和创新决策，并获得经验、规律、原理等不同形式的知识。知识图谱一方面能够获取历史积累的经验和案例，对其中的知识进行加工、组织与管理，形成知识库；另一方面也能够对制造过程中相似甚至重复的决策活动进行语义推理，发现新知识，从而极大促进制造知识的积累、传承和重用。在知识库的基础上，通过模拟人脑思考和解决问题的过程，知识图谱能够提供语义检索、语义问答、知识推荐、可视化分析功能，及时向知识型工作者提供所需知识，甚至代替人完成部分决策过程，输出决策方案以供参考，决策效率和决策方案的效果都会得到显著提升。

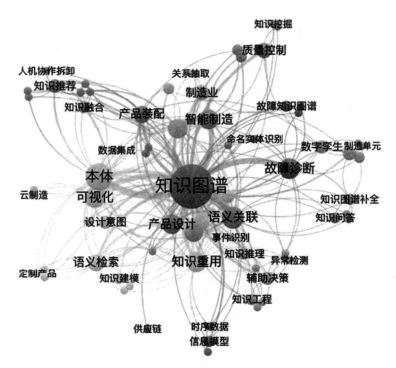

图 6-4　制造领域知识图谱相关研究中文关键词共现图谱[2]

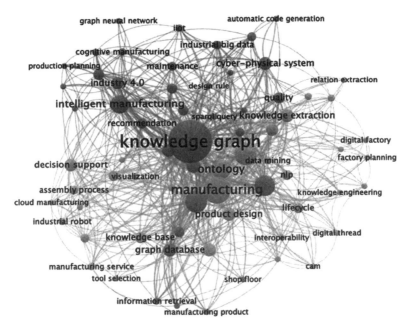

图 6-5 制造领域知识图谱相关研究英文关键词共现图谱[2]

知识图谱具有如下 3 种特点：1）数据及知识的存储结构为有向图结构。有向图结构允许知识图谱有效地存储数据和知识之间的关联关系。2）具备高效的数据和知识检索能力。知识图谱可以通过图匹配算法，实现高效的数据和知识访问。3）具备智能化的数据和知识推理能力。知识图谱可以自动化、智能化地从已有的知识中发现和推理多角度的隐含知识[3]。

2. 知识图谱相关技术

为分析知识图谱相关关键技术，统计出制造领域知识图谱相关文献中各关键技术的

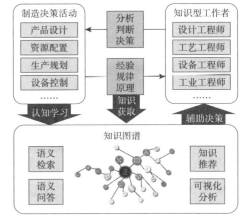

图 6-6 基于知识图谱的应用服务架构

出现频次，结果如图 6-7 所示。其中，本体构建、知识抽取、知识融合、图数据库等是在制造领域知识图谱构建阶段常见的关键技术，尤其是大部分文献都会涉及制造领域本体的开发和图数据库的使用。而匹配方法、语义问答等是在制造领域知识图谱应用阶段常见的关键技术。此外，制造领域知识图谱的动态更新也是受到关注的前沿技术问题。

将上述关键技术按照从获取到应用的先后顺序组织起来，大致可分为数据获取、知识加工与知识应用三个阶段。制造领域知识图谱的参考技术路线如图 6-8 所示。

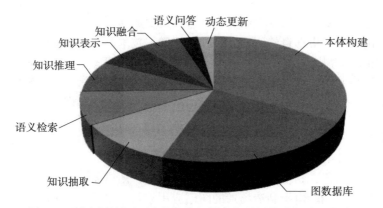

图 6-7 制造领域知识图谱相关文献中各关键技术的出现频次

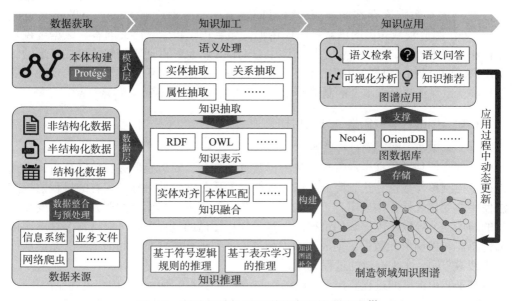

图 6-8 制造领域知识图谱的参考技术路线[2]

通过 4.1 节中对于生产现场数据来源分析可知，制造知识具有很强的复杂性和专业性，制造场景需要的知识图谱具有更高的精确性和可靠性，因此需要构建本体来为知识的组织和管理提供规范化的框架。在数据获取阶段，大都先利用 Protégé 等工具开发制造领域本体以形成模式层。

在知识加工阶段，多源异构数据需要经过知识抽取、知识表示、知识融合等一系列语义处理才能成为制造决策所需的高质量知识。其中知识抽取和表示旨在将人类自然语言描述的知识转化为实体、关系和属性等知识要素，并用资源描述框架（Resource Description Framework, RDF）、网络本体语言（Ontology Web Language, OWL）等本体语言建模，简单来说，就是将人类知识转化成计算机能够理解的形式。

而知识融合是指消除多源知识在语义上的重复对象或冲突对象，使得计算机对相同的知识有统一的描述。借助自然语言处理和机器学习技术，一些研究已经实现了制造知识的半自动抽取和融合过程，大大减少了语义处理和构建图谱所需的时间和成本。另外，初步构建得到的图谱可能存在一些实体关系的缺失或错误，需要采用基于符号逻辑规则或表示学习的知识推理技术，推理出缺失的实体关系或识别图谱中错误的实体关系，这一环节也被称为知识图谱补全。传统的基于符号逻辑规则的推理方法在本体语言的支持下即可完成，推理过程精确且可解释性强，但面临着在处理实际制造场景的大规模数据时效率低下的问题。

在知识应用阶段，初步构建完成的制造领域知识图谱需要合适的载体来存储图谱数据并支撑图谱应用。由于制造场景的图谱应用涉及大量复杂的关联查询，图数据库成为目前知识图谱存储的主流方法。图数据库采用图模型将各个知识实体节点之间的依赖关系进行了显示表达，并且能够提供完善的图查询语言进行简单快速的检索，可以解决关系数据库存在的局限性，目前主流的图数据库有 Neo4j、AllegroGraph、gstore 等。制造领域知识图谱常见的应用形式包括语义检索、语义问答、数据可视化分析和知识推荐等，本质上都是从图谱中查询特定信息并以便于理解的形式呈现给特定用户。同时制造领域知识图谱需要在应用过程中不断接受用户反馈，并实现动态更新机制，以保证在复杂多变的制造环境中持续稳定地提供服务。

3. 知识图谱在智能制造领域应用探索 [4]

（1）基于知识图谱的过程监控

过程监控是指依据生产过程中传感器数据的变化，对传感器进行关联分析，合适地调整控制单元数值，达到降低生产过程产品的质量波动的目标。现有的过程监控方法使用多变量统计方法确定各工序的工艺参数控制范围。然而该类型方法随着变量数目的增加，会导致维度爆炸的情况。而基于知识图谱的过程监控可以将每个物理实体的传感器和控制单元数据，集成到知识图谱中，编码数据变量之间的依赖关系，从而缩小搜索空间，实现有效的过程监控。

基于知识图谱的过程监控系统的结构与流程如图 6-9 所示。与传统过程监控相比，基于知识图谱的过程监控主要有以下几点转变：1）工艺变量与控制单元变量关联定义。基于知识图谱的过程监控系统使用图结构定义工艺变量、控制变量之间的关联关系。2）异常搜索方式。基于知识图谱的过程监控可以依据知识图谱中定义的传感器之间的依赖关系，快速搜索定位异常工艺参数变量的所处位置。3）控制粒度。基于知识图谱的过程监控可以精细化描述控制变量对工艺参数的影响，降低可控粒度，提高控制精度。

现有的知识图谱相关理论研究可以尝试应用于基于知识图谱的过程监控技术，比如：智能制造领域知识的形式化表达方法以及智能制造领域知识推理技术，这些技术主要应用于传感器和控制单元本体构建、过程监控知识图谱构建和异常工艺参数搜索与推理。

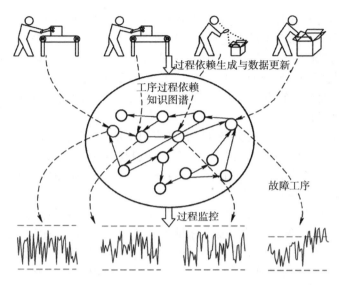

图 6-9　基于知识图谱的过程监控系统的结构与流程[4]

然而，基于知识图谱的过程监控技术尚需在以下几个方面进行突破。1）边界评估：以知识图谱为核心，引入基于无监督学习的异常检测算法或基于监督学习的分类算法，以寻找精确鲁棒的正常样本边界。2）成本控制：合理评估调整控制变量所需成本与产品质量下降所造成的成本损失，以在两者之间谋求平衡。3）控制变量预测算法：根据过程变量的时序变化以及控制变量的时序变化，使用深度学习的方法预测控制变量需调整的值的大小，以最小化对产品质量的影响。

（2）基于知识图谱的质量分析

质量分析是指综合考虑生产过程中所记录的数据，实现产品的加工质量分析与预测；同时在出现质量问题时，可以追溯其加工中每个环节，找出原因，从而改进加工工艺、控制加工质量。基于知识图谱的质量分析通过知识图谱建模了产品生产过程中所经过的各个工序及工序依赖关系，并记录了各个工序的切削力误差、定位精度等属性数据，可以实现产品加工质量的预测、分析与溯源。基于知识图谱的质量分析系统的结构与流程如图6-10所示。

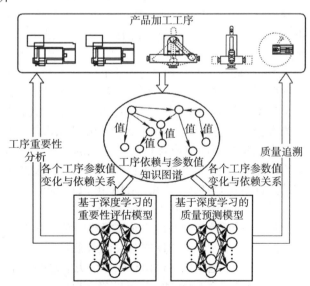

图 6-10　基于知识图谱的质量分析系统的结构与流程[4]

与传统质量分析相比，基于知识图谱的质量分析主要有以下几点转变：1）数据建模。统一工序与产品信息的表达空间，通过产品经过的工序来表征产品与工序之间的关联性。2）依赖表达。使用有向图的方式表达产品、工序之间的依赖关系，便于实现质量追溯与瓶颈工序推理。3）验证手段。基于知识图谱的质量分析，可以通过可视化手段形象地展示产品工序之间的依赖关系以及产品的质量追溯推理过程，以便于专家验证推理过程的合理性。

现有的知识图谱相关理论研究可以尝试应用于基于知识图谱的质量分析技术，比如：智能制造领域知识的形式化表达方法、智能制造领域知识推理技术。这些技术主要应用于工序属性和产品信息的相关本体构建、质量分析知识图谱构建以及产品生产过程的质量追溯与瓶颈工序推理[5]。

然而，基于知识图谱的质量分析技术尚需在以下几个方面进行突破。1）工序与产品信息表达方法：在变产品、变工序情况下实现工序与产品信息的有效、统一表达。2）质量预测技术：在变产品、变工序情况下，可以编码产品工序之间的依赖关系。3）误差传播技术：在变产品、变工序情况下，可以推理每个工序对产品最终质量的影响。

6.1.3 数据建模语言

1. Automation ML

（1）Automation ML 相关概念

自动化标识语言（Automation ML）是一种基于 XML（Extensible Markup Language，可扩展标识语言）架构的数据格式，用于支持各种工程工具之间的数据交换。其最终目标是促进不同设备制造商、运营商工具以及不同工业领域之间，进行工程工具交互，开展数据交换，连接异构工具之间的数据集成，应用于机器人控制、机械工程装置、电气设置、过程工程、过程控制工程、人机界面发展、PLC 编程等领域。

Automation ML 按照基于对象的图表来存储工程信息，允许物理的和逻辑的工厂组件模型作为数据对象。对象可以是一个层级结构，也就是说对象可以有子对象。另外，每个对象包含对象描述特性的信息，比如几何信息、运动信息、逻辑信息（序列、行为和控制信息）等。Automation ML 遵循模块结构，采用 CAEX 作为顶层格式。可以在顶层格式下面集成各种已经存在的基于 XML 的数据格式，Automation ML 基本架构如图 6-11 所示。为了对生产系统工程信息建模，Automation ML 集成了三种已存在的数据格式 CAEX、COLLADA 和 PLCopen。

（2）Automation ML 的重要特征

1）通过角色类和系统单元类将数据对象的语法和语义进行分离。

2）提供了基于 UUID 的对象识别能力。

3）提供了包括版本标识和版本历史信息的版本信息。

4）通过定义 facet 和 group 的概念提供了超越对象层级的数据结构能力。

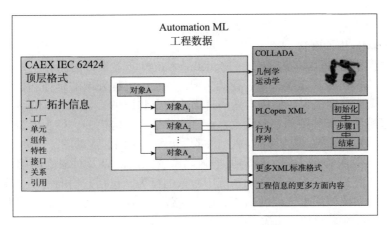

图 6-11　Automation ML 基本架构

2. UML

（1）UML 的相关概念

UML 有三类基本的标准模型建筑块：事物、联系和图形。UML 规定了 4 种事物表示法：结构性事物、行为性事物、成组性事物、注释性事物。结构性事物指模型的静态部分，如对象类、UseCase、接口、组件、节点等；行为性事物指模型的动态部分，如交互、状态机等；成组性事物指模型的组织部分，如包；注释性事物指模型的解释说明部分，如注释。

UML 提供的模型建筑块之间的基本联系有 4 种：依赖、关联、泛化、实现。依赖是指模型建筑块之间的一种语义联系，其中一个独立事物发生改变将影响另一个依赖事物的语义。关联是指模型建筑块之间的结构联系，两者存在结构性的连接。聚合是一种特殊的关联，表示结构的整体与部分的关系。泛化是指模型建筑块之间的一般与特殊的联系。实现是指模型建筑块之间的一种语义联系，其中一个规定了一组约定，另一个负责实现它们。

模型建筑块与联系相结合，可以构造出良好的系统模型。UML 图形是模型元素集合的可视化表示。UML 定义了 9 类图形，用于建立系统模型，它们分别是：类图、对象图、UseCase 图、顺序图、协同图、状态图、活动图、组件图、配置图。通过绘制 UML 图形，可以从不同的抽象角度使系统可视化。UML 提供了对各个模型建筑块进行说明的语法和语义规定。在建立模型时，可以用 UML 的图形表示法使系统可视化，同时用 UML 的说明描述系统的细节。

（2）UML 的特点

1）统一标准。

2）面向对象。

3）可视化、表示能力强大。

4）独立于过程。

5）容易掌握使用。

3. SysML

（1）SysML 相关概念

系统建模语言 SysML（Systems Modeling Language）是目前国际上系统工程领域最新的标准建模语言，是统一建模语言 UML 在系统工程领域的延伸和扩展，是一种半形式化的图形建模语言，使用自然语言描述约束和详细语义。SysML 为系统提供定了 4 种类型模型和 9 种图的完整语义。4 种类型是：结构模型、行为模型、需求模型和参数模型。9 种图是：模块定义图、内部模块图、包图、活动图、序列图、用例图、状态机图、参数图和需求图。结构模型强调系统的层次以及对象之间的相互连接关系，包括类和装配。行为模型强调系统中对象的行为，包括它们的活动、交互和状态历史。需求模型强调需求之间的追溯关系以及设计对需求的满足关系。参数模型强调系统或部件的属性之间的约束关系。

（2）SysML 的特点

和其他系统工程建模语言相比，SysML 是一种通用的、功能强大的标准建模语言。它消除了不同方法在表达和术语上的差异，避免了符号表示和理解上不必要的混乱。SysML 独立于任何一种系统工程过程和方法，但支持所有过程和方法。SysML 的重点是标准建模语言，不是标准过程和方法。SysML 的应用必然与过程相关，不同的系统工程应用领域要求不同的过程。SysML 的开发者提出的开发过程是模型驱动、以体系结构为中心、迭代递增的过程，这是一个元过程。

4. XML

（1）XML 的相关概念

XML 是一种用于标记电子文件并使其具有结构性的标记语言。XML 可以用来标记数据、定义数据类型，可以允许用户对自己标记语言进行定义。XML 提供统一的方法来描述和交换独立于应用程序或供应商的结构化数据。和 HTML 相比，XML 用于传输和存储数据，其焦点是数据的内容；HTML 用于显示数据，其焦点是数据的外观。HTML 旨在显示信息，而 XML 旨在传输信息。XML 以 SGML 为基础，但它重新定义了 SGML 的一些内部值和参数，去掉了大量的很少用到的功能。XML 保留了 SGML 的结构化功能，这样就使得网站设计者可以定义自己的文档类型。

（2）XML 的特点

1）XML 可以从 HTML 中分离数据。即能够在 HTML 文件之外将数据存储在 XML 文档中，这样可以使开发者集中精力使用 HTML，做好数据的显示和布局，并确保数据改动时不会导致 HTML 文件也需要改动，从而方便维护页面。XML 也能够将数据以"数据岛"的形式存储在 HTML 页面中，开发者依然可以把精力集中到使用 HTML 格式化和显示数据上。

2）XML 可用于交换数据。XML 可以用于在不兼容的系统之间交换数据，计算机系统和数据库系统所存储的数据有多种形式，对于开发者来说，最耗时间的工作就是在遍布网络的系统之间交换数据。把数据转换为 XML 格式存储将大大减少交换数据时的复杂性，还可以使这些数据能被不同的程序读取。

3）XML 可应用于 B2B 中。目前 XML 正成为遍布网络的商业系统之间交换信息所使用的主要语言，许多与 B2B 有关的完全基于 XML 的应用程序正在开发中，例如在网络中交换金融信息。

4）利用 XML 可以共享数据。XML 数据以纯文本格式存储，这使得 XML 更易读、更便于记录、更便于调试，使不同系统、不同程序之间的数据共享变得更加简单。

5）XML 可以充分利用数据。XML 与软件、硬件和应用程序无关，数据可以被更多的用户、设备所利用，而不仅仅限于基于 HTML 标准的浏览器。其他客户端和应用程序可以把 XML 文档作为数据源来处理，就像操作数据库一样，XML 的数据可以被各种各样的"阅读器"处理。

6）XML 可以用于创建新的语言。比如，WAP（Wireless Application Protocol，无线应用协议）和 WML（Wireless Markup Language，无线标记语言）都是由 XML 发展来的。WML 是用于标识运行于手持设备上（比如手机）的 Internet 程序的工具，它就采用了 XML 的标准。

6.2　工业大数据分析技术

6.2.1　特征工程

特征就是原始数据某个方面的数值表示。在机器学习流程中，特征是数据和模型之间的纽带。我们经常需要查看表格，确定哪些列是特征，哪些列只是普通的属性。在文献中，特征（Feature）、属性（Attribute）、维（Dimension）和变量（Variable）可以互换地使用。术语"维"一般用在数据仓库中，机器学习文献更倾向于使用术语"特征"，而统计学家则更加愿意使用术语"变量"，数据挖掘和数据库的专业人士一般使用术语"属性"。

特征工程（Feature Engineering）是指从原始数据中提取特征并将其转换为适合机器学习模型的格式。特征工程是数据科学和机器学习流水线上的重要一环，因为正确的特征可以减轻构建模型的难度，从而使机器学习流程输出更高质量的结果。经典特征工程包括特征理解、特征增强、特征构建、特征选择、特征转换和特征学习 6 个步骤，为进一步解释数据并进行预测性分析做准备[6]。

1. 特征理解

特征理解是指在数据集中识别并提取不同等级的数据，并用这些信息创造有用、有意义的可视化图表，帮助我们进一步理解数据。特征理解的基本工作流程如图 6-12 所示。

（1）数据是结构化数据还是非

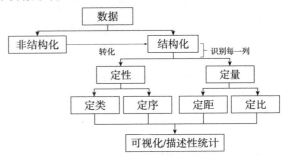

图 6-12　特征理解的基本工作流程

结构化数据?

1) 结构化（有组织）数据：可以分成观察值和特征的数据，一般以表格的形式组织（行是观察值，列是特征）。例如科学仪器报告的气象数据是高度结构化的，因为存在表格的行列结构。

2) 非结构化（无组织）数据：作为自由流动的实体，不遵循标准组织结构（例如表格）的数据。通常，非结构化数据在我们看来是一团数据，或只有一个特征（列）。例如以原始文本格式存储的数据、服务器日志和推文等，是非结构化数据。

（2）数据是定量的还是定性的？

一般情况下，在处理结构化的表格数据时，第一个问题是：数据是定量的，还是定性的？

1) 定量数据本质上是数值，是衡量某样东西的数量。

2) 定性数据本质上是类别，是描述某样东西的性质。

（3）每列数据处于哪个等级？

数据可分为定类、定序、定距和定比四个等级，每个等级都有不同的控制和数学操作等级。数据等级决定了可以执行的可视化类型和操作。

1) 定类等级（Nominal Level）：处理定性数据，只按名称分类，如血型、动物物种和人名。这个等级不能执行任何诸如加法、除法之类的数学操作，但是可以计数，因此可绘制条形图和饼图。

2) 定序等级（Nominal Level）：处理定性数据，这个等级的数据可以自然排序，可进行计数，也可引入比较。但是数据属性仍然属于类别。因为能够计算中位数和百分位数，所以可在条形图和饼图的基础上增加茎叶图和箱线图。

3) 定距等级（Nominal Level）：处理定量数据，可以对数值进行排序、比较和加减，引入算数平均数和标准差。可用散点图、直方图和折线图表示。

4) 定比等级（Nominal Level）：处理定量数据，存在有意义的绝对零点，可以对数值进行加减乘除运算，例如￥100是￥50的2倍。可用直方图和箱线图表示。

（4）对不同的数据等级进行不同的可视化表示。

2. 特征增强

特征增强会改变数据的值和列，根据数据的等级填充缺失值，并按需执行虚拟变量转换和缩放操作。特征增强的意义是：识别有问题的区域，并确定哪种修复方法最有效。对于特征增强技术可参考第4章所述的数据预处理技术。

3. 特征构建

特征构建即使用现有的特征构建新的特征，让模型从中学习。特征构建方法有以下几种。

（1）Pandas特征扩大

用Pandas创建DataFrame，这也是Pandas的主要数据结构。这样做的优点是可以用很多属性和方法操作数据，符合逻辑。

(2) scikit-learn 扩展数值特征

在处理数值数据、创建更多特征时，一个关键方法是使用 scikit-learn 的 Polynomial Features 类。这个构造函数会创建新的列，它们是原有列的乘积，用于捕获特征交互。更具体地说，这个类会生成一个新的特征矩阵，里面是原始数据各个特征的多项式组合，阶数小于或等于指定的阶数。

(3) 编写自己的类

在日常生活中，我们很大程度通过书面文本的方式进行沟通，通过建模，我们可以从中获得海量信息，如商户点评等。针对文本的特征构建有词袋法、TF-IDF 向量化器等方法。

1) 词袋法。将语料库转换为数值表示（也就是向量化）的常见方法是词袋（bag of words）法。

词袋法基本思想：通过单词的出现来描述文档，完全忽略单词在文档中的位置。在它最简单的形式中，用一个袋子表示文本，不考虑语法和词序，并将这个袋子视作一个集合，其中重复度高的单词更重要。

词袋法分 3 个步骤：

a) 分词（tokenizing）：分词过程是用空白和标点将单词分开，将其变为词项。每个可能出现的词项都有一个整数 ID。

b) 计数（counting）：简单地计算文档中词项的出现次数。

c) 归一化（normalizing）：将词项在大多数文档中的重要性按逆序排列。

2) TF-IDF 向量化器。TF-IDF 是一个用于信息检索和聚类的词加权方法。对于语料库中的文档，TF-IDF 会给出其中单词的权重，表示重要性。

TF-IDF 向量化器由两部分组成：

a) TF（term frequency，词频）：衡量词在文档中出现的频率。由于文档的长度不同，词在长文中的出现次数有可能比在短文中出现的次数多得多。因此，一般会对词频进行归一化，用其除以文档长度或文档的总词数。

b) IDF（Inverse Document Frequency，逆文档频率）：衡量词的重要性。在计算词频时，我们认为所有的词都同等重要。但是某些词有可能出现很多次，但这些词并不重要。因此，我们需要减少常见词的权重，加大稀有词的权重。

4. 特征选择

特征选择是从原始数据中选择对于预测流水线而言最好的特征的过程。即，给定 n 个特征，我们搜索其中包括 k（$k < n$）个特征的子集来改善机器学习流水线的性能。粗略地说，特征选择技术可以分为以下三类：

(1) 过滤技术

过滤技术对特征进行预处理，以除去那些不太可能对模型有用处的特征。例如，我们可以计算出每个特征与响应变量之间的相关性或互信息，然后过滤掉那些在某个阈值之下的特征。过滤技术的成本比下面描述的打包技术低廉得多，但它没有考虑我们要使用的模型,因此,过滤技术有可能无法为模型选择出正确的特征。使用过滤技术时需要谨慎,防止不经意地删除有用特征。

(2)打包方法

打包方法的成本非常高昂,但是可以测试特征的各个子集,这意味着它不会意外地删除那些本身不提供什么信息但和其他特征组合起来却非常有用的特征。打包方法将模型视为一个能对推荐的特征子集给出合理评分的黑盒子,迭代地对特征子集进行优化。

(3)嵌入式方法

嵌入式方法将特征选择整合为模型训练过程的一部分,它不如打包方法强大,但成本也远不如打包方法那么高。与过滤技术相比,嵌入式方法可以选择出特别适合某种模型的特征。从这个意义上说,嵌入式方法在计算成本和结果质量之间实现了某种平衡。

选用正确的特征选择方法,一般建议:

1)如果特征是分类的,那么从 SelectKBest 开始,用卡方或基于树的选择器。

2)如果特征基本是定量的,一般用线性模型和基于相关性的选择器效果更好。

3)如果是二元分类问题,考虑使用 SelectFromModel 和 SVC,因为 SVC 会查找优化二元分类任务的系数。

4)在手动选择前,探索性分析会很有益处,不能低估领域知识的重要性。

5. 特征转换

特征转换算法可以用每个列中的特征创建超级列(Super-Column),所以不需要创建很多新特征就可以捕获所有潜在的特征交互。因为特征转换算法涉及矩阵和线性代数,所以不会创造出比原有列更多的列,而且仍能提取出原始列中的结构。与特征选择不同的是,特征选择仅限于从原始列中选择特征;特征转换则将原始列组合起来,从而创建可以更好地描述数据的特征。特征转换的方法有主成分分析和线性判别分析等。

(1)主成分分析

主成分分析(Principal Components Analysis,PCA)是将有多个相关特征的数据集投影到相关特征较少的坐标系上。这些新的、不相关的特征(超级列)叫作主成分。主成分能替代原始特征空间的坐标系,需要的特征少,捕捉的变化多。

换句话说,PCA 的目标是识别数据集中的模式和潜在结构,以创建新的特征,而非使用原始特征。和特征选择类似,如果原始数据是 $n \times d$ 大小(n 是观察值数,d 是原始的特征数),那么我们会将这个数据集投影到 $n \times k$ ($k < d$)的矩阵上。

一般,PCA 分为 4 个步骤:

1)创建数据集的协方差矩阵。

2)计算协方差矩阵的特征值。

3)降序排列特征值,保留前 k 个特征值。

4)用保留的特征向量转换新的数据点。

（2）线性判别分析

线性判别分析（Liear Discriminant Analysis，LDA）是特征变换算法，一般用作分类流水线的预处理步骤。和 PCA 一样，LDA 的目标是提取一个新的坐标系，将原始数据集投影到一个低维空间中。LDA 和 PCA 的主要区别在于，LDA 不会专注于数据的方差，而是优化低维空间，已获得最佳的类别可分性。LDA 分为 5 个步骤：

1）计算每个类别的均值向量。
2）计算类内和类间的散布矩阵。
3）计算特征值和特征向量。
4）降序排列特征值，保留前 k 个特征向量。
5）使用前几个特征向量将数据投影到新空间。

6. 特征学习

特征学习算法可以接收清洗后的数据，通过数据的潜在结构创建全新的特征，特征转换算法与之相似，这两类算法的差异在于创建新特征时的参数假设。

参数假设是指算法对数据形状的基本假设。在数据转换中，我们的假设是，原始数据的形状可以进行（特征值）分解，并且可以用单个线性变换（矩阵计算）表示。但如果不是这样呢？如果数据转换算法不能从原始数据集中提取有用的特征，那该怎么办呢？例如 PCA 和 LDA 这样的算法肯定能找到特征，但找到的特征不一定有用。此外，这些算法都基于预定的算式，每次肯定输出同样的特征。

特征学习算法希望可以去除这个参数假设，从而解决该问题。这些算法不会对输入数据的形状有任何假设，而是依赖于随机学习。也就是说，这些算法并不会每次输出相同的结果，而是一次次按轮检查数据点以找到要提取的最佳特征，并且拟合到一个解决方案（在运行时可能会有所不同）中。

这样，特征学习算法可以绕过 PCA 和 LDA 等数据转换算法的参数假设，解决比之前更难的问题。这种复杂的想法（绕过参数假设）需要使用复杂的算法。很多数据科学家和机器学习算法会使用深度学习算法，从原始数据中学习新特征。

6.2.2 数据挖掘

1. 关联分析基本概念和方法

关联分析是一种认知模式，这种关联规则和人的反射类似，就是在认识事物的过程中在认知中建立的关联规则。关联分析是数据分析里很重要的部分。

（1）频繁模式

例如一个超市每天有很多的购物记录，而且消费者的购买单品的顺序是无序的，所以一个无序的组合就是"模式"。在这些模式里有的出现频率低，有的出现频率高，一般说频率较高的通常更有指导意义，这种高频率的模式就叫作"频繁模式"。

衡量频率的指标有两个：支持度和置信度。这两个指标分别指的是这种模式的有用性和确定性。设置其指标的门限值，只有置信度和支持度同时高于各自的门限值时才认为是频繁模式，其中要注意的是置信度是有方向的。

支持度和置信度多高才算高呢？可以通过专家知识来确定。如果没有专家知识可以通过尝试在所有的商品中找出所有的模式，会发现有一些模式的支持度和置信度同时比其他的高很多，这时可以考虑用所有模式的支持度的平均值和置信度的平均值作为参考，适当过滤。这样过滤下来的模式就可以作为频繁模式进行研究。

如果支持度或置信度高是否可以直接被认为是频繁模式呢？如果支持度高置信度低，说明模式频繁，但是转化率低。而如果支持度比较低，但是转化率比较高，说明这种模式在所有的模式里很平常，甚至不能算"频繁"。通常都会选择支持度和置信度都高于阈值的门限的模式作为频繁模式。

找出频繁模式实际上是找出同时满足最小支持度和最小置信度的模式，常用 Apriori 算法，其基本步骤如下：

1）先设置一个最小支持度作为阈值门限进行扫描，因为对于过滤最小支持度和最小置信度这两个操作来说，最小支持度的查找更为简单一些。

2）扫描所有满足最小支持度的单品。在这个过程中可以发现，大量小于阈值的单品被过滤掉，这个过程在算法中叫"剪枝"，再逐级查找模式时，有很多单品可以完全置之不理了。

3）查找满足条件的 2 项模式。

4）查找满足条件的 3 项模式，这个过程同步骤 3。

利用 Apriori 能够过滤出关联度较高的模式，但不能对相关性做出解释。这里引入一个有关相关规则的分析。

提升度是一种简单的关联度度量，也是一种比较容易实现的统计方法。

$$\text{Lift}(A,B) = \frac{P(B|A)}{P(B)} \quad (6-1)$$

当相关性是 1 时，也就是在全样本空间中 A 和 B 是没有关系的。当相关性大于 1 时，B 和 A 是正相关的，也就是 A 的发生促进了 B 的发生。当相关性小于 1 时，B 和 A 是负相关的，也就是 A 的发生抑制了 B 的发生。

（2）稀有模式和负模式

前面讲的都是频繁模式，但也有一些情况下更关心"不频繁"的模式，那就是稀有模式和负模式。

稀有模式：支持度远低于设定的支持度的模式，在实际生产中可以考虑用支持度的倒序的功能去找那些支持度极低的模式。

负模式：两种模式是负相关的。一般来说，如果 x 和 y 都是频繁的，但是很少或者不一起出现，那么就说 x 和 y 是负相关的，x 和 y 组成的模式也是负相关模式。如果 x 和 y 组成的模式支持度远远小于 x 的支持度与 y 的支持度的乘积，那么就说 x 和 y 是强负相关的。

2. 分类的概念和方法

（1）分类的概念

轴承故障诊断需要分析数据，以便搞清楚发生故障的轴承"内圈"还是"外圈"。

销售经理需要数据分析，以便帮助他猜测具有某些特征的顾客是否会购买新的产品。医学研究人员希望分析乳腺癌数据，以便预测病人应当接受三种具体治疗方案中的哪一种。在上面的例子中，数据分析的目的都是分类（classfication），都需要构造一个模型或分类器（classifer）来预测类标号，如故障诊断的"内圈"或"外圈"，销售数据的"是"或"否"，医疗数据的"治疗方案A""治疗方案B"或"治疗方案C"。

这些类别可以用离散值表示，其中值之间的次序没有意义。例如，可以使用值1、2和3表示上面的治疗方案A、B和C，其中这组治疗方案之间并不存在蕴含的序。

假设销售经理希望预测一位给定的顾客在一次购物期间将花多少钱。该数据分析任务就是数值预测（Numeric Prediction）的一个例子，其中所构造的模型用于预测一个连续值函数或有序值，而不是类标号。这种模型是预测器（Predictor）。回归分析（Regression Analysis）是数值预测最常用的统计学方法，因此这两个术语常常作为同义词使用。分类和数值预测是预测问题的两种主要类型。

（2）分类的方法

数据分类是一个两阶段过程，包括学习阶段（构建分类模型）和分类阶段。

在学习阶段，建立描述预先定义的数据类或概念集的分类器，其中分类算法通过分析或从训练集"学习"来构造分类器。训练集由数据库元组合与它们相关联的类标号组成。元组 X 用 n 维属性向量 $X=(x_1, x_2, \cdots, x_n)$ 表示，分别描述元组在 n 个数据库属性 $A_1, A_2, \cdots, A_n$ 上的 n 个度量。假定每个元组 X 都属于一个预先定义的类，由一个称为类标号属性（Class Label Attribute）的数据库属性确定。类标号属性是离散的和无序的。它是分类的（或标称的），因为每个值充当一个类别或类。构成训练数据集的元组称为训练元组，并从所分析的数据库中随机地选取。在谈到分类时，数据元组也称为样本、实例、数据点或对象。

由于提供了每个训练元组的类标号，这一阶段也称为监督学习（Supervised Learning），即分类器的学习在被告知每个训练元组属于哪个类的"监督"下进行的。它不同于无监督学习（Unsupervised Learning）或聚类。在无监督学习中，每个训练元组的类标号是未知的，并且要学习的类的个数或集合也可能事先不知道。例如，如果我们没有用于训练集的 loan_decision 数据，则我们可以使用无监督学习尝试确定"相似元组的组群"，可能对应于贷款申请数据中的风险组群。

分类过程的学习阶段也可以看作学习一个映射或函数 $y=f(X)$，它可以预测给定元组 X 的类标号 y。在这种观点下，我们希望学习把数据类分开的映射或函数。在典型情况下，该映射用分类规则、决策树或数学公式的形式表示。在我们的例子中，该映射用分类规则表示。这些规则可以用来对以后的数据元组分类，也能对数据内容提供更好的理解，它们也提供了数据的压缩表示。

在分类阶段，使用模型进行分类。首先评估分类器的预测准确率。如果我们使用训练集来度量分类器的准确率，则评估可能是乐观的，因为分类器趋向于过拟合（Overfit）（即在学习期间，它可能包含了训练数据中的某些特定的异常，这些异常不在一般数据集中出现）。因此，需要使用由检验元组和与它们相关联的类标号组成的检验集（Test Set）。它们独立于训练元组，即它们不会用于构造分类器。

分类器在给定检验集上的准确率（Accuracy）是分类器正确分类的检验元组所占的百分比。比较每个检验元组的类标号与学习模型对该元组的类预测。如果认为分类器的准确率是可以接受的，那么就可以用它对类标号未知的数据元组进行分类（这种数据在机器学习中也称为"未知的"或"先前未见到的"数据）。

3. 聚类分析的概念和方法

与分类不同，每个客户的类标号（或 Group-ID）是未知的。你需要发现这些分组。考虑到客户的数量和描述客户的众多属性，靠人研究数据，并且人工地找出将客户划分成有战略意义的组群的方法代价很大，甚至无法实施。这时就会用到聚类分析，简称聚类[7]。

（1）聚类分析的概念

聚类分析是一个把数据对象（或观测）划分成子集的过程。每个子集是一个簇（cluster），使得簇中的对象彼此相似，但与其他簇中的对象不相似。在这种语境下，在相同的数据集上，不同的聚类分析方法可能产生不同的簇的集合。聚类分析可以发现数据内事先未知的群组。

聚类分析已经广泛地用于许多应用领域，包括商务智能、图像模式识别、Web 搜索、生物学和安全领域，其中图像模式识别在制造过程中有广泛应用。在图像识别应用中，聚类可以在手写字常识别系统中用来发现簇或"子类"。假设我们有手写数字的数据集，其中每个数字标记为 1、2、3 等。注意，人们写相同的数字可能存在很大差别。例如，数字"2"，有些人写的时候可能在左下方带一个小圆圈，而另一些人不会。我们可以使用聚类确定"2"的子类，每个子类代表手写可能出现的"2"的变体。使用基于子类的多个模型可以提高整体识别的准确率。

聚类分析也可以作为一种独立的工具，用来洞察数据的分布，观察每个簇的特征，将进一步的分析集中在特定的簇集合上。另外，聚类分析可以作为其他算法（如特征化、属性子集选择和分类）的预处理步骤，之后这些算法将在检测到的簇和选择的属性或特征上进行操作。

由于簇是数据对象的集合，簇内的对象彼此相似，而与其他簇的对象不相似，因此数据对象的簇可以看作隐含的类。在这种意义下，聚类有时又称自动分类。再次强调，至关重要的区别是，聚类可以自动地发现这些分组，这是聚类的突出优点。

在某些应用中，聚类又称作数据分割（Data Segmentation），因为它根据数据的相似性把大型数据集合划分成组。聚类还可以用于离群点检测（Outlier Detection），其中离群点（"远离"任何簇的值）可能比普通情况更值得注意。

作为统计学的一个分支，聚类分析已经被广泛地研究了许多年，主要集中在基于距离的聚类分析。基于 K 均值（K-Means）、K 中心点（K-Medoids）和其他一些方法的聚类分析工具已经被加入到许多统计分析软件包或系统中，例如 S-Plus、SPSS 以及 SAS。回忆一下，在机器学习领域，分类称作监督学习，因为给定了类标号信息，即学习算法是监督的。聚类被称作无监督学习，因为没有提供类标号信息。因此，聚类是通过观察学习，而不是通过示例学习。在数据挖掘领域，研究工作一直集中在为大型数据库的有效聚类分析寻找合适的方法上。活跃的研究主题包括聚类分析方法的可伸缩性、对复杂形状（如非凸形）和各种数据类型（例如，文本、图形和图像）聚类的有效性、高维聚类技术（例如，对具有数千特征的对象聚类），以及针对大型数据库中数值和标称混合数据的聚类分析方法。

数据挖掘对聚类的典型要求如下：

1）可伸缩性。许多聚类算法在小于几百个数据对象的小数据集合上运行良好，然而，在大数据驱动的制造模式下，聚类算法在大型数据集的样本上进行可能会导致有偏差的结果。因此，我们需要具有高度可伸缩性的聚类算法。

2）处理不同属性类型的能力。许多算法是为聚类数值（基于区间）的数据设计的。然而，应用可能要求聚类其他类型的数据，如二元的、标称的（分类的）、序数的，或者这些数据类型的混合。最近，越来越多的应用需要对诸如图、序列、图像和文档这样的复杂数据类型进行聚类的技术。

3）发现任意形状的簇。许多聚类算法基于欧几里得或曼哈顿距离度量来确定簇。基于这些距离度量的算法趋向发现具有相近尺寸和密度的球状簇。然而，一个簇可能是任意形状的。

4）对于确定输入参数的领域知识的要求。许多聚类算法都要求用户以输入参数（如希望产生的簇数）的形式提供领域知识。因此，聚类结果可能对这些参数十分敏感。通常，参数很难确定，对于高维数据集和用户尚未深入理解的数据来说更是如此。要求提供领域知识不仅加重了用户的负担，而且也使得聚类的质量难以控制。

5）处理噪声数据的能力。现实世界中的大部分数据集都包含离群点、缺失数据、未知或错误的数据。例如，传感器读数通常是有噪声的——有些读数可能因传感机制问题而不正确，而有些读数可能因周围对象的瞬时干扰而出错。一些聚类算法可能对这样的噪声敏感，从而产生低质量的聚类结果。因此，我们需要对噪声鲁棒的聚类分析方法。

6）增量聚类算法。在许多应用中，增量更新（提供新数据）可能随时发生。一些聚类算法不能将新插入的数据（如数据库更新）合并到已有的聚类结构单去，而是需要从头开始重新聚类，因此需要开发增量聚类算法。

7）对输入次序不敏感的算法。一些聚类算法可能对输入数据的次序敏感。也就是说，给定数据对象集合，当以不同的次序提供数据对象时，这些算法可能生成差别很大的聚类结果，因此需要开发对数据输入次序不敏感的算法。

8）聚类高维数据的能力。数据集可能包含大量的维或属性。例如，在文档聚类时，每个关键词都可以看作一个维，并且常常有数以千计的关键词。许多聚类算法擅长处理低维数据，如只涉及两三个维的数据。高维空间中数据对象的簇是一个挑战，特别是在制造过程中这样的数据可能非常稀疏。

9）基于约束的聚类。现实世界的应用可能需要在各种约束条件下进行聚类。假设你的工作是在一个城市中为给定数目的自动提款机选择安放位置。为了做出决定，你可以对住宅进行聚类，同时考虑如城市的河流和公路网、每个簇的客户的类型和数量等情况。找到既满足特定的约束又具有良好聚类特性的数据分组是一项具有挑战性的任务。

10）可解释性和可用性。用户希望聚类结果是可解释的、可理解的和可用的。也就是说，聚类可能需要与特定的语义解释和应用相联系。重要的是研究应用目标如何影响聚类特征和聚类分析方法的选择。

下面是可以用于比较聚类分析方法的诸方面：

1）划分准则。在某些方法中，所有的对象都被划分，使得簇之间不存在层次结构。也就是说，在概念上，所有的簇都在相同的层。这种方法是有用的。例如，把客户分组，使得每组都有自己的经理。另外一些方法分层划分数据对象，其中簇可以在不同的语义层形成。例如，在文本挖掘中，我们可能想把文档资料组织成多个一般主题，如"轴承"和"刀具"，每个主题都可能有子主题，例如"刀具"可能有"车刀""铣刀""镗刀"和"拉刀"子主题。在层次结构中，后4个子主题都处于比"刀具"低的层次。

2）簇的分离性。有些聚类分析方法把数据对象划分成互斥的簇。把客户聚类成组，使得每组由一位经理负责，此时每个客户可能只属于一个组。在其他一些情况下，簇可以不是互斥的，即一个数据对象可以属于多个簇。例如，在把文档聚类到主题时，一个文档可能与多个主题有关。

3）相似性度量。有些方法用对象之间的距离确定两个对象之间的相似性。这种距离可在欧氏空间、公路网、向量空间或其他空间中定义。在其他方法中，相似性可以用基于密度的连通性或邻近性定义，并且可能不依赖两个对象之间的绝对距离。相似性度量在聚类分析方法的设计中起重要作用。基于距离的方法常常可以利用最优化技术，基于密度或基于连通性的方法常常可以发现任意形状的簇。

4）聚类空间。许多聚类分析方法都在整个给定的数据空间中搜索簇。这些方法对于低维数据集是有用的。然而，对于高维数据，可能有许多不相关的属性，可能使得相似性度量不可靠。因此，在整个空间中发现的簇常常没有意义。最好是在相同数据集的不同子空间内搜索簇。子空间聚类发现揭示对象相似性的簇和子空间（通常是低维的）。

总而言之，聚类算法具有多种要求。这些因素包括可伸缩性和处理不同属性类型、噪声数据、增量更新、在意形状的簇和约束的能力。可解释性和可用性也是重要的。此外，关于划分的层次、簇是否互斥、所使用的相似性度量、是否在子空间聚类，聚类分析方法也可能有区别。

（2）聚类分析方法

目前很难对聚类分析方法提出一个简洁的分类，因为这些类别可能重叠，从而使得一种方法具有几种类别的特征。尽管如此，对各种不同的聚类分析方法提供一个相对有组织的描述仍然是十分有用的。一般而言，主要的聚类分析方法可以划分为如下几类：

1）划分方法（Partitioning Method）。给定一个 n 个对象的集合，划分方法构建数据的 k 个分区，其中每个分区表示一个簇，并且 $k \leq n$。也就是说，它把数据划分为 k 个组，使得每个组至少包含一个对象。基本划分方法采取互斥的簇划分，即每个对象必须恰好属于一个组。这一要求在模糊划分技术中可以放宽。

大部分划分方法是基于距离的。给定要构建的分区数 k，划分方法首先创建一个初始划分。然后，它采用一种迭代的重定位技术，通过把对象从一个组移动到另一个组来改进划分。一个好的划分的一般准则是：同一个簇中的对象尽可能相互"接近"或相关，而不同簇中的对象尽可能"远离"或不同。还有许多评判划分质量的其他准则。传统的划分方法可以扩展到子空间聚类，而不是搜索整个数据空间。当存在很多属性并且数据稀疏时，这样划分效果更好。

为了达到全局最优，基于划分的聚类可能需要穷举所有可能的划分，计算量极大。实际上，大多数应用都采用了流行的启发式聚类方法，如 K 均值和 K 中心点算法，渐进地提高聚类质量，通近局部最优解。这些启发式聚类方法很适合发现中小规模的数据库中的球状簇。为了发现具有复杂形状的簇和对超大型数据集进行聚类，需要进一步扩展基于划分的方法。

2）层次方法（Hierarchical Method）。层次方法创建给定数据对象集的层次分解。根据层次分解如何形成，层次方法可以分为凝聚的方法和分裂的方法。凝聚的方法，也称自底向上的方法，开始将每个对象作为单独的一个组，然后逐次合并相近的对象或组，直到所有的组合并为一个组（层次的最顶层），或者满足某个终止条件。分裂的方法，也称为自顶向下的方法，开始将所有对象置于一个簇中。在每次相继迭代中，一个簇被划分成更小的簇，直到最终每个对象在单独的一个簇中，或者满足某个终止条件。

层次方法可以是基于距离的或基于密度和连通性的。层次方法的一些扩展也考虑了子空间聚类。层次方法的缺陷在于，一旦一个步骤（合并或分裂）完成，它就不能被撤销。这导致这种方法不能更正错误的决定。

3）基于密度的方法（Density-Based Method）。大部分划分方法基于对象之间的距离进行聚类。这样的方法只能发现球状簇，而在发现任意形状的簇时遇到了困难。已经开发了基于密度的聚类分析方法，其主要思想是：只要"邻域"中的密度（对象或数据点的数目）超过某个阈值就继续增长给定的簇。也就是说，对给定簇中的每个数据点，在给定半径的邻域中必须至少包含最少数目的点。这样的方法可以用来过滤噪声或离群点，发现任意形状的簇。

基于密度的方法可以把一个对象集划分成多个互斥的簇或簇的分层结构。通常，基于密度的方法只考虑互斥的簇，而不考虑模糊簇。此外，可以把基于密度的方法从整个空间聚类扩展到子空间聚类。

4）基于网格的方法（Grid-Based Method）。基于网格的方法把对象空间量化为有限个单元，形成一个网格结构。所有的聚类操作都在这个网格结构（即量化的空间）上进行。这种方法的主要优点是处理速度很快，其处理时间通常独立于数据对象的个数，而仅依赖于量化空间中每一维的单元数。

对于许多空间数据挖掘问题（包括聚类分析），使用网格通常都是一种有效的方法。因此，基于网格的方法可以与其他聚类分析方法（如基于密度的方法和层次方法）集成。

表 6-1 简略地总结了这些方法。有些聚类分析方法集成了多种聚类分析方法的思想，因此有时很难将一个给定的算法只划归到一个聚类分析方法类别。此外，有些应用可能有几种聚类准则，要求集成多种聚类技术。

表 6-1 聚类分析方法总结

方法	一般特点
划分方法	发现球形互斥的簇 基于距离 可以用均值或中心点等代表簇中心 对中小规模数据集有效
层次方法	聚类是一个层次分解（即多层） 不能纠正错误的合并或划分 可以集成其他技术，如微聚类或考虑对象"连接"
基于密度的方法	可以发现任意形状的簇 簇是对象空间中被低密度区域分隔的稠密区域 簇密度：每个点的"邻域"内必须具有最少个数的点 可能过滤离群点
基于网格的方法	使用多分辨率网格数据结构 快速处理（独立于数据对象数，但依赖于网格大小）

6.3 生产过程的智能决策技术

6.3.1 统计推理

1. 贝叶斯决策

贝叶斯决策（Bayesian Decision Theory）是在不完全信息下，对部分未知的状态用主观概率估计，然后用贝叶斯公式对发生概率进行修正，最后再利用期望值和修正概率做出最优决策[8]。贝叶斯决策是基于贝叶斯定理的用于系统地阐述和解决统计问题的方法。一个完整的贝叶斯分析应该包括数据分析、概率模型的构造、先验信息和效应函数的假设以及最后的决策。贝叶斯理论能够有效地综合模型信息、数据信息和先验信息三类信息，使决策者能够利用更多的信息做出最优决策。

贝叶斯决策属于风险型决策，决策者虽不能控制客观因素的变化，但却掌握其变化的可能状况及各状况的分布概率，并利用期望值即未来可能出现的平均状况作为决策准则，其基本思想是：首先，求出已知类条件概率密度参数表达式和先验概率[9]；其次，利用贝叶斯公式将其转换成后验概率；最后，根据后验概率大小进行决策分类。

2. 马尔可夫决策

马尔可夫链，因数学家安德雷·马尔可夫得名，马尔可夫在1906—1907年间发表的研究中为了证明随机变量间的独立性不是弱大数定律和中心极限定理成立的必要条件，构造了一个按条件概率相互依赖的随机过程，并证明其在一定条件下收敛于一组向量，该随机过程被后世称为马尔可夫链[10]。马尔可夫链主要是基于如下假设：

1）在给定当前信息的情况下，过去（即当前以前的历史状态），对于预测将来（即当前以后的未来状态）是无关的。

2）每个状态的转移只依赖于之前的 n 个状态，这个过程被称为 1 个 n 阶的模型，其中 n 是影响转移状态的数目。

马尔可夫性质是概率论中的一个概念，是指当一个随机过程在给定现在状态及所有过去状态情况下，其未来状态的条件概率分布仅依赖于当前状态；换句话说，在给定现在状态时，未来状态与过去状态（即该过程的历史路径）是条件独立的，那么此随机过程即具有马尔可夫性质[11-13]。这类具有马尔可夫性质的过程通常称之为马尔可夫过程。

3. 决策树

决策树是一种基本的分类与回归方法。本质上决策树是通过一系列规则对数据进行分类的过程。首先对数据进行处理，利用归纳算法生成可读的规则和决策树，然后使用决策树对新数据进行分析。其思想主要来源于与决策树相关的重要算法 CLS、ID3、C4.5、CART。Hunt.Marin 和 Stone 于 1966 年研制的 CLS 学习系统，用于学习单个概念。1979 年 J.R. Quinlan 给出 ID3 算法，并在 1983 年和 1986 年对 ID3 进行了总结和简化，使其成为决策树学习算法的典型。Schlimmer 和 Fisher 于 1986 年对 ID3 进行改造，在每个可能的决策树节点创建缓冲区，使决策树可以递增式生成，得到 ID4 算法。1988 年，Utgoff 在 ID4 基础上提出了 ID5 学习算法，进一步提高了效率[14]。1993 年，Quinlan 进一步发展了 ID3 算法，改进成 C4.5 算法。另一类决策树算法为 CART，与 C4.5 不同的是，CART 的决策树由二元逻辑问题生成，每个树节点只有两个分枝，分别包括学习实例的正例与反例。

决策树模型呈树形结构，如图 6-13 所示。在分类问题中，决策树表示基于特征对实例进行分类的过程。可以认为它是 if-then 规则的集合，也可以认为它是定义在特征空间与类空间上的条件概率分布。其主要优点是模型具有可读性，分类速度快。学习时，利用训练数据，根据损失函数最小化的原则建立决策树模型。预测时，对新的数据，利用决策树模型进行分类。决策树学习通常包括 3 个步骤：特征选择、决策树的生成和决策树的修剪。

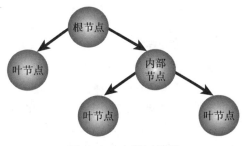

图 6-13　决策树模型

6.3.2　生物进化与群智能

1. 遗传算法

遗传能使生物的性状不断地传送给后代，从而保持了物种的特性；变异能够使生物的性状发生改变，从而适应新的环境而不断地向前发展。生物在繁殖中可能发生基因交叉和变异，这引起了生物性状的连续微弱改变，为外界环境的定向选择提供了物质条件和基础，使生物的进化成为可能[15]。人们正是通过对环境选择、基因交叉和变异这一生物演化的迭代过程的模仿，才提出了能够用于求解最优化问题的强鲁棒性和自适应性的遗传算法。

遗传算法的起源可追溯到 20 世纪 60 年代初期，经过半个多世纪的发展，目前，遗传算法已被广泛应用于组合优化、机器学习、信号处理、自适应控制和人工生命等领域，并在这些领域中取得了良好的成果。与传统搜索算法不同，遗传算法从随机产生的初始解开始搜索，通过一定的选择、交叉、变异操作逐步迭代以产生新的解。群体中的每个个体代表问题的一个解，称为染色体，染色体的好坏用适应度值来衡量，根据适应度值的好坏从上一代中选择一定数量的优秀个体，通过交叉、变异形成下一代群体。经过若干代的进化之后，算法收敛于最好的染色体，它即是问题的最优解或次优解。

遗传算法流程如图 6-14 所示，它提供了求解的通用框架，不依赖于问题的具体领域。遗传算法的优点是将问题参数编码成染色体后进行优化，而不针对参数本身，从而不受函数约束条件的限制；搜索过程从问题解的一个集合开始，而不是单个个体，具有并行搜索特性，可大大减少陷入局部最小的可能性。而且优化计算时算法不依赖于梯度信息，且不要求目标函数连续及可导，使其适于求解传统搜索方法难以解决的大规模、非线性组合优化问题。遗传算法采用选择、交叉和变异算子进行搜索，虽然全局搜索能力较强，但是局部搜索能力较弱，一般只能得到问题的次优解，而不是最优解。

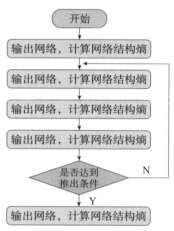

图 6-14　遗传算法流程

2. 粒子群算法

粒子群算法（Particle Swarm Optimization，PSO）是在计算智能领域，除了蚁群算法、鱼群算法之外的一种应用最广泛的群体智能的优化算法之一[16]。PSO 从生物种群行为特征中得到启发并用于求解优化问题，首先在可行解空间中初始化一群粒子，每个粒子都代表极值优化问题的一个潜在最优解，用位置、速度和适应度值三项指标表示该粒子特征，适应度值由适应度函数计算得到，其值的好坏表示粒子的优劣。粒子在解空间中运动，通过跟踪个体极值 $p_{best_{id}}$ 和群体极值 g_{best_d} 更新个体位置。个体极值 $p_{best_{id}}$ 是指个体所经历位置中计算得到的适应度值最优位置，群体极值 g_{best_d} 是指种群中的所有粒子搜索到的适应度值最优位置。粒子每更新一次位置，就计算一次适应度值，并且通过比较新粒子的适应度值和个体极值、群体极值的适应度值更新个体极值 $p_{best_{id}}$ 和群体极值 g_{best_d} 位置，不断迭代，更新速度和位置，如式（6-2）和式（6-3）所示。其中粒子的速度决定了粒子移动的方向和距离，速度随自身及其他粒子的移动经验进行动态调整，从而实现个体在可解空间中的寻优，最终得到满足终止条件的最优解，完成寻优计算。粒子群算法流程如图 6-15 所示。

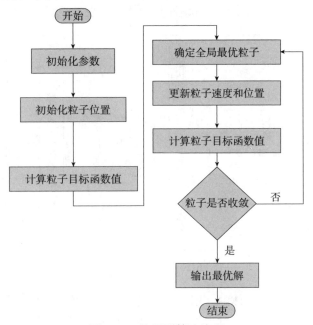

图 6-15 粒子群算法流程

粒子 i 的第 d 维速度更新公式：

$$v_{id}^k = wv_{id}^{k-1} + c_1 r_1 (p_{\text{best}_{id}} - x_{id}^{k-1}) + c_2 r_2 (g_{\text{best}_d} - x_{id}^{k-1}) \qquad (6\text{-}2)$$

粒子 i 的第 d 维位置更新公式：

$$x_{id}^k = x_{id}^{k-1} + v_{id}^{k-1} \qquad (6\text{-}3)$$

式中，v_{id}^k 为第 k 次迭代粒子 i 飞行速度矢量的第 d 维分量；x_{id}^k 为第 k 次迭代粒子 i 位置矢量的第 d 维分量；c_1、c_2 为加速度常数，调节学习最大步长；r_1、r_2 为两个随机函数，取值范围 [0，1]，以增加搜索随机性；w 为惯性权重，非负数，调节对解空间的搜索范围。

3. 蚁群算法

20 世纪 90 年代意大利学者 M. Dorigo，V. Maniezzo，A. Colorni 等从生物进化的机制中受到启发，通过模拟自然界蚂蚁搜索路径的行为，提出来一种新型的模拟进化算法——蚁群算法（Ant Colony Optimization，ACO），是群智能理论研究领域的一种主要算法[17-18]。

蚁群算法又称蚂蚁算法，是一种用来在图中寻找优化路径的概率型算法，是对自然界蚂蚁的寻径方式进行模拟而得出的一种仿生算法，蚁群算法流程如图 6-16 所示。

蚂蚁在运动过程中，能够在它所经过的路径上留下一种称之为外激素（Pheromone）的物质进行信息传递，而且蚂蚁在运动过程中能够感知这种物质，并以此指导自己的运动方向，因此由大量蚂蚁组成的蚁群集体行为便表现出一种信息正反馈现象：某一路径上走过的蚂蚁越多，则后来者选择该路径的概率就越大。

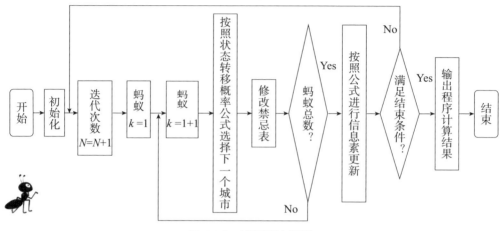

图 6-16　蚁群算法流程

蚁群算法是一种基于群体的、用于求解复杂优化问题的通用搜索技术。与真实蚂蚁通过外界信息的留存、跟随行为进行间接通信相似，蚁群算法中一群简单的人工蚂蚁通过信息素进行间接通信，并利用该信息和与问题相关的启发式信息逐步构造问题的解。因此，可以说蚁群算法实际上是正反馈原理和启发式算法相结合的一种算法。

6.3.3　人工神经网络

人工神经网络（Artificial Neural Network，ANN）简称为神经网络或称为连接模型。早在1943年，心理学家McCulloch和数学家Pitts合作提出了形式神经元的数学模型，从此开创了神经科学理论研究的时代；1957年Rosenblatt提出的感知器模型，由阈值性神经元组成，试图模拟动物和人脑的感知和学习能力；1986年，由Rumelhart和McCelland为首的科学家小组提出了BP神经网络，这一成果标志着神经网络的研究取得了突破性的进展[19-20]。随着2010年后深度学习的兴起，出现了许多深度神经网络模型及相应的学习算法，但大多是基于梯度计算的误差反向传播学习算法（Back Propagation），这也是最常用的神经网络算法的基石。

一般我们可以把神经网络发展史分成4个时期：启蒙时期（1890—1969）、低潮时期（1969—1982）、复兴时期（1982—1986）、新时期（1986至今）。神经网络发展史如图6-17所示。

1. 前馈神经网络

前馈神经网络（Feedforward Neural Network，FNN）也称为多层感知器（Mutlti-

Layer Perceptron，MLP），前馈神经网络主要由一个输入层、一个隐藏层（浅层网络）或多个隐藏层（深层网络）和一个输出层构成。每个层（除输出层以外）与下一层连接。这种连接是前馈神经网络架构的关键。

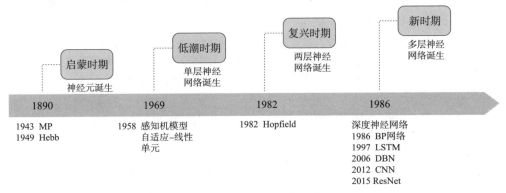

图 6-17 神经网络发展史

前馈神经网络的早期形式为单层感知器（Perceptron），是 Frank Rosenblatt 在 1957 发明的一种人工神经网络[21]。MLP 在 20 世纪 80 年代曾是相当流行的机器学习方法，拥有广泛的应用场景，譬如语音识别、图像识别、机器翻译等等。随着 2010 年后深度学习的兴起，深度神经网络在语音识别、模式分类、过程监控等领域取得了极大的成功。与卷积神经网络等深度神经网络相比，前馈神经网络需要考量的参数更少，这使之成为一种颇具吸引力的深度学习结构。

然而前馈神经网络并不是从生物系统角度描述人脑的神经元结构，只是对其某些结构和功能进行模仿和简化。网络中各个神经元之间的连接强度靠改变权值和阈值的大小来实现。权值和阈值随着网络训练和学习进行调整改变，优化各个神经元之间的连接强度，从而不断提高整个网络对训练样本特征的反应灵敏度和精确度。

前馈神经网络的最大优点在于，它能以任意精度逼近任何非线性函数，在短时间内学习和贮存大量输入－输出模式映射，而不需要知道这些映射关系的数学表达式，通过训练样本反向传播调节网络的权值和阈值，来达到网络的误差平方和最小的目的。

2. 卷积神经网络

卷积神经网络（Convolutional Neural Networks, CNN）是一类包含卷积计算且具有深度结构的前馈神经网络，是深度学习的代表算法之一。卷积神经网络具有表征学习能力，能够按其阶层结构对输入信息进行平移不变分类，因此也被称为平移不变人工神经网络。

对卷积神经网络的研究可追溯至日本学者福岛邦彦提出的 neocognitron 模型。在其 1979 年和 1980 年发表的论文中，福岛仿造生物的视觉皮层设计了以"neocognitron"命名的神经网络，其部分实现了卷积神经网络中卷积层（Convolution

Layer）和池化层（Pooling Layer）的功能，被认为是启发了卷积神经网络的开创性研究。

1988 年，张伟提出了第一个二维卷积神经网络——平移不变人工神经网络，并将其应用于检测医学影像。独立于张伟，Yann LeCun 在 1989 年同样构建了应用于计算机视觉问题的卷积神经网络，即 LeNet 的最初版本。LeNet 包含 2 个卷积层、2 个全连接层，共计 6 万个学习参数，且在结构上与现代的卷积神经网络十分接近。LeCun 对权重进行随机初始化后使用了随机梯度下降进行学习，这一策略被其后的深度学习研究所保留。由于 LeCun 在论述其网络结构时首次使用了"卷积"一词，"卷积神经网络"也因此得名。

CNN 卷积神经网络因其卷积-池化的网络结构，能够从输入数据中提取较深层次的特征，在多个领域都有应用。一般的全连接神经网络对维数较大的样本进行特征提取时，会产生很多的参数，忽略数据之间的局部相关性，且易出现过拟合现象，泛化能力较差，也无法对数据自身的位置特性进行学习。CNN 具有局部连接和权值共享两大特点。其中，权值共享减少了网络参数，而其与输入数据的局部连接更是能够挖掘出输入数据的局部性特征。卷积神经网络一般由卷积层、池化层、全连接层和输出层组成。卷积层和池化层通常设置成多个，挖掘输入数据中深层次的特征。其中的卷积核对输入数据进行遍历卷积时，会生成特征图，且通常是二维的，当特征图传输到全连接层时，需要将特征图拉直成一维，再与全连接层连接，最后连上输出层，形成完整的 CNN 模型[19]。

3. 长短期记忆网络

长短期记忆网络（Long-Short Term Memory, LSTM）出现于 1997 年，是一种时间循环神经网络，是为了解决一般的循环神经网络（Recurrent Neural Network, RNN）存在的长期依赖问题而专门设计出来的，所有的 RNN 都具有一种重复神经网络模块的链式形式。在标准 RNN 中，这个重复的结构模块只有一个非常简单的结构，例如一个 tanh 层。由于 RNN 的网络参数相比较少，传统的 RNN 仅适用于简单的逻辑和样本。对于相对较复杂的问题，RNN 便会暴露其缺陷，这归因于激活函数。激活函数在神经网络里最多只能存在 6 层左右，因为它的梯度随着网络层反向传播逐步累乘，梯度逐渐趋向于 0。而在 RNN 中，误差传递不仅仅存在于网络层与网络层之间，也存在于每一层的样本序列间，所以 RNN 的梯度弥散现象更加严重。为了解决这个问题，专家学者提出了 LSTM，它有效地消除了 RNN 的梯度弥散现象。由于独特的设计结构，LSTM 适合于处理和预测时间序列中间隔和延迟非常长的重要事件。

LSTM 通过对 RNN 隐含层神经元结构的改进，能够有效地解决梯度弥散的问题。LSTM 通过设计"门"结构，实现对之前时间步的计算结果有选择地保留。并引入细胞状态来存储需要保留的信息，且细胞状态在网络中随时间步不断往前传递。LSTM 单元中有三个门，分别为输入门、遗忘门和输出门，LSTM 神经元结构如图 6-18 所示。

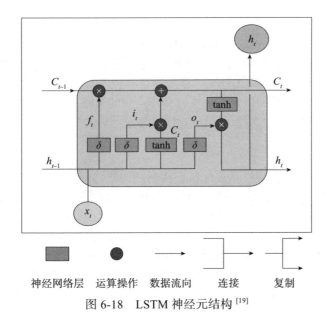

图 6-18　LSTM 神经元结构[19]

4. 强化学习

强化学习，又称为增强学习或再励学习。强化学习的主体是智能体，其主要思想是智能体与环境交互和试错，利用评价性的反馈信号实现决策的优化。当智能体的某个动作导致环境反馈正的回报（即为强化信号），则智能体以后产生这个动作的趋势便会加强；反之，智能体产生这个动作的趋势会减弱。强化学习基本结构如图 6-19 所示，主要有 4 个要素，即策略、回报、动作和环境[22]。强化学习的目标是学习一个策略，使得智能体选择的动作能够获得环境最大的回报。回报可以用一个函数来计算，称为回报函数。为了衡量强化学习的长期效果，通常用值函数（Value Function）来代替回报函数，它不仅衡量动作的即时回报，还衡量从该状态起随后一系列可能的状态所累积的回报。经典的强化学习方法往往无法解决状态和动作空间维度很高的问题，一个有效的解决方法是使用函数近似，即将值函数或者策略用一个函数来表示。常用的近似函数有线性函数、核函数、神经网络等。

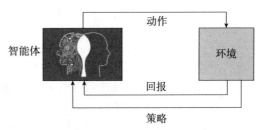

图 6-19　强化学习基本结构

深度学习和强化学习都是人工智能的重要分支，近年来最成功的函数近似方法就是使用深度神经网络作为强化学习的非线性近似函数，将深度学习和强化学习相结合，即为深度强化学习。深度强化学习由 Deep Mind 团队于 2015 年首次提出之后，发展并应用于打败人类围棋冠军的 Alpha Go 和更强的 Alpha Go Zero。然而这时的深度学习技术 DQN（Deep Q Network）依然解决的是离散动作的问题，无法直接应用于权重连续的投资组合管理。

Deep Mind 团队于 2016 年提出的深度确定性策略梯度方法（即 DDPG 算法），解决了连续动作空间的强化学习问题。DDPG 算法，全称为深度确定性策略梯度（Deep Deterministic Policy Gradient，DDPG）算法，是一种无模型的离策略 Actor-Critic 强化学习方法，利用深度神经网络来学习连续动作空间的策略。在 DDPG 算法中，策略是参数化的，通过策略梯度方法，直接优化深度神经网络的参数。

5. 迁移学习

标准机器学习的前提假设是训练数据和测试数据的分布是相同的。如果不满足这个假设，在训练集上学习到的模型在测试集上的表现会比较差。而在很多实际场景中，经常碰到的问题是标注数据的成本十分高，无法为一个目标任务准备足够多相同分布的训练数据。因此，如果有一个相关任务已经有了大量的训练数据，虽然这些训练数据的分布和目标任务不同，但是由于训练数据的规模比较大，我们假设可以从中学习某些可以泛化的知识，那么这些知识对目标任务会有一定的帮助。如何将相关任务的训练数据中的可泛化知识迁移到目标任务上，就是迁移学习（Transfer Learning）要解决的问题。

迁移学习是一种从以前的任务当中去学习知识，并应用于新的任务当中的方法。其目的是从一个或多个源任务（Source Tasks）中抽取知识、经验，然后应用于一个新目标领域（Target Domain）[23]。自 1995 年以来，迁移学习吸引了众多的研究者的关注。由于深度学习需要大量的高质量标注数据，但在某些特定领域中，高质量的数据是极其有限的，传统的深度学习对这类数据并不能很好地学习。将迁移学习与深度学习相互结合很好地解决了这类问题，当前深度学习中一个非常流行的策略就是将在大数据集上的预训练模型作为网络基础，针对特定领域的数据集进行网络底层微调。尤其是以图像领域为代表，大部分迁移学习网络选择预训练的 ImageNet 对模型进行初始化，取得了非常好的效果。

6.3.4 综合评价方法

综合评价（Comprehensive Evaluation，CE），也叫综合评价方法或多指标综合评价方法，是指使用比较系统的、规范的方法对于多个指标、多个单位同时进行评价的方法[24]。它不只是一种方法，而是一个方法系统，是指对多指标进行综合的一系列有效方法的总称。综合评价方法的特点有[25]：

1）评价过程不是一个指标接一个指标顺次完成，而是通过一些特殊的方法将多个指标的评价同时完成。

2）在综合评价过程中，要根据指标的重要性进行加权处理，使评价结果更具有科学性。

3）评价的结果为根据综合分值大小的单位排序，并据此得出结论。

由以上特点可见，综合评价可以避免一般评价方法的局限性，使得运用多个指标对多个单位进行的评价成为可能。这种方法从计算及其需要考虑的问题上看都比较复杂，但由于其显著的特点——综合性和系统性，综合评价方法得到了人们的认可[26]。

1. 权重系数法

用若干个指标进行综合评价时，从评价的目标来看，它们对评价对象的作用并不是同等重要的。为了体现各个评价指标在评价指标体系中的作用地位以及重要程度，在指标体系确定后，必须对各指标赋予不同的权重系数，权重是以某种数量形式对比、权衡被评价事物总体中诸因素相对重要程度的量值。合理确定权重对评价或决策有着重要意义。同一组指标数值，不同的权重系数，会导致截然不同的甚至相反的结论，因此，权数确定问题是综合评价中十分棘手的问题。指标的权重是指对指标的相对重要程度的一种主观客观度量的反映，一般而言，指标间的权重差异主要是以下三方面的原因造成的。

1）评价者对各指标的重视程度不同，反映评价者的主观差异。
2）各指标在评价中所起的作用不同，反映各指标间的客观差异。
3）各指标的可靠程度不同，反映了各指标所提供的信息的可靠性不同。

指标间的权重差异主要是由上述三方面所引起的，因此我们在确定指标的权重时就应该从这三方面来考虑。一般情况下，权重系数小于1，且权重系数之和等于1。确定权重也称加权，它表示对某指标重要程度的定量分配。加权的方法大体上可以分为两种：

1）经验加权，也称定性加权。它的主要优点是由专家直接评估，简便易行。
2）数学加权，也称定量加权。它以经验为基础，数学原理为背景，间接生成，具有较强的科学性。

在实际问题中，为了更加合理地确定权重系数，应多方了解情况，总结有效经验，充分利用理论分析和试验研究资料，尽量消除主观影响因素，这是权重系数法求解的关键。

2. 层次分析法

当评价对象为单目标时，其评价工作很容易进行，当评价对象为多目标时这项工作就困难多了。目标可以细化为指标，评价的困难点主要有以下两个：有的指标没有明确的数量表示，甚至只与使用人或评价人的主观感受和经验有关；不同的方案可能各有所长，指标越多，方案越多，问题就越复杂。人们有必要认真研究在决策中进行选择和判断的规律，于是在这种背景下产生了层次分析法。

层次分析法（Analytic Hierarchy Process，AHP）是美国著名的运筹学家T.L.Satty等人在20世纪70年代提出的一种定性与定量分析相结合的多准则决策方法，图6-20所示是层次结构模型。这一方法在对复杂决策问题的本质、影响因素以及内在关系等进行深入分析之后，会构建一个层次结构模型，然后利用较少的定量信息，把决策的思维过程数学化，从而为求解多目标、多准则或无结构特性的复杂决策问题，提供一种简便的决策方法。具体地说，它是指将决策问题的有关元素分解成目标层、准则层、方案层，用一定标度对人的主观判断进行客观量化，在此基础上进行定性分析和定量分析的一种决策方法[27]。它把人的思维过程层次化、数量化，并用数学为分析、决策、预报或控制提供定量的依据。它尤其适合于人的定性判断起重要作用的、对决策结果难以直接准确计量的场合。

尽管 AHP 具有模型的特色，在操作过程中使用了线性代数的方法，数学逻辑严密，但是它自身的柔性色彩仍十分突出。层次分析法不仅简化了系统分析和计算，还有助于决策者保持思维过程的一致性。层次分析法是一种模拟人的思维过程的工具。如果说比较、分解和综合是大脑分析解决问题的一

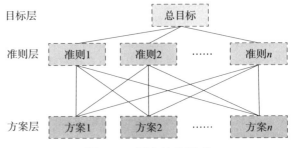

图 6-20 层次结构模型

种基本思考过程，则层次分析法为这种思考过程提供了一种数学表达及数学处理的方法。AHP 提供了决策者直接进入分析过程，将科学性与艺术性有机结合的有利渠道。因此，层次分析法十分适用于定性的，或定性、定量兼有的决策分析，它是一种十分有效的系统分析和科学决策方法。

3. TOPSIS 法

TOPSIS（Technique for Order Preference by Similarity to an Ideal Solution）法由 C.L.Hwang 和 K.Yoon 于 1981 年首次提出。TOPSIS 法是一种常用的综合评价方法，能充分利用原始数据的信息，其结果能精确地反映各评价方案之间的差距。它是一种根据有限个评价对象与理想化目标的接近程度进行排序的方法。

TOPSIS 法是一种逼近理想解的排序法，该方法只要求各效用函数具有单调递增（或递减）性就行。其基本原理，是通过检测评价对象与理想解、负理想解的距离来进行排序，若评价对象最靠近理想解同时又最远离负理想解，则为最好；否则不为最优。其中理想解的各指标值都达到各评价指标的最优值。负理想解的各指标值都达到各评价指标的最差值。该方法对数据分布及样本含量没有严格限制，数据计算简单易行。

4. 动态加权综合法

在以上综合评价方法中，关于权值 w_j（$j=1, 2, \cdots, m$）都是属于定常权，即权值均为常数。虽然这种方法简单易行，对某些较简单的实际问题也是可行的，但是主观性强、科学性差，有些时候不能为决策提供有效的依据。采用动态加权综合评价方法将使得评价结果更加科学合理，主要体现在该方法能够充分考虑每一个因素每一属性的所有差异，同时在综合评价中也充分地体现出了各属性的"广泛性"和"民主性"，也避免了在一般的综合评价方法的"一票否决"（即某一项指标的劣而导致结果的否定）的不合理性，真正体现出了综合评价的"综合"二字的含义。从方法上增加了综合评价的客观性，大大地淡化了评价人的主观因素对评价结果的影响[26]。

一个事物往往需要用多个指标刻画其本质与特征,并且人们对一个事物的评价又往往不是简单的好与不好,而是采用模糊语言分为不同程度的评语。由于评价等级之间的关系是模糊的,没有绝对明确的界限,因此评价具有模糊性。显而易见,对于这类模糊评价问题,利用定常加权法存在着不合理性。动态加权综合法与一般的定常加权法相比其优越性是显而易见的,动态加权综合法不仅适用于模糊的多属性的综合评价问题,还适用于研究解决诸如空气质量、经济和军事等领域的很多综合评价问题,动态加权综合法在实际中非常具有推广应用价值。

5. 灰色关联度分析法

在控制论中,人们常用颜色的深浅来形容信息的明确程度。用"黑"表示信息未知,用"白"表示信息完全明确,用"灰"表示部分信息明确、部分信息不明确。相应地,信息未知的系统称为黑色系统,信息完全明确的系统称为白色系统,信息不完全确知的系统称为灰色系统。灰色系统是介于信息完全明确的白色系统和信息未知的黑色系统之间的中介系统。带有中介性的事物往往具有独特的性能,更值得开发。

灰色系统理论是我国著名学者邓聚龙教授于1982年提出的。它的研究对象是"部分信息已知,部分信息未知"的"贫信息"不确定性系统,它通过对部分已知信息的生成、开发实现对现实世界的确切描述和认识。换句话说,灰色系统理论主要是利用已知信息来确定系统的未知信息,使系统由"灰"变"白"。其最大的特点是对样本量没有严格的要求,不要求服从任何分布。

传统的回归分析虽然是一种较通用的方法,但大都只适合少因素的、线性的问题,对于多因素的、非线性的问题则难以处理[25]。灰色系统理论提出了一种新的分析方法,即灰色关联度分析法。有了系统行为的数据列后,根据关联度计算公式便可算出关联程度。灰色关联度分析法不仅可以作为优势分析的基础,而且也是进行科学决策的依据。

由于灰色关联度分析法是按发展趋势做分析,因此对样本量的多少没有要求,也不需要有典型的分布规律,计算量小,即使是上十个变量(序列)的情况也可用手算,且不至于出现关联度的量化结果与定性分析不一致的情况。换句话说,灰色关联度分析法的最大优点是它对数据量没有太高的要求,即数据多与少都可以分析。它的数学方法是非统计方法,在系统数据资料较少和条件不满足统计要求的情况下,更具有实用性。

参考文献

[1] 施战备,秦成,张锦存,等. 数物融合:工业互联网重构数字企业 [M]. 北京:人民邮电出版社,2020.

[2] 陶家琦,李心雨,郑湃,等. 制造领域知识图谱的应用研究现状与前沿 [J/OL]. 计算机集成制造系统,2022, 28(12): 1-32[2022-05-21]. https://kns.cnki.net/kcms2/article/abstract?v=3uoqIhG8C44YLTlOAiTRKibYlV5Vjs7ioT0BO4yQ4m_mOgeS2ml3ULaM4s6lDAnYCK1TEVTGU7LE

mbM7SmsoS1zsIjCQCa6c&uniplatform=NZKPT.

［3］陈昭明，邹劲松. 智能制造领域的数字孪生技术研究可视化知识图谱分析 [J/OL]. 机械科学与技术 :1-10[2022-05-21]. https://kns.cnki.net/kcms2/article/abstract?v=3uoqIhG8C45S0n9fL2suRadTyEVl2pW9UrhTDCdPD67y4xD6PmEHDWG96-CD4lqX6N3uobP0WrNGsnTQCbwePeo4HCigiBrY&uniplatform=NZKPT.

［4］张栋豪，刘振宇，郏维强，等. 知识图谱在智能制造领域的研究现状及其应用前景综述 [J]. 机械工程学报, 2021, 57(5):90-113.

［5］姚立国. 基于知识图谱的机电产品装配序列智能规划及其关键技术研究 [D]. 贵阳 : 贵州大学, 2021.

［6］郑，卡萨丽. 精通特征工程 [M]. 陈光欣，译. 北京 : 人民邮电出版社, 2020.

［7］PROVOST F，JENSEN D，OATES T. Efficient progressive sampling[M]. New York：ACM Press, 1999.

［8］王国华，梁梁. 决策理论与方法 [M]. 合肥 : 中国科学技术大学出版社, 2006.

［9］王明辉. 贝叶斯决策方法及其应用 [J]. 韶关学院学报, 2014, 35(10): 8-12.

［10］李航. 统计学习方法 [M]. 北京 : 清华大学出版社, 2012.

［11］孙群丽，刘长良，甄成刚. 隐马尔可夫模型在滚动轴承故障诊断中的应用 [J]. 热能动力工程, 2018, 33(10):95-100.

［12］石勇. 多目标线性决策系统 : 理论及应用 [M]. 北京 : 高等教育出版社, 2007.

［13］崔海龙. 隐半马尔可夫模型在滚动轴承故障诊断中的研究和应用 [D]. 徐州 : 中国矿业大学, 2014.

［14］SHANG B, KONG J Y, WANG X D, et al. Steel surface defect recognition based on support vector machine and image processing[J]. China Mechanical Engineering, 2011, 22(12):1402-1405.

［15］王芳等. 基于群体智能的思维进化算法设计 [J]. 控制与决策, 2010, 25(1): 145-148.

［16］REYES-SIERRA M, COELLO C A C.Multiobjective particle swarm optimizers:a survey of the state-of-the-art[J]. International journal of computational intelligence research, 2006, 2(3):287-308.

［17］HOLLAND J H. Adaptation in natural and artificial systems [M].Ann Arbor: University of Michigan Press, 1975.

［18］王凌. 车间调度及其遗传算法 [M]. 北京 : 清华大学出版社, 2003.

［19］李理. 深度学习理论与实战 : 基础篇 [M]. 北京 : 电子工业出版社, 2019.

［20］周志华. 机器学习 [M]. 北京 : 清华大学出版社, 2016.

［21］PATAN K. Neural network-based model predictive control: fault tolerance and stability[J]. IEEE Transactions on Control Systems Technology, 2015, 23(3): 1147-1155.

［22］邹伟，禹玲，刘昱杓. 强化学习 [M]. 北京 : 清华大学出版社, 2020.

［23］撒卡尔，巴利，戈什. Python 迁移学习 [M]. 张浩然，译. 北京 : 人民邮电出版社, 2019.

［24］苏为华. 多指标综合评价理论与方法问题研究 [D]. 厦门 : 厦门大学, 2000.

［25］郭亚军. 综合评价理论、方法及应用 [M]. 北京 : 科学出版社, 2012.

［26］彭张林. 综合评价过程中的相关问题及方法研究 [D]. 合肥 : 合肥工业大学, 2015.

［27］郭亚军. 综合评价理论方法及拓展 [M]. 北京 : 科学出版社, 2012.

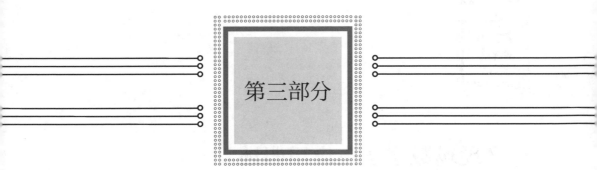

生产现场的数字孪生应用

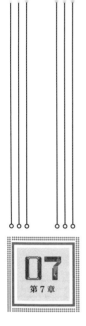

第 7 章

生产现场数字孪生应用概述

　　数字孪生作为连接物理空间与虚拟空间的关键纽带,是企业实现虚实交互与共融,迈向智能化战略目标的关键技术。西门子公司提出了数字化双胞胎的概念,用来帮助制造企业在虚拟空间中构建整个制造流程的生产系统模型,实现物理空间中从产品设计到产品制造的全设计周期的数字化。GE 公司基于 Predix 平台构建出资金流的数字孪生系统,生产商和运营商可以分别依据此系统实现产品全生命周期的预测。中国科协智能制造学会联合体正式将数字孪生列为世界智能制造十大科技进展之一。

　　自 2003 年至今,数字孪生技术从航空航天领域逐步发展到汽车制造、医疗健康、城市管理等多个领域,展现了良好的发展前景和极大的应用潜力,受到工业界、农业界、医学界和政府部门的高度关注。本章首先综合概述了数字孪生技术在电力系统、航空、航天、航运、汽车制造、医疗、智慧城市等多个领域的应用需求及思路。然后分别从国内和国外两个视角,介绍了多个知名企业/机构数字孪生技术的成功实践案例,进一步佐证数字孪生技术在各领域的应用成效,并为数字孪生技术的应用推广提供参考借鉴。本章内容总体框架如图 7-1 所示。

图 7-1　本章内容总体框架

7.1　数字孪生应用概述

7.1.1　电力系统领域应用

电力系统作为目前工业系统中规模相对庞大、层次复杂、技术密集的复合系统，其非线性、高维度、分层、分布式等特征是该系统认知过程中所面临的难题。在电力领域尽管已开始利用仿真技术建立电力系统的数字模型并辅助制定控制策略，但是没有产生数字孪生的概念。究其原因，是由于传统的建模仿真通常只能作为一种用于分析和辅助决策的计算工具。通过仿真技术所建立的模型是物理对象的数学模型，只能描述某个空间尺度和时间尺度下的动态过程，无法反映设备内部物理场动态变化特性。而数字孪生技术的引入，旨在通过虚实交互激活各类多源数据，通过数据挖掘提供高维、量化、多层次的视角，辅助运营并提供调控决策。

数字孪生电力系统利用数字孪生体可视性、可预测性、可假设性、可解释性和可互动性等多个性质认识和改造物理实体，通过与物理对象的互动实现模型结构和参数的自动更新，从而可以根据实际需求更全面地反映物理对象所涉及的真实过程[1]。数字孪生技术基于数据进行建模，构建的模型除了包括物理信息模型外，也包含规则模型、神经网络模型等数据驱动模型。通过充分利用历史运行数据或测量数据，为用户提供预测、解释功能的仿真模型。电力系统的数字孪生应用模型如图 7-2 所示，它描述了数字孪生电力系统如何通过高级分析、动态和稳态数据管理、自动化以及系统操作员与其物理实体交互。

基于数字孪生的电力系统以数据驱动为核心，物理

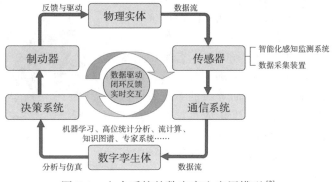

图 7-2　电力系统的数字孪生应用模型[2]

实体采用智能化感知监测系统和数据采集装置精确感知并实时采集设备运行数据、电网运行数据以及人员行为和管理数据等物理实体电网的状态信息，并通过数字孪生纽带（通信系统）向数字孪生体传输数据流，为数字孪生电网智能分析和决策提供数据来源[3]。依托机器学习、高维统计分析、流计算、知识图谱、专家系统等人工智能算法或技术对数据进行分析和仿真，而后通过决策系统制定具有较高可靠性的决策，并经过制动器反馈与驱动物理实体。在整个运行过程中，系统会时刻将数据与真实值比较来进行调整，可以更准确、更快速地保证虚拟系统与真实系统的一致性。数字孪生电力系统具有三大特点，分别为数据驱动、闭环反馈和实时交互。数据驱动受益于电网海量数据和大数据挖掘系统的逐步完善，使得数字孪生技术更适用于复杂的电力行业。闭环反馈使系统的数据模型在投入运行后通过主动学习大量数据来进行自适应更新和优化，随着数据量的增加，学习的效果可以稳步提升。实时交互、数据驱动和闭环反馈进一步增强了数字孪生电力系统的实时态势感知和超实时虚拟测试功能，使该系统能够准确掌握系统态势，不仅在常规操作下而且在紧急情况下都可以快速模拟可行的决策方案并及时优化。

数字孪生借助新一代信息技术，在建模和仿真技术的基础上有了进一步发展。数字孪生电力系统中数据和模型的可视化与互联互通，为更高层次的场景化应用提供了基础[4]。目前，数字孪生电力系统主要用于简化数据维护、同步和交换的过程。利用越来越多的保护数据点，最大限度地提高电网可靠性并接近极限运行。通过数字孪生体整合了原本存储在单独系统中的各类数据，进一步实现了孪生系统与现场数据的自动同步。将模型与来自外部信息系统的数据连接时，可以节省时间并提高准确性。进而使配电规划模型和外部信息系统无缝连接，在电网模型创建和维护方面平均节省了大约90%的时间。

7.1.2 航空领域应用

在航空领域，现代飞机的设计研发、制造装配和运行维护都面临着各自的困难[5]。例如，对于制造装配而言，飞机的组成随着技术的发展逐渐复杂化，一架飞机的组成部件数量繁多且各有特点。在执飞时，飞机飞行环境存在高度不确定性，在这样的环境中飞行会导致发生意外并损伤的概率大大增加，因而保证飞行过程的可靠性并不容易。此外，飞机通常需要进行定期维护，若维护时缺乏对当前状态的准确估计，就有可能出现维护不及时而导致的系统故障或损伤，进而产生维护成本增高、可靠性降低等问题。而数字孪生技术在该领域的出现为解决上述问题提供了新的可能性。

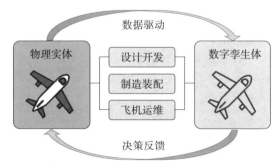

图 7-3　航空领域的数字孪生应用模型[6]

航空领域的数字孪生应用模型如图 7-3 所示，它主要由三个部分组成，分别为飞机的物理实体，对应的数字孪生体以及物理实体与数字孪生体之间的信息交互（数据驱动和决策反馈）。物理实体用从传感器收集的数据驱动数字孪生体，而数字孪生体通过数据分析来预测飞机的运行状况、潜在隐患等，并将分析结果反馈给物理实体。

在设计开发方面，通过建立飞机的数字孪生体，在设计的早期阶段，对其进行虚拟数字测试与验证，及时发现设计缺陷并加以修改，避免反复迭代设计。在制造装配方面，在进行各部件的实际生产制造时，通过建立飞机及其相应各部件的生产线的数字孪生体，可以跟踪其加工状态，并通过合理配置资源减少停机时间。数字孪生体的建立优化了制造过程和调度方案，并允许对调度决策和资源分配进行更合理的评估，从而提高生产效率，降低生产成本。在飞机运维方面，数字孪生体不仅可以实时监控飞机当前的运行状态，还可根据收集到的数据判断或预测飞机的损伤状态，并结合智能算法实现模型的动态更新，提高剩余寿命的预测能力，进而优化维护计划、减少检修次数、提高飞机运行的可靠性和管理效能。

总之，数字孪生在航空上的应用还处于初级阶段。从设计开发、制造装配到飞机运维，目前已经有大量的应用实践研究和探索，未来也将在此基础上进一步寻求突破性技术。

7.1.3 航天领域应用

随着航天技术的快速发展，航天器的结构和组成越来越复杂，性能和技术水平也不断提高。在这种情况下，如何保证航天器在复杂的空间环境中更加持久稳定地运行，已成为航天领域需要解决的重要课题。数字孪生为航天装备的建模分析提供了一种高效的技术手段。通过整合几何形状、材料特性和加工参数等多维数据，运用数字孪生技术可以感知、控制、预测和优化制造过程中的各种状态变化[7]。例如，在航天零件加工时应用数字孪生技术，可直接在加工过程中发现问题，提出针对性措施，保证零件质量，优化加工工艺。此外，应用数字孪生还可深入空间设备的生命周期，实时监控空间设备的运行状态，方便设备的维护。

航天领域的数字孪生应用模型如图 7-4 所示。与数字孪生技术在航空领域的应用类似，同样包括三个部分，分别为航天器的物理实体，对应的数字孪生体以及物理实体与孪生体之间的信息连接。

面向航天领域的数字孪生系统的应用主要分为三个方面[8]。首先，在航天器的设计开发过程中，需要结合多学科的理论知识，精确设计航天器的具体结构、参数和功能。利用数字孪生技术构建航天器的数字孪生体，可以在设计初期识别和预测航天器的具体结构和参数，在设计过程中优化具体参数，使航天器的设计在满足预定目标的基础上，扩展更多的功能，

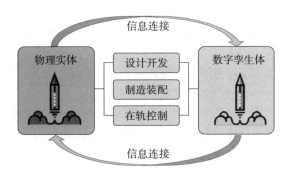

图 7-4　航天领域的数字孪生应用模型[7]

缩短研制周期，实现更快的参数迭代和优化。其次，为了解决航天器制造装配过程中面临的问题和需求，需要积极应用数字孪生技术，协调各部门之间的合作，专注制造过程，优化调度方案，提高生产效率。目前，对于航天器制造装配方面的应用已经进行了大量的研究，例如基于数字孪生的总装线控制架构研究、基于数字孪生驱动的工装设备仿真与控制研究等。最后，在航天器的在轨控制方面（其中包括了在轨运行监控、在轨维护、在轨更新、故障预测和健康管理），传统航天器无法预测故障并在故障发生后重建系统，而在实际应用中一旦发生故障会造成巨大的经济损失。因此，建立航天器数字孪生可以实现航天器故障预测和健康管理，并根据健康管理的结果进行自主决策、自主管理和有效遥控，提高航天器运行的可靠性。

综上所述，纵观航天器的整个研制过程和整个生命周期，数字孪生技术在航天领域有着深远的影响。目前，数字孪生技术在航天领域的应用和发展仍处于初级阶段，但具有重要意义。

7.1.4 航运领域应用

航运作为世界货物贸易的主要途径，由于其相对较低的运输成本而在运输领域具有很强的竞争力。然而，随着船舶航运系统变得越来越复杂，设计、建造和运营船舶所涉及的过程和数据量都是巨大的，为了进一步降低成本、提高信息处理效率，故引入数字孪生技术。数字孪生技术可为船舶的整个生命周期提供支持，包括早期设计阶段、制造阶段、试运行阶段及正式投入使用阶段，此外，也有助于所有者、制造商、运营商等利益相关者之间交换信息。航运领域的数字孪生系统架构如图 7-5 所示。

1）物理空间由物理环境和物理实体组成。物理实体指船舶本身，其特征和船舶在各个生命周期所产生的行为都包含在内；物理环境指在航运过程中影响船舶的环境因素，如风浪强度、天气条件等。船舶航行中的环境因素往往会发生多次变化，理解、预测物理环境对船舶的整体生命周期至关重要，因此在设计过程及运营阶段均需考虑纳入环境因素。

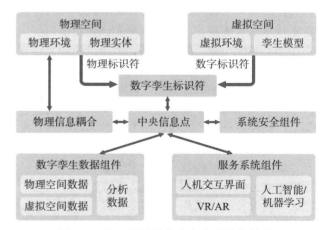

图 7-5　航运领域的数字孪生系统架构[9]

2）虚拟空间包含根据物理实体构建的孪生模型和根据其所处环境抽象出的虚拟环境。此空间将利用数字孪生数据组件以及物理空间提供的静态数据进行状态和行为模拟，并将模拟结果反馈至数字孪生数据组件。

3）服务系统组件由人机交互界面、人工智能/机器学习、VR/AR 组成。人机交互界面主要用于用户和孪生系统进行交互；利用人工智能和机器学习，结合物理空间和虚拟空间提供的数据及分析结果可做出决策或提出优化方案；VR/AR属于拓展部分，具体的使用取决于应用实例[10]。服务系统组件作为用户接入数字孪生系统的接口，处理输入信息并将其发送至中央信息点。同时，用户通过服务系统也可获取数字孪生系统所反馈的各类信息。

4）数字孪生数据组件用于存储和管理所有系统内部的信息数据，主要包括物理空间数据、虚拟空间数据和分析数据。通过该组件的存储与管理可有效减少孪生过程中的信息冗余，并保证系统中所有功能模块能够快速访问这些数据。

5）中央信息点由数据链路引入，作为单个集线器为数字孪生系统内共享的所有信息提供星形通信网络。中央信息点可提供标准化接口以作为系统的单个访问点，可支持孪生结构的泛化和模块化。

6）物理信息耦合是物理空间和该架构中其他部分的信息交流的双向接口，物理空间可通过该接口为数字孪生体提供物理实体当前的行为和所处环境的状态数据。同时，虚拟空间和服务系统组件中的模拟结果也可通过该接口向物理实体发送控制信号以实现优化。

7）数字孪生标识符包括物理标识符和数字标识符。物理标识符用于表示物理空间中的物理实体，允许通过本地的方式访问数字孪生系统；数字标识符用于表示系统中的数字孪生体，可通过该标识符对其直接进行访问[11]。

8）系统安全组件是保障用户通过数字孪生系统在整个生命周期中访问产品信息时的安全性的重要组件，通过风险评估分析提供设置访问权限，进而防止数据泄露。

目前，数字孪生技术在航运领域的应用大致分为三个方向[11]。首先，通过对船舶建立数字孪生体，可实现船舶设计、建造和运营过程中的数据可视化。其次，通过构建航运系统的孪生模型，并使用数据驱动孪生体，可实时监测系统内各个设备的运行状态。通过集成和协同所有设备的孪生模型，可对船舶的运行状态、运行环境和行为进行综合把控，并提前预测故障问题，进而实现对船舶在航运过程中的决策和方案优化[12]。最后，通过数字孪生航运系统既可对航运港口进行管理又可对船舶进行交通管制和预测性维护。

7.1.5 汽车制造领域应用

汽车制造领域是智能制造重要的应用实施领域。传统的制造管控系统仅限于物理空间，生产要素、生产计划及生产控制主要通过人为操作管理，难以采集到满足实时仿真分析的工业数据。加之缺少信息模型和仿真分析模型，导致制造过程可视化程度不高，难以对生产制造进行有效的监控，不能提供决策参考[13]。制造过程中涉及的软件、硬件与人之间存在互联互通不足、模型构建困难、数据采集频次低且噪声数据多等问题。作为实现物理空间与虚拟空间交互融合的有效技术手段，利用数字孪生技术集成制造过程中的相关数据可有效解决上述问题。

汽车制造领域的数字孪生系统框架如图7-6所示，主要包括物理层、模型层、数据层、系统层和应用层。通过数字孪生技术可实现汽车制造生产线的实时虚实映射、轻量化动态建模以及迭代优化。物理层和模型层的双向映射和互操作性通过数据驱动来实现。两层之间通过数据层实现实时连接，不断进行数据和信息的交互传输。从而实现汽车制造过程的全生命周期闭环数字化管理和全价值链协同[14]。

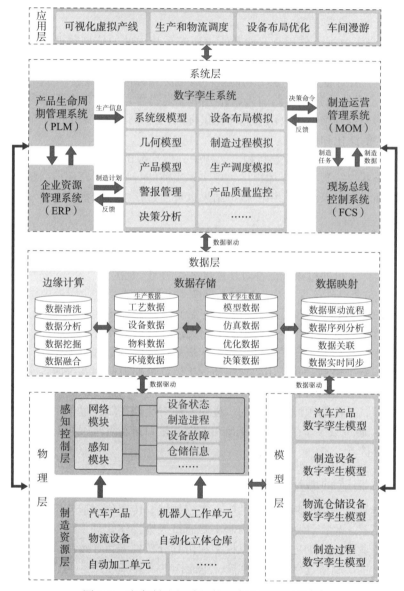

图 7-6　汽车制造领域的数字孪生系统框架[15]

1）物理层由制造资源层和感知控制层组成，具有多样性、动态性和复杂性的特征。制造资源层包括智能自动化设备和汽车相关产品，具体分为汽车产品、自动加工单元、自动化立体仓库、物流设备以及机器人工作单元等。感知控制层中的网络模块和感知模块可以实现制造资源的实时感知和互联，用于收集和传输多源异构数据，数据涉及设备状态、制造进程、设备故障、仓储信息等。

2）模型层是数字孪生模型的集成，主要包括汽车产品数字孪生模型、制造设备数字孪生模型、物流仓储设备数字孪生模型、制造过程数字孪生模型等。模型层通过数据层为物理层提供控制指令，为系统层提供优化策略。

3）数据层是汽车制造的数据管理平台，包括边缘计算、数据存储和数据映射。边缘计算模块包括数据清洗、数据分析、数据挖掘、数据融合。数据层中的数据存储分为两部分，物理层的生产数据和模型层的数字孪生数据。前者主要包括工艺数据、设备数据、物料数据、环境数据；后者主要包括数字模型数据、仿真数据、优化数据和决策数据。数据映射分为数据驱动流程、数据序列分析、数据关联和数据实时同步。通过使用实时数据、历史数据和算法模型，模拟、验证和控制汽车生产线的全生命周期。

4）系统层由数字孪生系统和四个管理系统组成。数字孪生系统中包含各类模型、设备布局模拟、制造过程模拟、生产调度模拟、产品质量监控、警报管理和决策分析等。管理系统分为四部分，分别为企业资源管理系统（Enterprise Resource Planning，ERP）、产品生命周期管理系统（Product Lifecycle Management，PLM）、制造运营管理系统（Manufacturing Operation Management，MOM）和现场总线控制系统（Fieldbus Control System，FCS）。ERP为数字孪生系统提供制造计划，并接收反馈的信息。PLM用于提供工艺数据信息、BOM（Bill of Material）表信息等。MOM用于实现车间管理、可视化管理、设备管理和质量管理，从孪生系统获取执行决策命令并在完成后进行反馈。同时，MOM向FCS发布制造任务并接收其发送的制造数据。

5）应用层主要包括汽车产品的可视化虚拟产线、生产和物流调度、设备布局优化和车间漫游。

综上所述，数字孪生技术能够有效推动汽车制造领域的快速发展，利用模型、数据，智能集成多学科技术，对于产品生产的全生命周期可实现有效管控，为汽车制造业实现转型升级提供强有力的帮助。

7.1.6 医疗领域应用

随着科学技术的不断提高，医疗领域正在从传统医疗逐步演变为智慧医疗。基于数字孪生技术的智慧医疗强调以智能的方式主动管理并满足多方需求，凭借其在系统集成、互联互通、智能处理等方面的高水平应用，保证人们适时获得预防性和治疗性的医疗服务。通过收集个人的相关就医记录、健康档案等信息构建数字孪生体，配合采集的人体数据可模拟人体运作，进而实现对人体健康状况的监管，从而为疾病治疗与预防、健康管理提供新思路[16]。医疗领域数字孪生应用模型主要由物理实体、数字孪生体和孪生数据组成，如图7-7所示。

1）物理实体主要是物理空间的生物人体，如疾病人群、亚健康人群等，可通过医疗设备、可穿戴设备等采集相关人体数据。

2）数字孪生体由上述物理对象基于采集的多维数据而构建，由几何模型、物理模型、生理模型和生化模型中的单个或多个组合而成。其中，几何模型指身高、体重等外形数据及器官的尺寸、形状等内部数据；物理模型指骨骼、肌肉及静动脉血管分布等特征信息；生理模型指体温、呼吸频率等生理特征；生化模型所包含的生化指标与人体内部的生物大分子有关，如内分泌激素、胆固醇、血肌酐等。

3）医疗领域的孪生数据既包括通过可穿戴设备、医疗设备等数据传感器获取的实时数据也包括孪生系统中进行健康预测、手术仿真产生的仿真数据和实验数据，还包括就医记录、监测数据和评估数据。通过综合这些数据进行分析，结合医疗领域知识可提供健康状况的反馈或医疗诊断的辅助判断。

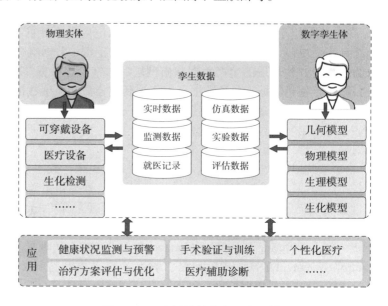

图 7-7　医疗领域数字孪生应用模型

基于数字孪生的医疗系统，对于健康或亚健康人群而言将允许实时监测其健康状况，及时对疾病或健康隐患进行预警，实现防病于未病并有效缓解医疗压力。Chakshu 等人使用半主动的数字孪生模型提出了一种新的颈动脉闭塞程度检测方法，可提前预防颈动脉闭塞问题。对于疾病人群可实现快速定制个性化治疗方案。个性化医疗能够最大化利用医疗资源，用最少的药物得到最好的治疗，减少药物对患者的副作用。对处于治疗周期内的患者，通过数字孪生模型对治疗程序的治疗效果进行预评估并及时优化治疗方案，从而减少诊断和治疗所需的时间。根据不同患者的状况，还可提供针对性的治疗。对于等待手术的患者，通过数字孪生技术模拟手术过程，既可提高术前的操作熟练度，也可帮助提前发现术中可能会出现的风险，进而得出相对较优的手术方案，提高手术成功率。吕列夫发明的数字化外科手术系统，根据导入的医学数字图像进行三维图像模型构建，基于手术类型选取操作工具对所述模型进行模拟手术，进而获得数字化手术结果，生成手术方案以供指导。

此外，医疗设备的资源利用率低和故障率高是亟待解决的问题。医院每日都需要接诊大量的病患，医疗需求也随之变化，医疗设备的使用需要更加全局性地规划。通过建立医院的数字孪生系统，可以统筹规划全院的医疗资源，从而及时调整设备资源的分配和使用，有效提高医疗设备的资源利用率。同时，不同的医疗设备在不同的使用频率下会出现不同的使用损耗，若等到损耗导致的损坏出现再处理可能会影响医疗进程。而通过监管设备的数字孪生体，在历史数据的迭代下，可提前预测医疗设备故障并及时维修。

7.1.7 智慧城市领域应用

随着物联网、云计算、地理空间等基础设施的不断完善，城市建设也在朝着更智能、更先进的方向发展。"数字孪生城市"概念最早由中国信息通信研究院的研究人员提出，将常应用于工业领域的数字孪生技术迁移至城市的管理应用。利用数字孪生技术，将物理空间中的实体城市映射至虚拟空间，构建城市数字孪生体。结合各类先进技术，获取物理城市的动态信息，并通过传感器实时精准地反馈至数字孪生体上[17]。通过物理城市和数字孪生城市之间不断的虚实互动、持续迭代，最终使物理城市最佳有序运行。李德仁院士认为，数字孪生城市是数字城市的目标，也是智慧城市建设的新高度，数字孪生赋予城市实现智慧化的重要设施和基础能力，将引领智慧城市进入新的发展阶段[18-19]。

数字孪生城市从城市职能出发，涵盖基础建设、空间规划、经济发展、信息流通等基本层面。数字孪生城市具有精准映射、虚实交互、智能反馈三大特点。精准映射指通过在实体城市的各类环境中布置传感器，实现对城市道路、桥梁、建筑物等基础设施的综合数字化建模，充分感知并动态监控城市的运行状态，最终在信息维度上形成虚拟城市到实体城市的准确信息表达和映射。虚实交互指通过模拟城市人、事件和物体在虚拟空间中的行为，在虚拟孪生城市中观察实体城市中的变化。智能反馈指通过对数字孪生城市的规划设计、仿真模拟等，对可能产生的不利影响和潜在危险进行智能预警，并提供合理可行的对策。

数字孪生城市的总体架构如图 7-8 所示，由基础设施层、数据层、虚实映射层、应用层组成。其中，基础设施层利用服务器、网络、传感器等基础设施获取数据，并将数据传输至数据层。数据层是实现城市虚实同步的基础，城市的运营管理都需要大量的数据资源信息，从基础设施中获得的所有数据在该层整合分类后，将存储于云平台中以便后续调用。虚实映射层中构建了城市的数字孪生体，通过调用上述数据进行分析，快速了解城市整体运行状态，从而科学地进行决策，统一安排相关的管理事务，全面对接城市治理、民生服务、经济发展、绿色环保等应用。除了日常管理外，结合以往数据，基于数字孪生平台可对重大事件、特殊场景乃至自然灾害进行提前预判以及时做出响应。

中国信息通信研究院发布的《数字孪生城市白皮书（2020）》中认为，"数字孪生"不再是一种技术，而是一种发展新模式、一条转型的新路径、一股推动各行业深刻变革的新动力，数字孪生城市不再是一个创新理念和技术方案，而是新型智慧城市发展的必经之路和未来选择。数字孪生城市通过数据全域标识、状态精准感知、数据实时分析、模型科学决策和智能精准执行等科技手段，可以成为城市智能运行的先锋和吸引高端治理资源加入、持续迭代演进的创新平台。探索建设数字孪生城市，有助于解决城市规划、建设、管理中的复杂性和不确定性问题，提升城市现代化治理的能力和水平[20]。基于数字孪生的智慧城市在经济转型、城市智慧管理和公共智慧服务等方面具有广阔前景，人与自然将更加协调发展。

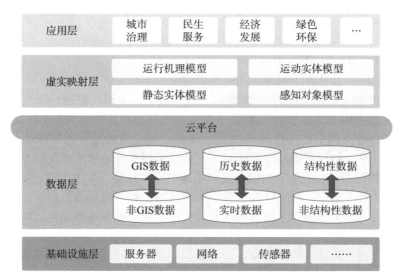

图 7-8 数字孪生城市的总体架构[21]

7.1.8 供应链领域应用

数字孪生技术在供应链中的应用最早在《2019 年八大供应链战略性技术趋势报告》中提出，该报告将这种应用定义为了数字孪生供应链。数字孪生供应链是真实供应链的虚拟仿真模型，用于分析供应链动态和预测流程。传统的物理供应链一般为端到端的供应模式，主要包括从所有供应商到所有客户的信息流、物流与资金流，涵盖了供应链中所有的产品细节和时间周期。将数字孪生技术扩展到供应链网络要求首先必须对整个端到端供应链网络进行建模，通过对数据的分析决策优化供应链模型。数字孪生供应链技术架构如图 7-9 所示，由物理空间的物理层和虚拟空间的分析层、模型层所构成。

1）物理层包括供应网络、运营环境、物联网设备、供应商信息以及供应链管理系统等，即包括整个供应链涉及所有的数据源。

2）分析层利用物联网设备等采集的物理层数据源，经过供应链分

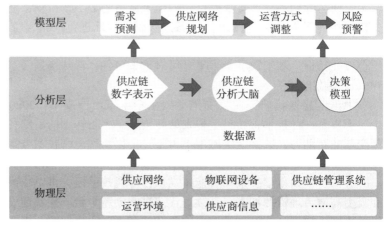

图 7-9 数字孪生供应链技术架构[22]

析大脑分析并预测供应链的业务状态和潜藏的机会，产生决策模型，用于提供给实时

的业务决策,以指导和优化物理供应链。

3)模型层主要包含反映供应链实时状态的数字模型,通过分析层的模型预测预测供应链需求,进而对供应网络进行整体规划,及时调整运营方式并对风险做出预警。

首先,由于数字孪生可以及早识别执行风险,因此企业可以据此减少资产的闲置情况并改善库存状况,最大限度地降低生产和仓储的总体成本。其次,数字孪生通过模拟执行预制订的计划,发现计划中潜藏的风险和机遇,进而反馈给企业以优化供应链计划。这使企业能够最大限度地减少因计划和系统约束的错误而产生的损失。对于供应链的长期规划,同样可以通过分析业务问题,根据结果预测来缓和业务连续性和转型风险,从而可以在流程转换发生之前计算收益和潜在的投资回报率。最后,数字孪生可以评估需求和供应的变化如何影响供应链的物理位置和支持系统,同时向最终客户提供产品和服务。通过利用实时数据,数字孪生使供应链管理能够更好地规划运输资源。

7.1.9 智慧农业领域应用

由于人口的不断增加以及市场对农业产品数量需求和质量要求的提升,食品安全、可持续性、生产力等问题愈发重要。农业生产的理想目标是以高效率、高质量、低排放的方式满足人们对农业产品的需求和期望。对于农户而言,农业生产复杂度较高且易受各类客观因素的影响,如季节、天气、虫害、土壤墒情等情况的影响。因此,人们考虑通过应用技术来减少种植过程中的问题以提高效率。在各类技术快速发展的推动下,农业领域正由传统农业向智慧农业转变。

数字孪生技术帮助实现农业生产过程的实时监控,并及时评估生产策略,实时调整生产计划。通过数字孪生系统可远程监控和管理农田或农场。除了实际状态外,数字孪生系统还可分析历史数据和状态来模拟未来的情况,预判可能出现的问题。农业数字孪生应用架构如图 7-10 所示。

1)物理实体层主要包括农业产品、农业设备、天气状况、土壤条件等信息,作为整个农业数字孪生架构中的基层,为系统提供所需的原始数据。物理实体层会受到虚拟模型层的影响,当数字孪生系统分析得到结果后将向该层的设备发出控制指令,相应的农业机械可直接开始工作,进一步提升效率。

2)数据层用于采集、存储及传输数据。数据采集主要是通过农田物理实体区域安置的摄像头、无人机以及各类传感器来实现。其中,传感器数据主要包括土壤参数和环境变量,如土地的 pH、盐度、氮磷钾等元素含量等以及环境的湿度、温度等。数据存储部分是整个系统的数据库,它不仅存储实时更新的孪生数据,也会保存历史的孪生数据,以便后续分析。

3)虚拟模型层用于表示物理实体层中的实体模型,以模拟和控制物理系统,优化流程并预测物理系统中未发现的问题。利用建模软件根据物理实体层的农业实体创建模型,模型会根据实时采集到的农业实体数据而发生改变。用户可以通过该模型直观地看到农田的地理位置、土地情况以及农作物的生长状况等。同时,根据虚拟模型的模拟仿真，结合历史数据可推理出未来可能存在的虚拟模型。

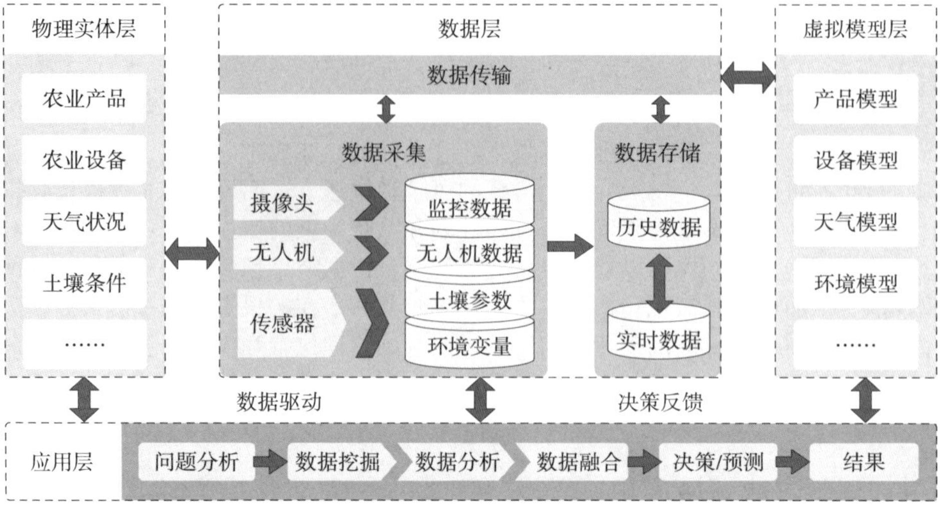

图 7-10　农业数字孪生应用架构

4）应用层中的问题分析组件所分析出的结果都对应着一个或者多个决策方案或预测方案。该组件首先接收到虚拟模型层传输过来的信息，分析农业实体随着时间推移出现的变化并反馈至虚拟模型层进行可视化演示，通过与之对应的决策/预测组件获得能对物理实体精准控制的决策和预测结果，最后将数据信息传输到虚拟模型层。应用层作为数字孪生农业系统的"大脑"，通过融合物理实体和虚拟模型中的多源异构数据并进行数据挖掘、数据分析和数据融合，形成孪生数据并随着时间推移不断地更新孪生数据，维护着整个系统模型的稳定。

在智慧农业数字孪生系统中，用户可以基于该系统远程监控和操作，减少了用户前往实地考察和发布任务的复杂度。当出现问题或预测会出现问题时，系统将可以自动提醒用户做出整改。Angin 等人就提出了一种名为 AgrilLoRa 的农业数字领域架构，利用 LoRaWAN、农田中的传感器网络和植物病害影像来检测病害，为没有互联网接入的地区通信提供了可能性。他们通过实验更进一步验证了该架构能够有效检测植物病害，准确率高达 95%。

7.1.10　智慧建筑领域应用

伴随各类科学技术的发展，数字化的浪潮已席卷建筑领域，作为"中国建造"规划布局中的重要抓手，该领域正面临进化升级。《关于推动智能建造与建筑工业化协同发展的指导意见》和《"十四五"建筑业发展规划》中均指出要加快建筑业转型升级，提升建筑的数字化、智能化水平。建筑行业传统的碎片化、粗放化的建造模式已难以满足当前绿色发展和高质量发展的需求，智慧建筑应运而生。借助数字孪生技术将建筑的物理实体与数字孪生体有机融合，使虚实相互映射，通过与人与建筑、环境之间的动态交互来改善传统建筑的经验化管理模式，赋能建筑领域进一步转型升级。

建筑数字孪生体是一个集成的多物理、超写实、动态仿真模型，可以用来模拟、监控、诊断、控制和预测建筑物在物理世界中的建造过程、使用状况、功能行为和寿命性能[23]。根据建筑本体及其所处的空间环境、相关基础设施以及人员等在虚拟空间内构建全生命周期的动态孪生体，通过设备感知物理空间内的各类数据，有机融合应用服务，搭建智慧建筑数字孪生系统。基于数字孪生系统可及时分析物理空间的实际需求，依靠孪生系统中的算法库、模型库和知识库处理和分析数据，对建造过程中遇到的问题与设备、构件运行状态进行决策，进而实现功能性调控。具体功能包括施工进度监控、安全风险预警、自动化监测、施工工艺模拟、构件吊装指导、物料管理、智能张拉控制、人机定位、塔基防撞、噪声扬尘监控等[24]。

图 7-11 所示是智慧建筑数字孪生应用架构，该架构共由六层组成，分别为基础设备层、数据采集层、传输层、建模层、集成层和应用层。

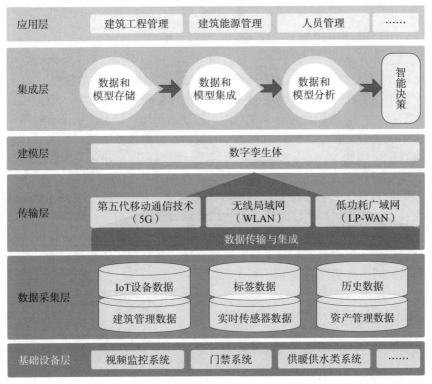

图 7-11　智慧建筑数字孪生应用架构[25]

1）基础设备层包括物理建筑实体所涉及的可提供数据的设备，如视频监控系统、门禁系统、供暖供水类系统等。将该层设备信息接入系统，为上层的后续分析应用提供基础保障。

2）数据采集层是数字孪生系统的基础。通过物联网设备、分布式传感器、非接触式采集等各类设备和技术，将采集的数据通过协议转换、大数据处理引擎的数据清洗和加工，快速为系统供应离线或实时数据。这些数据将与物理实体连接，以满足对建筑管理的不同需求。

3）传输层的主要作用是将从物理设备采集到的数据通过该层中的各种通信技术传输到上层。通信技术包括 5G（5th Generation Mobile Communication Technology）、无线局域网（Wireless Local Area Network，WLAN）、低功耗广域网（Low-Power Wide-Area Network，LP-WAN）等。

4）建模层主要用于呈现数字模型，并支持上层、连接底层，起承上启下的作用。不同类型的模型可用于满足系统不同的应用目的，例如，建造建筑时可用于方案模拟，通过模型模拟建造场景以支持决策。

5）集成层是该架构的核心，其作用包括数据和模型的存储、集成以及分析，并根据处理结果进行智能决策。在此架构中，数据和模型分析的结果将同步更新建筑和环境当前状态，如建造进度、维护情况等。可视化的展示方式可以实现动态有效地管理数据。

6）应用层是该架构的顶层，主要用于实现系统的各类功能，与设施管理者交互，为用户提供服务。例如，将数字孪生技术用于监视钢结构在其整个生命周期中的结构行为、状态和活动，对结构进行安全评估，对安全等级进行及时的预测。

数字孪生技术在建筑领域的应用从建筑的设计阶段、实施阶段、维护和重建阶段都有巨大的潜力[26]。在设计阶段，针对未来的建造环境，结合类似已有的项目，通过数字孪生系统进行分析，进而协助新项目的规划，包括任务明确、方案设计、虚拟验证及方案优化。例如 Maria 等人通过对建筑进行模拟来评估建筑能源性能，以减少能源消耗、降低成本。在实施阶段，应用数字孪生技术不仅可以对施工进度进行监管，还可以及时处理施工过程中的质量问题并预防安全事故的发生。在维护和重建阶段，数字孪生技术可用于对历史建筑的保护，结合点云技术和图像检测技术可对历史建筑进行缺陷检测，进而及时做出补救。Angjeliu 等人研究了历史砌体建筑的结构系统完整性，通过创建米兰大教堂的数字孪生模型，将其与物理实体连接起来，通过数字孪生体研究系统的结构响应进行预防性维护和结构加强。

7.2 国内企业数字孪生应用实践

7.2.1 海尔卡奥斯工业互联网平台

1. 案例背景与实践目的

在数字经济的背景下，海尔作为全球主要家电领导品牌，正在从传统制造商向开放式创业平台转型。海尔尝试摆脱传统家居行业束缚，进军智能家居生态。以"人单合一"模式为基础，从战略、管理模式、研发体系、制造体系和服务体系等方向积极推动互联网转型。数字孪生使企业能够将产品变成一个动态的平台，不断获取客户的需求，在合适的时间、合适的场景采取合适的行动，为客户提供更好的产品和服务，推动核心流程和客户体验的颠覆性升级。

海尔基于数字孪生技术打造了卡奥斯工业互联网平台（COSMOPlat），聚焦智能生产和用户生态，旨在打通与用户交互的全流程节点。COSMOPlat 以用户为中心，形成定制生产模式，实现需求实时响应、全时可视化、资源无缝对接，示范应用如图 7-12、图 7-13 所示。

图 7-12　COSMOPlat 的制造工位数字孪生体（左）和制造工位物理实体（右）[27]

图 7-13　COSMOPlat 数字孪生系统界面 [27]

2. 系统框架

COSMOPlat 的系统架构分为四个部分，分别为资源层、平台层、应用层和用户层，如图 7-14 所示。

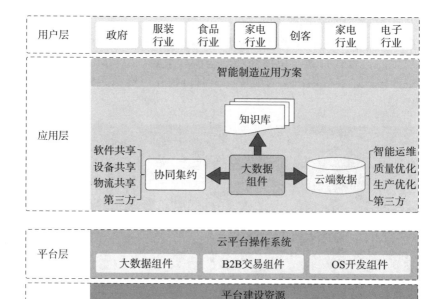

图 7-14　COSMOPlat 系统架构 [28]

资源层：用于开放聚合各类平台建设资源，包括软件资源、服务资源、业务资源和硬件资源，实现各种资源的分布式调度和最优匹配。

平台层：接入多种集成组件，支持工业应用的快速开发、部署、运行和集成，实现工业技术在系统中的集成。

应用层：为企业提供具体的互联工厂应用服务，制定全流程应用解决方案。

用户层：依托互联工厂应用服务，实现模式创新和资源共享，将模式云化形成全流程解决方案。

3. 关键技术与实施路径

COSMOPlat 通过端到端的信息化融合方式，结合云计算、AI、5G、边缘计算、大数据、区块链等技术，实现了大规模、高效率、低成本的个性化定制平台打造。以智能家电为入口，利用物联网技术获取用户信息和需求，通过数字孪生技术定义、管理和运营生活场景。整合各类用户、产品、设备、技术资源等信息，让用户可以与所有智能产品和整个生产过程进行交互，为用户提供面向"云-边-端"协同的数字孪生解决方案，提升了用户体验。海尔的智能家电不仅可以根据用户的使用习惯智能调整生活场景，还可以将用户的使用习惯和使用信息实时反馈到生产设备，进而以便在研发、设计、采购等环节进行使用，为其工业解决方案带来在研发、设计、生产、验证等环节的数字孪生优势。

海尔依托 COSMOPlat，根据用户对于家电的不同需求，打造了一条"线上定制-

工厂制造-物流运输"的个性化定制产品线。用户只需要在相应的定制平台提交自己的创意和想法,该订单即直达工厂。同时,COSMOPlat 会自动整合设计师资源、专业的研发资源、供应链资源等,实现资源的最优匹配。基于这些资源,运用工业技术实现产品的图纸设计、零部件、物料等数据信息的数字化、软件化管理。结合平台的采购系统实现产品供应商资源协同、物料的精准配送。最后,平台中的智能生产制造系统,将完成产品的智能排产,实现"人-机-物-法-环"互联、快速响应生产异常、物料精细化精准管理、质量大数据智能预测、高效率下的零停机管理、成本的动态分析、能耗实时监控和记录等。在整个制造过程中,用户可全程参与,并通过线上平台进行直接交互,及时了解生产数据和产品状态。

4. 实践成效

目前,海尔基于 COSMOPlat 已累计建成沈阳冰箱、郑州空调、佛山洗衣机、青岛热水器、胶州空调、中央空调等 11 家互联工厂样板。海尔实施互联工厂取得了初步成效。互联工厂整体效率大幅提升 20%,产品开发周期缩短 20% 以上。从效益来看,互联工厂使运营成本降低了 20%,能源利用率提升了 5%,不入库率达到 78%,订单交付周期缩短 50% 左右。其中,沈阳冰箱的模块化产品通过用户的选择和组合,由原来的 20 个型号扩充到了 500 多种型号,这 500 多种型号可同时在生产线上高效柔性生产,快速满足用户的个性化需求。海尔互联工厂模式为制造业从大规模制造向大规模定制转型提供了借鉴和示范的作用,相关成果"面向大规模个性化定制的工业互联网平台关键技术及应用"荣获 2023 年山东省科技进步特等奖。

7.2.2 三一重工数字孪生应用

1. 案例背景与实践目的

三一重工作为工程机械制造的龙头企业之一,其生产模式属于典型的离散制造模式。据相关研究分析,三一重工在数字化方向面临着四大问题,一是现场设备种类繁多、互联难度较大,使得设备运行数据难以实时获取,且各个系统之间集成程度较低,导致数据流难以贯通。二是此类企业具有多品种、小批量、制造工艺复杂、制造装备繁多等特点,很容易在整个制造过程中导致各零部件的加工过程相互独立、生产工艺离散,故使得生产线效率低下。三是有部分设备不能自动采集数据,自动化设备厂商通信协议不统一,数据格式多样,这些问题导致数据采集难度较大。四是智能工厂建设涉及智能装备、自动化控制、传感器、工业软件等领域,集成难度大,导致出现信息化孤岛。三一重工是第一批入围智能制造的试点,随着国家的号召与政策的推进,在其旗下打造了数字孪生研究院。数字孪生研究院是三一集团数字仿真与数字孪生技术发展的引领者、推动者和实践者,致力于将建模与仿真、物联网、大数据、机器学习等先进技术在数字仿真与数字孪生领域推开应用研究、成果开发、技术培训与应用推广。通过在虚拟空间构建高保真度的数字孪生模型,实现虚实实时交互和物理产品的精准映射与闭环控制,进而对物理产品的实际运行进行预测和决策,优化改进产品性能,提升产品运行效率和质量。

2. 关键技术与实施路径

从三一重工的数字化转型开始阶段来看，18 号厂房是三一重工实现生产车间数字化转型最具代表的实践，大阀柔性卧加数字孪生展示平台界面和 18 号厂房数字孪生系统应用实景如图 7-15、图 7-16 所示。通过打通企业信息化与各生产要素之间的联络路径，实现了"数字化研发 – 数字化装备 – 数字运营"的闭环控制[29]。

18 号厂房搭建了全三维环境下的建模平台、工业设计软件以及产品全生命周期管理信息系统，实现了数字研发协同。18 号厂房面积约 $10m^2$，面积虽大，但在智能化系统的指挥下，上百台机器人高效协同工作，只需要一名技术工人凭借一台计算机就可以为每个工位提供物料和零部件提取 / 配送服务。通过智能化生产控制中心、智能化生产执行过程监管、智能化仓储运输与物流、数智加工中心与生产线实现了智能化生产管理。通过搭建工业互联网实现数据采集、分析，促进各业务部门间的协同与深度集成。

图 7-15 大阀柔性卧加数字孪生展示平台界面[30]

图 7-16 18 号厂房数字孪生系统应用实景[31]

在智能服务方向，三一重工基于 IoT（Internet of Things，物联网）的数字孪生技术结合售后服务系统，将服务过程的几个关键指标作为竞争指标，如工程师响应时间、常用备件的满足度、一次性修复率、设备故障率等。通过对每一次的设备实时运行数据、故障参数以及工程师维修的知识积累，三一集团对数据进行建模，还原设备、服务等相关参与方的数字化模型，不断地改进对应的服务响应与质量。随着设备的整体运行工况、故障对应下的工况特征、设备的健康情况、操作手的驾驶行为等数据的积累，基于服务搭建的设备 IoT 数字孪生可以给研发提供最真实的使用场景数据。基于设备数字孪生的建模，对于研发的改进有着非常大的促进作用。借助数字孪生系统中的数据整合与分析，可实现对研发数据的快速导入、快速清洗，解决了数据存储乱、分析效率低、数据挖掘不充分等问题。通过专家系统以及机理模型，结合人工智能技术，极大提高了数据的分析效率和准确率。

3. 实践成效

基于 IoT 的数字孪生智能服务对响应的提高有高达 33% 的正面影响，基于故障建模与设备运行的 IoT 数据建模，对于提高备件预测的准确率有高达 55% 直接效益影响。工程师响应时间从原来的 300min 缩短到 15min，在主要服务区域可实现 2h 到现场，24h 维修好。服务响应水平提高的同时还把渠道的备件库存从 10 亿降低到 7 亿，一次性修复率从 75% 提升到 92%。此外，一个研发批次数据的分析市场从原先的一周，目前已缩短到 3h 以内；数据利用率从只有 20% 不到提高到 80%。

7.3 国外企业数字孪生应用实践

7.3.1 空中客车公司数字孪生应用

1. 案例背景与实践目的

空中客车公司（AirBus）作为欧洲最大的航空航天公司，其业务覆盖商用飞机、直升机、航天等领域，提供从设计到制造的全生命周期开发与维护服务。空中客车公司对于每一架飞机的研发制造都有严格的开发流程和质量鉴定标准，交付投入运行前还需要多次试飞以确保其安全性，后续也将由专业人员提供服役期间的所有维护。为了进一步优化空客飞机的研发制造，该公司开发了基于数字孪生的飞机制造车间系统。

2. 关键技术与实施路径

一架飞机的组装涉及数千个部件，因此装配非常复杂。空客通过在关键工装、物料和零部件上安装 RFID，并建立车间各设备以及所装配飞机的数字孪生模型，包括实际零件的三维数字模型以及装配组件的相关力学模型，构建了飞机总装的数字孪生系统，平台界面如图 7-17 所示。对装配过程进行自动控制，以提高自动化程度并减少交货时间。在该装配系统中创建的数字孪生模型不仅仅是相应实际零部件的三维 CAD

模型，同时基于装备的传感器对各组件的行为模型进行建模，包括组件的力学行为模型和形变行为模型。通过传感器记录装配的作业情况，处理后将评估的状况和识别到的问题发送给相关的开发人员，提高了解决方案的制定效率。

同时，空客还将数字孪生技术应用于航线优化。各个航空公司每日总计有数百万的运行数据，空客利用数字孪生技术对这些数据进行快速分析，进而得出最优航线。在执飞过程中，通过采集飞机实际飞行轨迹和飞行数据，结合空中管制监控数据，可评估绕飞、爬升、等待等非预期情况，从而优化该飞机的飞行轨迹，提高空中管制效率和航空公司运行效率。

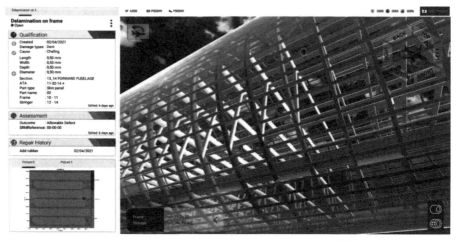

图 7-17 空中客车公司 3D Repair 平台界面 [32]

7.3.2 GE 数字孪生应用

1. 案例背景与实践目的

电力行业一直在寻找机会改善运营，减少意外断电，应对管理市场条件、燃料成本和天气模式的变化，以提高盈利能力。通用电气（GE）为此构建了数字孪生系统，该系统依托工业平台 Predix 运行，将电厂组件的分析模型与自定义指标相结合，用于监测资产健康状况、磨损情况以及进行性能评估。该平台通过接收大量传感器数据，管理和执行分析模型，运行高速业务规则引擎，并管理大规模工业数据。此外，该环境与商业应用程序相集成，可允许工厂管理人员及工人与数字孪生系统进行实时交互。

2. 系统框架

通用电气的数字孪生系统框架如图 7-18 所示，通过在系统中为各个应用程序提供交互的接口，可以更好地管理发电厂和发电机组功能，并能够快速应对不断变化的市场、燃料价格和天气条件。这些业务应用程序旨在提高资产性能、增强运营和改善能源交易决策，从而创造额外的收入并降低成本。GE 数字孪生系统的优势在于整合了多年生产和运营历史中积累的深厚领域知识，并将这数十年的研究、设计、测试和运营经验融入数字孪生模型中。

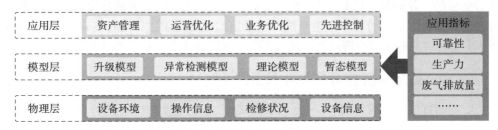

图 7-18 通用电气的数字孪生系统框架

上述应用程序可分为以下几类：

1）资产管理：通过将强大的分析与领域专业知识相结合，将数据转化为可用信息。为整个设备群中的所有发电设备或可再生能源资产创建单一数据源，利用预测分析提前发现问题，减少停机时间并延长资产寿命，同时平衡维护成本和运营风险。

2）运营优化：提供跨发电厂和车队范围的企业数据，提供对运营决策的整体理解，从而扩展容量并降低生产成本。

3）业务优化：通过智能预测实现更明智的业务决策，降低财务风险并最大限度地发挥发电机组的实际潜力，从而提高盈利能力。

4）先进控制：利用先进技术控制电厂运营，基于解决方案处理好电网稳定性、燃料可变性、排放合规性等问题，以降低成本和实现收入最大化。

3. 实施路径与实践成效

GE 通过数字孪生系统仅需通过本地监控和诊断基础设施就能够远程对工厂每天的运行情况、产量和效率进行监控，例如查看燃气轮机、蒸汽轮机和冷凝器的实时热监控等，如图 7-19 所示。

通过构建数字孪生系统可及时发现组件缺陷，以便及时采取纠正措施。资产寿命的优化提高了系统可用性和企业级性能，该解决方案代表了一种范式转变，即根据条件而不是固定的时间来安排维护。此外，系统内的库存管理模块会跟踪关键组件的位置、操作风险和维护历史，同样有助于减少计划外停机时间，最大限度地延长资产和零部件寿命，协调全系统停机和备件方案，进

图 7-19 GE 数字孪生电力工厂[33]

而优化战略资本决策。通过减少计划外停机的情况，每年可节省成本1.5亿美元，维护成本降低10%。当处理具有复杂配置的发电厂的调度决策时，如多单元发电厂、多产品交易等，找到针对市场条件调整的运行调度方式可以显著提高发电厂的盈利能力。例如，利用工厂的数字孪生系统针对给定的电力需求进行运行优化。GE通过数字孪生系统对发电厂的经济调度，可实现减少价值高达500万美元的储能成本。

7.3.3 Sim&Cure 医疗数字孪生应用

1. 案例背景与实践目的

法国的 Sim & Cure 是一家医疗科技公司，专注于改善动脉瘤神经血管治疗方案，旨在用创新科技为每一位患者提供个性化治疗方案并提高患者治疗过程的安全性，目前该公司的系统在全球400多家医院广泛应用。

2. 关键技术与实施路径

颅内动脉瘤可能会引起血栓，有时甚至导致死亡。颅内动脉瘤的治疗方式一般为开颅手术或血管内介入治疗。而开颅手术对于该病患者来说风险极高，通常情况下医生都会避免使用该种治疗方式。血管内介入治疗则是通过纤细的微导管将植入物送入动脉瘤囊中以恢复血流，例如使用钛合金弹簧圈来引导血流离开动脉瘤囊。这种治疗方式侵入性较小，但是操作过程非常复杂，可能会导致脑出血。而治疗的成功率主要取决于患者的自身身体状况、动脉瘤的类型和大小等。因此，即使是标准尺寸的植入物依然有可能会对动脉造成额外伤害。针对这一现象，Sim&Cure公司基于数字孪生技术，开发了面向颅内动脉瘤的精准治疗方式。

该方法首先基于患者的动脉瘤计算模型，对特定患者的动脉瘤和动脉树进行数字建模。然后，专家利用数字孪生体模拟不同类型、尺寸的植入物的部署过程，获得不同植入物在动脉瘤中的可视化作用过程。此外，专业人士还可利用构建完成的数字孪生模型尝试不同的治疗方法和设备来优化治疗过程。Sim&Cure公司的这项定制化治疗方案，应用在10%的血管内介入治疗中，减少了后续干预的风险。

参考文献

[1] 相晨萌，曾四鸣，闫鹏，等．数字孪生技术在电网运行中的典型应用与展望[J]．高电压技术，2021, 47(5):1564-1575.

[2] HUANG J, ZHAO L, WEI F, et al. The application of digital twin on power industry[J]. IOP Conference Series Earth and Environmental Science, 2021, 647:012015.

[3] 沈沉，曹仟妮，贾孟硕，等．电力系统数字孪生的概念、特点及应用展望[J]．中国电机工程学报，2022, 42(2):487-499.

[4] 贺兴，艾芊，朱天怡，等．数字孪生在电力系统应用中的机遇和挑战[J]．电网技术，2020, 44(6):2009-2019.

[5] 孟松鹤,叶雨玫,杨强,等.数字孪生及其在航空航天中的应用[J].航空学报,2020, 41(9):1-12.
[6] 张国军,黄刚.数字化工厂技术的应用现状与趋势[J].航空制造技术,2013(8):34-37.
[7] YIN H, WANG L. Application and development prospect of digital twin technology in aerospace[J]. IFAC-PapersOnLine, 2020, 53(5):732-737.
[8] 陶飞,程颖,程江峰,等.数字孪生车间信息物理融合理论与技术[J].计算机集成制造系统, 2017, 23(8):1603-1611.
[9] JAN-ERIK G, ALEXANDER D. Maritime digital twin architecture: a concept for holistic digital twin application for shipbuilding and shipping[J]. AT-Automatisierungstechnik, 2021, 69(12):1081-1095.
[10] 吴鹏兴,郭宇,黄少华,等.基于数字孪生的离散制造车间可视化实时监控方法[J].计算机集成制造系统, 2021, 27(6):1605-1616.
[11] ROSEN R, WICHERT G V, LO G, et al. About the importance of autonomy and digital twins for the future of manufacturing[J]. IFAC-PapersOnLine, 2015, 48(3):567-572.
[12] ANDRADE S L, MONTEIRO T G, GASPAR H M. Roduct life-cycle management in ship design: from concept to decommission in a virtual environment[C].Varna: ECMS, 2015.
[13] HASANSPAHIĆ N, VUJIČIĆ S, ČAMPARA L, et al. Sustainability and environmental challenges of modern shipping industry[J]. JAES, 2021, 19(2), 369-374.
[14] LUDVIGSEN K B, SMOGELI Ø. Digital twins for blue denmark[R]. Denmark: Marine Cybernetics Advisory.
[15] WU Q, MAO Y, CHEN J, et al. Application research of digital twin-driven ship intelligent manufacturing system: pipe machining production line[J]. Journal of Marine Science and Engineering, 2021, 9(3): 338.
[16] SHAFTO M, CONROY M, DOYLE R, et al. Modeling, simulation, information technology & processing roadmap[R] Washington D. C. : NASA, 2010.
[17] LIU Y, ZHANG L, YANG Y, et al. A novel cloud-based framework for the elderly healthcare services using digital twin[J]. IEEE Access, 2019, 7:49088-49101.
[18] 张新长,李少英,周启鸣,等.建设数字孪生城市的逻辑与创新思考[J].测绘科学,2021, 46(3):147-152, 168.
[19] 李德仁.数字孪生城市:智慧城市建设的新高度[J].中国勘察设计,2020(10):13-14.
[20] LIU Y, ZHANG L, YANG Y, et al. A novel cloud-based framework for the elderly healthcare services using digital twin[J]. IEEE Access, 2019, 7:49088-49101.
[21] LI D, YU W, SHAO Z. Smart city based on digital twins[J]. Computational Urban Science, 2021, 1(1):1-11.
[22] 唐隆基,潘永刚,余少雯.数字供应链孪生及其商业价值[J].供应链管理,2022, 3(2):15-37.
[23] EGUARAS-MARTINEZ M, VIDAURRE-ARBIZU M, MARTIN-GOMEZ C. Simulation and evaluation of building information modeling in a real pilot site[J]. Applied Energy, 2014, 114(2):475-484.
[24] LU V Q, PARLIKAD A K, WOODALL P, et al. Developing a dynamic digital twin at a building level: using cambridge campus as case study[C]//International Conference on Smart Infrastructure and Construction 2019, Cambridge: ICSIC.
[25] LIU Z, BAI W, DU X, et al. Digital twin-based safety evaluation of prestressed steel structure[J]. Advances in Civil Engineering, 2020(7):1-10.
[26] ANGJELIU G, CORONELLI D, CARDANI G. Development of the simulation model for

digital twin applications in historical masonry buildings: the integration between numerical and experimental reality[J]. Computers & Structures, 2020, 238:106282.

［27］Unity 官方. [Unity 工业案例] - Unity 技术助力卡奥斯 COSMOPlat 数字孪生平台 [EB/OL].（2022-01-13）[2023-05-08].https://www.bilibili.com/video/av680740410/?vd_source=e538411865e9e08482fd59105d2beddd.

［28］311 供应链研究院. 中国互联网工业平台——海尔 COSMOPlat[EB/OL].（2019-08-02）[2023-05-08].https://baijiahao.baidu.com/s?id=1640715136447433711&wfr=spider&for=pc.

［29］程琳琳. 三一重工王辉：应用 5G 技术全面加速数字化转型 [J]. 通信世界, 2021, (18):25.

［30］新华社客户端. 解码"挖掘机指数"：现场感知经济复苏"喜与忧"（2021-5-24）[2023-05-08].https://baijiahao.baidu.com/s?id=1700604955742191394&wfr=spider&for=pc.

［31］红网. 火了！从品牌高端到产业高峰——2021 岳麓峰会系列谈之二 [EB/OL].（2021-04-17）[2023-05-08].https://www.sohu.com/na/461239149_100180399.

［32］Anon. Making Airbus' 3D Repair available for all industry sectors with Testia's AssetManager[EB/OL].（2022-02-16）[2023-05-08].https://www.testia.com/news/airbus-3d-repair-testia-assetmanager-interview/.

［33］Anon. A2A Group Turns to GE to Digitize Its Power Plant Fleet and Improve Performance[EB/OL].（2016-06-14）[2023-05-08].https://www.ge.com/news/press-releases/a2a-group-turns-ge-digitize-its-power-plant-fleet-and-improve-performance.

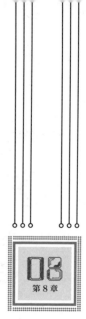

数字孪生装配车间工艺参数优化

轿车整车、关键零部件的生产装配技术要求极高,国内企业装配线设备及关键的工艺生产技术大多依赖于德国和日本进口,因此制约了我国汽车零部件企业的发展。后桥作为汽车的关键零部件,其制造装配是汽车制造的一个重要组成部分。装配线作为产品生命周期至关重要的一环,其数字化、智能化程度决定着产品的生产效率以及质量。

目前后桥装配线存在生产过程信息化程度低、装配线的可视化监控程度低和装配过程质量问题难以控制等问题。为了解决上述问题,实现生产过程的精益管理,本章提出构建基于数字孪生的装配工艺参数优化系统,在实现直观掌握生产系统运行状态可视化的同时,完成对工艺参数的同步优化,在线控制产品质量。本章内容总体框架如图 8-1 所示。

8.1 汽车后桥装配工艺优化问题分析

8.1.1 装配质量控制需求分析

汽车后桥是汽车的驱动部分,如图 8-2 所示,是整个汽车传动系的最末端,构成了汽车的动力传动系统,对汽车的性能起着至关重要的作用,其结构的合理性会直接影响车辆的运行质量和平稳性,后桥中各部件的各种参数能够直接决定车辆的运行稳定性和乘坐舒适性。

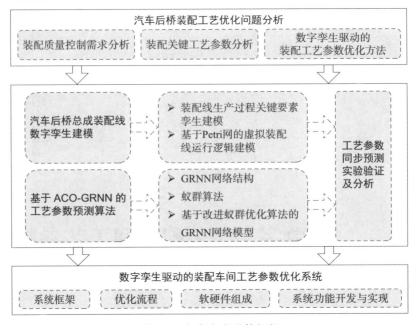

图 8-1 本章内容总体框架

汽车后桥的装配过程是在不同工位将各种零件组装成最终后桥总成的一个过程。因此,在制品在某一时刻的装配质量也是由上游工序装配质量和当前工序装配质量共同决定的,也就是说,某道工序的输出是由该道工序本身输入和上游相关工序的输出所共同决定的[1]。最终总装配质量与装配线上每个工位的装配过程都有关系。因此,产品装配质量形成过程具有以下特点:

图 8-2 汽车后桥示意图

1)相关性。后桥的装配过程包含多道工序,每道工序涉及的装配资源是质量特征的载体,该质量特征既可能是在制品的某个质量特性,也可能是影响质量特性的某个过程质量因素[2]。

2)动态聚合性。产品的每个质量特性都是在装配过程各道工序中相关质量因素的共同影响下形成的。从静态视角看,装配质量是装配前期的产品设计阶段制定的各项质量特性的符合程度;从动态视角看,装配质量是装配过程中不同类型质量特征融合变迁的产物。

3)时序性。产品涉及的质量特征并非同时进入装配过程,因此,产品最终的装配质量是由多工序装配过程中各类相关质量特征按照时序性依此融合形成,该过程是一个非线性的动态累积过程。

装配过程质量特性传递概念模型如图 8-3 所示。

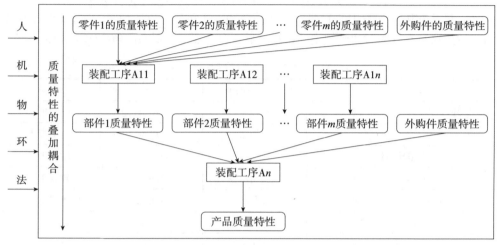

图 8-3 装配过程质量特性传递概念模型

产品制造阶段的质量任务包括生产过程监控与诊断、过程质量预测、生产工艺优化三个方面[3-5]。其中，生产过程监控与诊断主要是发现生产过程中是否出现异常波动并根据波动情况找出异常原因，这种监控方法只能在生产出现异常时给出报警，不能提前预测可能出现的异常情况，具有一定的时间滞后性。而过程质量预测技术可以使生产人员提前掌握质量变化的趋势，在质量控制中变被动诊断为主动预防。要想实现对后桥装配质量问题的事前预防、动态预测，需要满足以下需求：

1）在制品工艺实测值的实时采集。在制品装配工艺参数的动态优化是建立在大量的装配数据和质量特性数据的基础上的，各工序的实测数据对于装配工艺参数的预测和优化起到了决定性的作用。为了实现在制品工艺参数的动态预测，需要将在制品装配过程中形成的各工序工艺数据进行实时采集，并上传至数据库中。同时，需要提供可交互的用户界面来呈现相关数据信息，方便工作人员查看、追溯和管理。

2）在制品工艺参数的动态预测。某公司为汽车后桥装配生产过程的每一个质量控制点独立设定工艺参数目标值及其范围，并以此范围作为当前工序装配质量合格与否的判定标准。然而这种方式并没有考虑上下游工序质量控制点之间存在的误差累积问题，仍存在因上游工序质量特性偏差累积导致产品质量不合格的情况。为了解决该问题，需要找到合理的预测优化机制，在实际生产控制工位操作之前预测并优化当前工序的工艺参数，有效补偿误差累积，并将预测值实时反馈到装配过程中，切实保证装配过程中工艺参数的动态优化与调整，从而提高在制品的最终装配质量。

8.1.2 装配关键工艺参数分析

在某公司汽车后桥装配过程中，几乎所有的零部件都是用一个或者多个螺栓连接起来的。用螺栓连接方式进行装配，目的是让被装配的零部件被牢牢地紧固在一起，外力无法使其分开。其连接的质量好坏直接影响后桥产品的质量，进而影响汽车整车性能。因此，后桥装配过程的质量特性可用每道工序的装配工艺参数来表示，如表 8-1 所示。目前常用的装配工艺有扭矩法和转角法，扭矩法是直接拧紧至工艺要求的扭矩值，转角法是在拧紧时达到规定的扭矩之后，再按照工艺要求的角度转动螺栓。

表 8-1 某型号汽车后桥装配工艺参数

装配工艺参数	转角法/扭矩法	工位	设备
稳定杆连杆与稳定杆螺栓	转角法	OP20	电动扳手
盘毂螺钉	扭矩法	OP30	电动扳手
转向节轮毂螺栓	转角法	OP60-1	轴式工具
制动钳螺栓	转角法	OP60-2	轴式工具
拖曳臂与转向节螺栓	转角法	OP60-3	轴式工具
下控制臂与制动角螺栓	转角法	OP90	轴式工具
调节连杆与制动角螺栓	转角法	OP90	轴式工具
上控制臂与制动角螺栓	转角法	OP90	轴式工具
上控制臂与桥架螺栓	扭矩法	OP90	轴式工具
拖曳臂支架螺栓	转角法	OP100	轴式工具
稳定杆连杆与下控制臂螺栓	扭矩法	OP110	电动扳手
稳定杆螺栓	扭矩法	OP120	电动扳手
制动软管螺栓	扭矩法	OP140	电动扳手
轮速传感器螺栓	扭矩法	OP150	电动扳手
位置传感器自带螺母	扭矩法	OP150	电动扳手
位置传感器球头螺栓	扭矩法	OP150	电动扳手

因此，螺栓拧紧的主要工艺参数是扭矩值，由于螺栓有弹性变形，在完成既定的拧紧工艺之后，扭矩值会因此发生改变，产生装配误差[6]。除了螺栓本身的影响因素外，还存在很多如工具精度、工作人员的操作方式、工装及零件的固定位置、环境等因素都会影响后桥总成的最终整体装配质量。

由于装配误差的存在，在设计装配工艺时，允许各工序的装配质量在其精度上下偏差值范围内有小幅度波动。在制品流经上游工序完成装配活动后，只有当该工序上的质量特性实测值，如扭矩、角度，都在其设定的工艺参数上下限的范围内时，才认定该工序装配质量合格，然后再被放行至下游工序继续进行装配生产。

盘毂螺钉是连接制动盘和轮毂轴承的，当盘毂跳动检测值合格后，拿取拧紧电枪拧紧盘毂螺钉。它和稳定杆连杆与稳定杆螺栓连接这二者属于并行的两条分装线，稳定杆连杆与稳定杆螺栓连接是以桥架为基准进行连接，而盘毂螺钉则独立在随行夹具上，所以二者之间没有必然的联系。

在随行夹具这条分装线上,分别将转向节与盘毂总成连接,制动钳与转向节连接,拖曳臂与转向节连接。经过自动站,由工业机器人进行螺栓的自动拧紧作业。

之后,利用气动平衡吊将后角总成,即在随行夹具上将装配作业的部件总成吊起至后桥架分装线上继续作业。将下控制臂与制动角连接,调节连杆与制动角连接,调整上控制臂与制动角连接,调整上控制臂与桥架连接,调整拖曳臂与拖曳臂支架连接。经过自动站,由工业机器人进行螺栓的自动拧紧作业。

随后,分别将稳定杆连杆与下控制臂连接,将稳定杆与桥架连接,并完成调节连杆的四轮定位、减震器、制动软管、传感器等零部件的连接作业。

由 8.1.1 小节中对产品装配质量形成过程的特点分析可知,以上装配工艺参数随在制品的装配作业依次产生并且彼此之间存在相关性,最终融合形成完整的后桥总成产品。

8.1.3 数字孪生驱动的装配工艺参数优化方法

如图 8-4 所示,数字孪生驱动的装配工艺参数优化方法由物理装配过程、虚拟装配过程、孪生数据和工艺参数预测优化组成。其中,物理装配过程是汽车后桥装配的客观活动和实体集合,涵盖装配生产线、装配执行、装配操作、装配工艺、物料配送、技术状态等。虚拟装配过程是物理过程的真实映射,并对实际装配过程进行监测、预测和管控等。孪生数据包括与物理装配过程、虚拟装配过程相关的数据集合,支持虚实数据的深度融合和交互。通过物理装配过程与虚拟装配过程的双向映射与交互,数字孪生驱动的装配工艺参数优化方法可实现两者的集成和融合,实现装配体执行状态和技术状态在物理现实、虚拟模型之间的迭代运行,支持后续的装配过程、工艺参数和装机状态的智能优化和决策,实现汽车后桥装配的精准执行和优化控制。

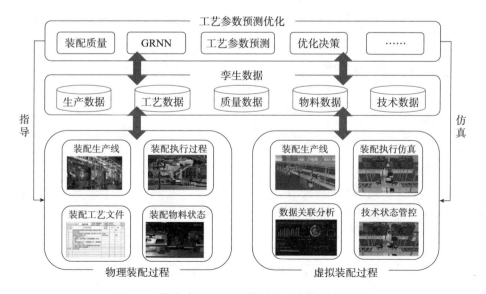

图 8-4 数字孪生驱动的装配工艺参数优化方法

8.2 汽车后桥总成装配线数字孪生建模

8.2.1 装配线生产过程关键要素孪生建模

在装配线生产过程中，参与生产的关键要素分为产品/零部件、设备、人员等，同时生产环境的变化也影响着生产过程，因此装配线生产过程中数字孪生模型可以描述为：

$$DT_{装配生产} = DT_{产品} \cup DT_{设备} \cup DT_{人员} \cup DT_{环境}$$

式中，$DT_{装配生产}$为装配线生产过程中数字孪生模型，$DT_{产品}$为生产的各种型号的产品数字孪生模型，$DT_{设备}$为装配线上相关生产设备的数字孪生模型，$DT_{人员}$为半自动化混流线上人工工位的人员分配数字孪生模型，$DT_{环境}$为生产环境的数字孪生模型。

1. 产品孪生建模

在不同的工艺阶段，不同型号的产品对应着不同的零部件组成（几何形态）、订单、质量、编码等全生命周期信息，这些信息可以利用数据接口存储在虚拟空间中每个产品的虚拟标签中，同时根据其工艺信息驱动产品的零部件组成（几何状态）的演变[7]。因此产品数字孪生模型可以描述为：

$$DT_{产品} = \{StructI, InterfaceI, VRules\}$$

式中，$StructI$为产品不同工艺阶段的结构组成，包括不同工位的产品零部件组成及外观表现形式；$InterfaceI$为获取相关生产辅助信息的数据接口，包括从追溯系统（PCS）中获取到的产品信息、订单等相关信息以及从PLC中获取的产品工艺信息、工艺质量数据；$VRules$为驱动更新产品不同形态的虚拟行为规则，包括各工位产品状态驱动程序以及生产数据信息虚拟标签的更新程序。产品模型名称、驱动数据、数据来源、虚拟行为规则如表 8-2 所示。

表 8-2 产品模型名称、驱动数据、数据来源、虚拟行为规则

模型名称	驱动数据	数据来源	虚拟行为规则
A1、A2、A3、B1、B2	订单、质量信息、工艺信息	PCS/PLC/BOM	产品状态驱动程序、生产数据更新程序

2. 设备孪生建模

对于设备，不同的工艺阶段的生产设备功能不尽相同，如自动站机器人自动拧紧螺栓、线体电动辊筒传输夹具、线首条码打印机记录产品信息、下料机器人搬运产品下线等，为完成孪生模型对物理实体的真实映射，模型必须保证三维尺寸信息、行为规则与物理实体高度一致[8]。同时，为了能够实时获取设备数据信息，孪生模型需要建立虚实通信传输接口；为了完成数据驱动行为，需要定义相关的虚拟行为规则信息。因此设备数字孪生模型可以描述为：

$$DT_{设备} = \{FunctionI,\ InterfaceI,\ VRules\}$$

式中，*FunctionI* 为与物理实体真实对应的功能模型，包括物理结构组成、三维几何尺寸、运行逻辑特性等。*InterfaceI* 为虚实交互的数据传输接口，虚拟模型可根据通信接口实时获取物理实体的运行数据。*VRules* 为虚拟空间对虚拟模型运行规则的约束、物理行为的指导、信号数据的处理等。

（1）工业机器人

本节研究的后桥装配线共有 15 台工业机器人，其结构及末端手爪不尽相同。首先根据机器人实体构建三维几何模型，如图 8-5 所示。然后根据装配线平面布局图纸，进行各机器人空间位置的精确定位，最后依据实体行为建立虚拟模型运动结构，机器人运动结构的关键在于各关节轴旋转中心的位置。行为的实现是通过虚拟程序调用数据接口来驱动模型完成对不同信号的响应。机器人模型名称、驱动数据、数据来源、虚拟行为规则如表 8-3 所示。

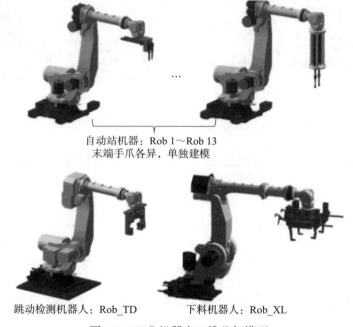

自动站机器：Rob 1～Rob 13
末端手爪各异，单独建模

跳动检测机器人：Rob_TD　　下料机器人：Rob_XL

图 8-5　工业机器人三维几何模型

表 8-3　机器人模型名称、驱动数据、数据来源、虚拟行为规则

机器人模型名称	驱动数据	数据来源	虚拟行为规则
Rob1～Rob13、Rob_TD、Rob_XL	关节数据、末端执行器数据	PLC	运动控制程序、信号处理程序

（2）线体

线体在装配生产过程中承担着按序流转夹具和产品的功能。首先需要对装配线进

行线体三维建模,如图 8-6 所示,同时划分每个工位模块,以便后续产品追溯信息的匹配对应。从首工位开始,流过人工工位时,人工扫码记录并上传当前工位在装产品的生命周期数据,符合产品在装工艺要求后,线体给予放行信号,夹具流转至下一工位;流经自动工位时,进站扫描产品型号,判断当前应该执行的工艺流程,待工艺质量数据合格后自动流转至下一工位。因此线体上需要记录每个工位的夹具占位信号、产品型号、放行信号、在装工艺信息、工艺质量数据等。实际流转过程中的行为控制,通过前述各工位的工艺信息及流转至下一工位的距离驱动,同时以各工位的占位信号作为辅助。

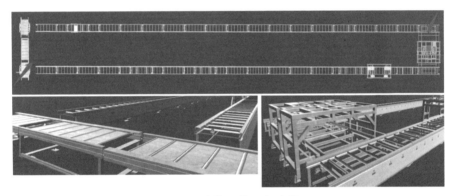

图 8-6 线体三维几何建模

线体模型名称、驱动数据、数据来源、虚拟行为规则如表 8-4 所示。

表 8-4 线体模型名称、驱动数据、数据来源、虚拟行为规则

模型名称	驱动数据	数据来源	虚拟行为规则
XT: N1~N40	占位信号、产品型号、放行信号、在装工艺信息	PLC/PCS	运动控制程序、信号处理程序

(3)工装设备

人工工位均会配置一把扫描枪,通过扫描当前工位产品零部件条码实现产品信息追溯。部分人工工位也配置有拧紧枪,用于拧紧螺栓,与自动站拧紧一样,工人会实时判断工艺质量数据是否合格。工装工具模型名称、追溯数据、数据来源如表 8-5 所示。

表 8-5 工装工具模型名称、追溯数据、数据来源

模型名称	追溯数据	数据来源
扫描枪	零件信息	PCS
拧紧抢	工艺质量数据	PLC

(4)夹具

夹具主要起到支撑产品、工位之间流转的作用,同时结合 RFID,与产品进行匹

配，实现产品数据的全流程追溯。通过翻转夹具上的支撑杆可以同时兼容多款车型产品，实现柔性化上料。

3. 人员孪生建模

对于人员，装配线上分配有多个人工工位，不同工位人员位置、行为不同。通过三维模型确定人体结构，定义定位接口和动作接口获取人员的物理空间位置及关节动作数据，同时定义虚拟行为规则驱动数字模型的位置、动作的更新。因此人员数字孪生模型可以描述为：

$$DT_{人员} = \{StructI, InterfaceI, VRules\}$$

式中，$StructI$ 为人员的三维模型，$InterfaceI$ 为获取人员数据信息的数据接口，$VRules$ 为更新数字模型的虚拟行为规则，包括位置更新程序和信号处理程序。人员模型名称、驱动数据、数据来源、虚拟行为规则如表 8-6 所示。

表 8-6 人员模型名称、驱动数据、数据来源、虚拟行为规则

人员模型名称	驱动数据	数据来源	虚拟行为规则
Human_N	空间位置数据	RFID	位置更新程序 信号处理程序

4. 生产环境孪生建模

生产环境孪生建模主要包括对装配线现场灯光，主要生产设备的材质、纹理、贴图，辅助设备搭建及贴图，地面贴图，厂房搭建等的采集，实现对生产环境的真实渲染，提高孪生模型视觉上的逼真效果。同时，通过传感器实现对环境的温度、湿度等数据的采集。因此生产环境数字孪生模型可以描述为：

$$DT_{环境} = \{EnvironI, InterfaceI, VRMateria\}$$

式中，$EnvironI$ 为传感器获取的环境数据，$InterfaceI$ 为环境数据传输接口，$VRMateria$ 为真实环境的材质纹理。环境模型名称、渲染数据、数据来源如表 8-7 所示。

表 8-7 环境模型名称、渲染数据、数据来源

环境模型名称	渲染数据	数据来源
生产环境	环境温度、湿度、PM2.5 等数据 灯光、材质、纹理、贴图等	传感器、摄像机

8.2.2 基于 Petri 网的虚拟装配线运行逻辑建模

为了构建由物理产线到虚拟产线的真实映射过程，需要对虚拟产线的生产系统运行逻辑进行建模，从而准确地描述虚拟产线动态行为[9-10]。汽车后桥装配过程是典型的离散生产模式，装配任务的执行过程可以用事件和状态抽象表示，因此，为了实现虚实同步运行，采用 Petri 网对生产过程的作业逻辑进行建模。通过实时数据转化的

事件驱动虚拟产线状态转换,动态映射物理产线现场生产运行过程。实时数据驱动的生产系统状态变迁对变迁规则有较高要求,因此本章采用扩展随机高级判断 Petri 网 (Extended Stochastic High Level Evaluation Petri Net, ESHLEP-N) 建立生产系统模型,提高模型推理和决策能力。

以某 A2 产品的 OP40 和 OP50 两个工位工序的 ESHLEP-N 建模为例,工艺流程如表 8-8 所示,ESHLEP-N 关系模型如图 8-7 所示,模型中的库所、变迁,以及变迁规则如表 8-9 中所示。

由 A2 产品的 OP40 和 OP50 两个工位工序内容可知,OP40 的 5 道分工序为一人按序手工完成,本章暂将其视为一道工序;OP50 的工序为工业机器人自动完成。因此表 8-9 可以稍作简化处理,省略部分库所。

表 8-8 工艺流程表

工位	工序名称	设备	装配图	人员
OP40	预装一侧制动钳	人工		1
	预装一侧拖曳臂			
	预装另一侧制动钳			
	预装另一侧拖曳臂			
	扫描制动钳条码		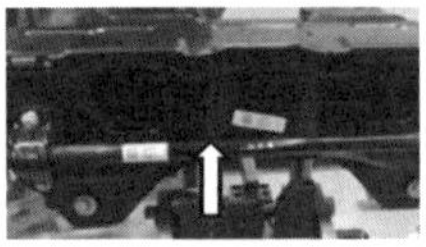	
OP50	自动拧紧转向节螺栓	工业机器人		0

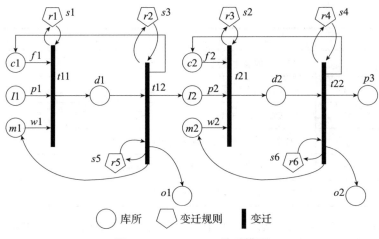

图 8-7 ESHLEP-N 关系模型

表 8-9 模型中的库所、变迁、变迁规则

		含义
库所	$f1$	第一道工序工业机器人空闲（此处无）
	$p1$	第一道工序工件输入缓冲等待库所
	$w1$	第一道工序工人空闲
	$d1$	第一道工序正在装配
	$o1$	第一道工序装配结束，工件进入输出缓冲区（此处无）
	$f2$	第二道工序工业机器人空闲
	$p2$	第二道工序工件输入缓冲等待库所
	$w2$	第二道工序工人空闲（此处无）
	$d2$	第二道工序正在装配
	$o2$	第二道工序装配结束，工件进入输出缓冲区（此处无）
	$p3$	第三道工序工件输入缓冲等待库所
变迁	$t11$	第一道工序开始装配
	$t12$	第一道工序装配结束
	$t21$	第二道工序开始装配
	$t22$	第二道工序装配结束

（续）

		含义
变迁规则	s1	t11变迁的发生规则（产品、工人就绪）
	s3	t12变迁的发生规则（该工位装配完成）
	s5	t12变迁后的输出规则（条码扫描完成）
	s2	t21变迁的发生规则（夹具进站时自动识别RFID）
	s4	t22变迁的发生规则（该工位装配完成）
	s6	t22变迁后的发生规则（装配工艺质量合格）

ESHLEP-N 关系模型中，输入库所中的令牌根据决策点的变迁规则触发，触发后令牌移入输出库所中；装配线上事件可以引入到决策规则中，作为状态变迁的触发条件。根据表 8-9 的变迁规则的定义可知，该模型的变迁触发流程是：当 $p1$ 库所里有令牌 $I1$，$w1$ 库所中有令牌 $m1$，根据决策点 $s1$ 的规则使用实时装配线事件触发变迁 $t11$，同时组成 $<I1, m1>$ 复合令牌，放入库所 $d1$ 中进行装配；装配结束后，根据决策点 $s3$ 的规则实时触发变迁 $t12$，分解复合令牌后将 $m1$ 返回到原来的库所中，根据决策点 $s5$ 的规则将分解后新产生的 $I2$ 输出到第二道工序输入缓冲区 $p2$。

实际装配过程中，当第一道工序的夹具及产品抵达工位，工人处于空闲状态时，按照 $s1$ 的变迁规则触发作业状态转换，空闲工人将待装零部件安装到桥架上，全部安装完毕，则第一道工序装配完成，根据 $s5$ 的变迁规则，即扫描完该工位的全部条码，通过实时数据反馈驱动状态转换，触发下一个序列状态发生，继续进入第二道工序进行装配，同时第一道工序工人回到原位；当第二道工序的夹具及产品抵达工位，工业机器人处于空闲状态时，按照 $s2$ 的变迁规则，即夹具进站时自动识别 RFID 确定工业机器人的装配流程，触发作业状态转换，工业机器人开始自动拧紧螺钉，全部螺钉拧紧完毕，则第二道工序装配完成，根据 $s6$ 的变迁规则，即装配工艺质量合格，通过实时数据反馈驱动状态转换，触发下一个序列状态发生，继续进入下一道工序进行装配，同时第二道工序设备回到原位。依此类推，直到完成整个装配作业。

装配线上实时采集的数据可以作为装配线事件，如进站事件、装配合格事件、产品就位事件等，引入变迁规则中触发状态变化，也就是说事件用来触发装配作业的状态变化，而状态可以维持一段时间的稳定装配作业。将整个装配线工艺流程的作业逻辑均采用上述建模方法转换为 ESHLEP-N 关系模型，即可将实时采集到的数据与装配作业逻辑相结合，完成物理装配线到 ESHLEP-N 关系模型的动态映射，实现装配线作业全流程的同步运行逻辑建模。

要想实现物理装配线全作业流程在虚拟装配线中的实时准确映射，还需要建立装配线多层次多粒度的映射体系。如图 8-8 所示，虚拟装配线以装配线的三维模型为基础，通过事件触发夹具与产品在各工位间的流转，数据驱动的虚拟装配线运行模式分为夹具及产品流转映射、设备装配映射和产品全装配过程映射三个层次。

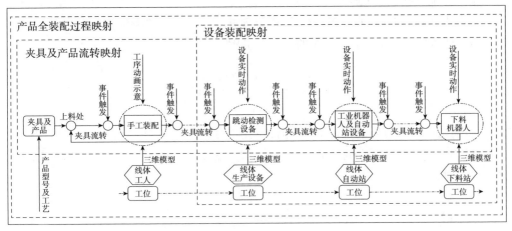

图 8-8 数据驱动的虚拟装配线运行模式

（1）夹具及产品流转映射

不同产品的工艺流程不同，基于混流装配线，需要确定每个产品在线体工位间的流转位置，通过物理装配线实时感知数据转化的事件来驱动产品在不同工位间的流动，实现产品从上料处上线，受到事件驱动，流经人工工位、自动站工位，直到下料处下线的全生命周期过程。

（2）设备装配映射

产品流经自动站工位，通过 RFID 自动扫描确定相对应的工艺流程，触发工业机器人的启停，通过采集工业机器人的实时动作数据驱动虚拟模型完成动态映射，机器人的模型动作通常采用父子节点联动的方式，即构建机器人六关节轴之间的父子关系完成物理逻辑动作。

（3）产品全装配过程映射

以夹具及产品流转映射、设备装配映射为基础，根据不同产品所在的不同工位确定相应的工艺流程，实时驱动产品装配过程中的模型变化，完整映射产品的全装配过程。

8.3 基于 ACO-GRNN 的工艺参数预测算法

8.3.1 GRNN 网络结构

广义回归神经网络（General Regression Neural Network，GRNN）是一种非线性回归的前馈式神经网络，是径向基网络的另一种变形形式[11]。GRNN 建立在非参数回归的基础上，以样本数据为后验条件，执行 Parzen 非参数估计，依据最大概率原则计算网络输出。GRNN 具有容错性高和非线性映射能力,网络结构严谨,在样本较少的时候也能够得到相应的数据网络,即使数据不稳定,也可以进行优化回归分析。

(1) GRNN 的理论基础

设随机变量 x 和 y 的联合概率密度函数为 $f(x,y)$,对应网络输入 x,输出为 y。已知 x 的观测值为 X,则 Y 相对于 X 的数学期望 $\hat{Y}$ 为:

$$\hat{Y} = E(Y \mid X) = \frac{\int_{-\infty}^{\infty} Y f(X, Y) \mathrm{d}y}{\int_{-\infty}^{\infty} f(X, Y) \mathrm{d}y} \tag{8-1}$$

式中,$\hat{Y}$ 就是在输入为 X 的条件下,Y 的预测输出。

若随机向量 X 的维数为 d,假设 $f(x,y)$ 服从正态分布,光滑因子为 σ,当学习样本数量为 m 时,有:

$$\hat{f}(X, Y) = \frac{1}{N(2\pi)^{\frac{(d+1)}{2}} \sigma^{(d+1)}} \cdot \sum_{i=1}^{m} \exp\left[-\frac{(X-X_i)^{\mathrm{T}}(X-X_i)}{2\sigma^2} - \frac{(Y-Y_i)^2}{2\sigma^2}\right] \tag{8-2}$$

用 $\hat{f}(X,Y)$ 代替 $f(X,Y)$,可得:

$$\hat{Y} = \frac{\sum_{i=1}^{N} Y_i \exp\left[-\frac{(X-X_i)^{\mathrm{T}}(X-X_i)}{2\sigma^2}\right]}{\sum_{i=1}^{N} \exp\left[-\frac{(X-X_i)^{\mathrm{T}}(X-X_i)}{2\sigma^2}\right]} \tag{8-3}$$

由 X_i、Y_i 学习得到的模式向量 P_i 为:

$$P_i = \exp\left[-\frac{(X-X_i)^{\mathrm{T}}(X-X_i)}{2\sigma^2}\right], \quad i=1, 2, 3, \cdots, m \tag{8-4}$$

$$S_D = \sum_{i=1}^{m} P_i \tag{8-5}$$

$$S_N = \sum_{i=1}^{m} Y_i P_i \tag{8-6}$$

则由式(8-3)可得:

$$\hat{Y} = E(Y \mid X) = \frac{\sum_{i=1}^{m} Y_i P_i}{\sum_{i=1}^{m} P_i} = \frac{S_N}{S_D} \tag{8-7}$$

(2) GRNN 网络结构

对于观测值 $X = (x_1, x_2, \cdots, x_d)^{\mathrm{T}}$,输入 GRNN 网络模型并经过 m 个模式 P_i 运算后,分别求和,即可得输出量 $\hat{Y} = (y_1, y_2, \cdots, y_q)^{\mathrm{T}}$。图 8-9 所示为 GRNN 网络结构示意图,分为四层:输入层、模式层、求和层和输出层。

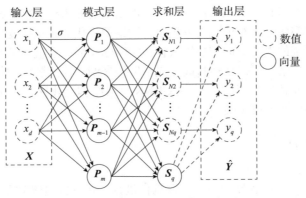

图 8-9 GRNN 网络结构示意图

1)输入层。输入层神经元的数目等于学习样本中输入向量的维数 d,各神经元是简单的分布单元,直接将输入变量传递给模式层。

2)模式层。模式层与输入层之间为全连接,层内神经元之间无连接。模式层神经元数目等于学习样本的数目 m,各神经元对应不同的样本。模式层神经元传递函数为:

$$P_i = \exp\left[-\frac{(X-X_i)^T(X-X_i)}{2\sigma^2}\right], \quad i=1,2,3,\cdots,m \quad (8-8)$$

式中,X 为网络输入变量,X_i 为第 i 个神经元对应的学习样本,σ 为光滑因子。

3)求和层。求和层中有两个节点,第一个节点为模式层每个神经元的算术求和,即 $\sum_{i=1}^{m}\exp\left[-\frac{(X-X_i)^T(X-X_i)}{2\sigma^2}\right]$,其模式层与各神经元的连接权值为 1,传递函数为:

$$S_D = \sum_{i=1}^{m} P_i \quad (8-9)$$

第二个节点为预期结果与模式层每个神经元的加权求和,即 $\sum_{i=1}^{m} Y_i \exp\left[-\frac{(X-X_i)^T(X-X_i)}{2\sigma^2}\right]$,模式层中第 i 个神经元与求和层中第 j 个神经元之间的连接权值为第 i 个输出样本 Y_i 中的第 j 个元素,传递函数为:

$$S_{Nj} = \sum_{i=1}^{m} y_{ij} P_i, \quad j=1,2,\cdots,q \quad (8-10)$$

4)输出层。输出层中的神经元数目等于学习样本中输出向量的个数 q,各神经元求和层的输出相除,神经元 j 的输出对应估计结果 $\hat{Y}(X)$ 的第 j 个元素,即:

$$y_j = \frac{S_{Nj}}{S_D}, \quad j=1,2,\cdots,q \quad (8-11)$$

GRNN 网络的优化过程相对简单，一旦网络中的输入样本确定，对应的网络结构和网络中各层之间的连接权值也能够确定，网络的优化训练也就变成了对平滑参数的优化训练。与传统的误差反向传播算法相比，GRNN 网络在模型训练过程中不需要调整网络中的连接权值，只需要通过改变光滑因子来调整模式层中的传递函数，以此来提高网络的训练精度[12]。但是，由于 GRNN 网络结构泛化能力不强，若光滑因子取值不当，预测将会产生较大误差。

8.3.2 蚁群算法

（1）蚁群算法基本原理

蚁群算法模拟了自然界中蚂蚁种群觅食机制，在寻找食物时每只蚂蚁协同分工，通过自身特性在爬过的路线上分泌出化学物质，即信息素（Pheromone）。路线长短对应分泌不同的浓度，二者存在反比例关系，即路线短的信息素浓度高，反之，信息素浓度低。蚂蚁会依据路线上的信息素浓度大小选择高浓度的路径作为下一个前进方向，并留下新的信息素，使得该路径上的信息素浓度更高，而其他路径上的信息素会随时间逐渐消散。可见，蚂蚁寻路是一个正反馈的觅食寻优机制，蚂蚁最终会找到一条最短的觅食路线。

（2）数学模型

假设蚁群有 m 只蚂蚁，需要历经 n 个城市，用 $d_{ij}(i, j = 1, 2, \cdots, n)$ 来表示城市 i 和 j 之间的路程，令城市 i 和 j 在 t 时刻两者路径上的信息素浓度为 $\tau_{ij}(t)$。蚂蚁 k ($k = 1, 2, \cdots, m$) 从城市 i 朝向城市 j 的迁移的关键因素是状态转移概率 P_{ij}^k，公式如下：

$$P_{ij}^k(t) = \begin{cases} \dfrac{\tau_{ij}^{\alpha}(t)\eta_{ij}^{\beta}(t)}{\sum_{s \in allow_k} \tau_{is}^{\alpha}(t)\eta_{is}^{\beta}(t)} &, s \in allow_k \\ 0 &, s \notin allow_k \end{cases} \qquad (8\text{-}12)$$

式中，$allow_k$ 为蚂蚁 k 须途径城市的集合，$\eta_{ij}(t)$ 为蚂蚁从城市 i 朝向城市 j 的迁移的期望量值，是按照自身适应性定义的一种启发式函数。α 为城市间路径信息的相对重要程度因素。α 的数值过大，信息素浓度在蚂蚁路线迁移中起到的影响越大，越倾向于选择已走过的路径，搜索的随机性减弱；α 的数值过小，则容易导致蚁群搜索过早陷入局部最优。β 为城市间距离启发函数的相对重要程度因素，其大小反映了蚁群寻优过程中先验性、确定性因素的作用程度。β 的数值越大，蚂蚁在某个局部点上选择局部最短路径的可能性越大，虽然收敛速度加快，但蚁群寻优的随机性减弱，容易陷入局部最优[13]。

为了真实模拟信息素挥散的状态，引入挥散因子 ρ 对路径信息进行优化调整，ρ 取值一般在 0～1 之间。ρ 的大小直接关系到算法的全局搜索能力和收敛速度。ρ 取值过小，则信息素持续残留，干扰蚂蚁搜索路径；反之，ρ 取值过大会造成蚂蚁搜索的随机性降低[14]。

当全部的蚂蚁完成一次城市访问后，更新全部城市间的信息素浓度值，即：

$$\begin{cases} \tau_{ij}(t+1) = (1-\rho)\tau_{ij}(t) + \Delta\tau_{ij}(t) \\ \Delta\tau_{ij} = \sum_{k=1}^{n}\Delta\tau_{ij}^{k} \end{cases}, 0 < \rho < 1 \quad (8\text{-}13)$$

式中，$\Delta\tau_{ij}^{k}$ 为第 k 只蚂蚁在完成本次访问后在城市 i 和 j 间分泌出的信息素增量，$\Delta\tau_{ij}$ 为所有蚂蚁在完成本次访问后在城市 i 和 j 间分泌出的总信息素浓度。

$\Delta\tau_{ij}^{k}$ 信息素更新策略采用蚁周模型：

$$\Delta\tau_{ij}^{k} = \begin{cases} \dfrac{Q}{L_k}, & \text{第} k \text{只蚂蚁从城市} i \text{转移到城市} j \\ 0, & \text{其他} \end{cases} \quad (8\text{-}14)$$

式中，Q 表示蚂蚁在完成本次访问后所分泌的信息素总浓度，其为一个常数，L_k 表示第 k 只蚂蚁在完成本次访问后的总路程，初始化时，令 $\tau_{ij}(0) = C$，$\Delta\tau_{ij}(0) = 0$。可以看出，蚁周模型是利用蚂蚁走过的路径总长计算信息素浓度的，蚂蚁经过路径距离越小，其释放的信息素浓度就越高[15]。该模型利用了路径的整体信息，能够实现全局更新。

（3）算法流程

蚁群算法求解最优路径的主要步骤如下，流程图如图 8-10 所示。

步骤 1：初始化 m、n、ρ、α、β、Q 等相关参数。

步骤 2：将蚂蚁放置在不同的出发点，并为每只蚂蚁建立禁忌表，按照状态转移公式计算得到下一个迁移地点，当蚂蚁到达下一个地点时，将其加入禁忌表中，直到所有蚂蚁完成全部城市的访问。

步骤 3：求出每只蚂蚁在完成本次访问后的路线总长 L_k，保存当前迭代次数下计算得到的最优解，根据全局更新原则，按照式（8-13）对所有城市间的信息素浓度值进行更新；

步骤 4：判断当前迭代次数是否大于最大设定值，如果是，则输出当前计算结果；否则，继续转入步骤 2。

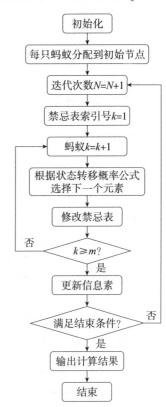

图 8-10 蚁群算法流程图

8.3.3 基于改进蚁群优化算法的 GRNN 网络模型

考虑到基本蚁群算法存在随机搜索时间过长，容易陷入局部最优的缺陷，本节提出一种基于自然选择策略的改进蚁群算法。生物学家达尔文曾指出，生物在生存竞争中存在优胜劣汰的关系，即对于生存环境的改变适应能力强的就存活下来，适应能力差的就会被淘汰。基于此，引入随机进化因子（Random Evolution Factor，REF）和进化漂变阈值（Evolution Drift Threshold，EDT），随机进化因子指的是蚂蚁选择下一路径节点的概率变异参数，进化漂变阈值指的是蚂蚁选择下一路径节点概率的变异阈值[16]。

随机进化因子作用于每只蚂蚁选择下一路径节点的概率，按照式（8-12）求得概率P_{ij}^{K}后，为每只蚂蚁分配一个REF_k，当REF_k的值大于 EDT 时，就对P_{ij}^{K}进行修正，即：

$$P_{ij-\text{new}}^{K}(t)=\begin{cases}P_{ij}^{K}(t)\cdot Rand & ,REF_k>\text{EDT}\\ P_{ij}^{K}(t) & ,\text{其他}\end{cases} \quad (8-15)$$

式中，Rand 为随机进化因子量值，使蚂蚁在选择下一路径节点时依赖于其他蚂蚁反馈的信息程度有所降低，可以有效避免蚁群搜索受局部最优解的干扰。当蚁群搜索到一些局部最优解后，就会对满足进化策略的路径进行修正，弥补算法无序、无规则搜索导致的长时间不收敛的缺陷，从而提高全局最优蚁群算法的搜索效率。

传统的广义回归神经网络的每个模式层神经元选取的光滑因子都为 1，但这并不是最优值，选取合适的光滑因子将大大提高网络的预测性能，从而提高优化水平[17]。蚁群算法是一种基于种群的启发式随机搜索算法，具有正反馈、鲁棒性、并行性等优点，在离散优化问题上有较好的优越性，因此本章引入蚁群算法来求解光滑因子，为模式层每个神经元寻找最优光滑因子值，提高 GRNN 网络的预测性能。

将蚁群算法和 GRNN 网络融合，得到基于改进蚁群化算法的 GRNN 网络模型，它与 8.3.2 节提到的蚁群算法的不同点在于[18]：

1）改进 GRNN 网络对光滑因子向量进行寻优，σ中每一个维度的每一个可取值均被视为一个城市，每个城市之间并非完全独立。

2）蚂蚁从σ的第一个维度逐步向下一个维度迁移，直到迁移至最后一个维度，如图 8-11 所示，在每一个维度的取值顺序集合构成一个光滑因子向量的可行解。

3）利用每次获得的光滑因子向量解构建 ACO-GRNN 网络模型，对测试数据进行预测并得到预测误差，对比每个解的预测误差，误差越小，则构建的解越好。

本章采用 K-Fold 交叉验证的方式对解进行评估，计算不同σ取值的

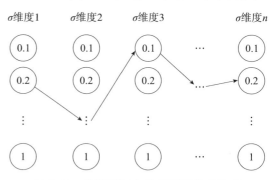

图 8-11　光滑因子向量的可行解的生成

模型得到的交叉验证误差 e_{total}：

$$e_{\text{total}}(\sigma) = \frac{1}{n}\sum_{i=1}^{n}\left(\hat{Y}_i - Y_i\right)^2 \tag{8-16}$$

式中，$\hat{Y}_i$ 为第 i 个测试样本对应的预测输出变量，Y_i 为第 i 个测试样本对应的实际输出变量。

令 L_k 为第 k 只蚂蚁在本次循环中可行解构建的 GRNN 模型预测的误差，$L_k = e_{\text{total}}[\sigma(t)]$。此时，信息素增加的总量可表示为：

$$\Delta\tau_{(r)ij}(t) = \sum_{k=1}^{m}\Delta\tau_{(r)ij}{}^{k}(t) \tag{8-17}$$

式中，$\Delta\tau_{(r)ij}{}^{k}(t) = Q/L_k$，$Q$ 为信息素强度，表示蚂蚁在一次循环过程中释放的信息素总量。

8.4 工艺参数同步预测实验验证及分析

8.4.1 工艺参数预测模型构建

根据 8.3.3 节中介绍的方法，ACO-GRNN 网络运算流程图如 8-12 所示。以某公司后桥装配线为例，构建 ACO-GRNN 网络工艺参数预测模型，具体步骤如下。

（1）构建网络初始模型

根据对后桥产品装配质量影响因素的分析，选取以下关键工艺参数并按上下游工序排序为：转向节轮毂轴承螺栓扭矩、制动钳螺栓扭矩、拖曳臂与转向节螺栓扭矩、下控制臂与转向节螺栓扭矩、上控制臂与转向节螺栓扭矩、上控制臂与桥架扭矩、稳定杆连杆与下控制臂螺栓扭矩、稳定杆与桥架螺栓扭矩。

以下控制臂与转向节螺栓扭矩控制点作为目标控制点为例，构建 GRNN 的初始网络模型，以目标控制点上游工序的质量控制点的实际测量值及偏差值、目标控制点的工艺目标值组成输入向量 $\boldsymbol{X} = (x_1, x_2, \cdots, x_n)$。其中，$x_1$ 为转向节轮毂轴承螺栓扭矩实际检测值，x_2 为转向节轮毂轴承螺栓扭矩偏差值，x_3 为制动钳螺栓扭矩实际检测值，x_4 为制动钳螺栓扭矩偏差值，x_5 为拖曳臂与转向节螺栓扭矩实际检测值，x_6 为拖曳臂与转向节螺栓扭矩偏差值，x_7 为下控制臂与转向节螺栓扭矩预定目标值。

输出向量 $\boldsymbol{Y} = (y_1, y_2, y_3)$，其中，$y_1$ 为下控制臂与转向节螺栓扭矩预测控制下限，y_2 为下控制臂与转向节螺栓扭矩预测控制上限，y_3 为下控制臂与转向节螺栓扭矩预测目标值。实际生产中，将预测的目标值反馈至装配线控制设备作业，并验证其实测值是否在预测的控制上下限范围之内。若在（y_1, y_2）范围内，则该道工序装配质量合格。

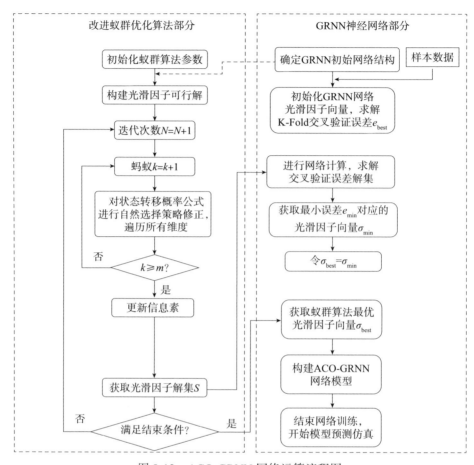

图 8-12 ACO-GRNN 网络运算流程图

（2）优化光滑因子向量

利用 8.3.3 节中的改进蚁群优化算法寻找最优光滑因子向量，构建基于蚁群优化算法的广义回归神经网络模型，具体的光滑因子寻优步骤如下：

步骤 1：初始化蚁群算法参数。设置蚂蚁数量 m、信息素强度 Q、信息启发因子 α、启发函数因子 β、信息挥发因子 ρ、光滑因子最小值 σ_{min}、光滑因子最大值 σ_{max}、光滑因子单位间隔 $\Delta\sigma$、迭代次数 N。

步骤 2：初始化光滑因子向量 σ。令每个维度均取值为 1，并令 $\sigma_{best} = \sigma$，利用式（8-16）计算得到 σ_{best} 对应的初始 GRNN 网络模型的预测误差 e，并令 $e_{best} = e$。

步骤 3：依据样本数据维度构建光滑因子可行解空间，改进蚁群算法迭代一次后得到解集 $S = \{\sigma_1, \sigma_2, \sigma_3, \cdots, \sigma_m, \cdots\}$，其中每一个可行解构建的 GRNN 网络经式（8-16）算得到的预测误差解集为 $E = \{e_1, e_2, e_3, \cdots, e_m, \cdots\}$，$E$ 中最小误差 $e_{\min}$ 对应的光滑因子向量解为 $\sigma_{\min}$。令 $\sigma_{\text{best}} = \min\{\sigma_{\min}, \sigma_{\text{best}}\}$，$e_{\text{best}} = \min\{e_{\min}, e_{\text{best}}\}$。

步骤 4：继续迭代，直到达到最大迭代次数 N 或者满足要求，输出最优光滑因子向量 e_{best}。

（3）工艺参数在线预测优化

利用最优光滑因子向量 e_{best} 构建 ACO-GRNN 预测模型，对当前工序工艺参数上下限和目标值进行动态预测，实现后桥装配过程工艺参数的在线同步优化。

8.4.2 实验验证及结果分析

从追溯系统中筛选质量优良的后桥成品，提取出 50 组实验数据作为模型的训练样本，再提取 10 组实验数据作为测试样本，测试样本数据如表 8-10 所示。在训练前，使用极差归一化方法将所有类型数据都转换至区间 [-1,1]。对提取的 50 组训练样本采用 K-Fold 交叉验证的方法寻优，令 k 取值为 5，则每一次交叉过程中训练集样本数为 40，所以光滑因子向量的维数为 40。

表 8-10　10 组测试样本数据

样本	x_1	x_2	x_3	x_4	x_5	x_6	x_7
1	148.55	-1.45	153.74	3.74	294.65	-5.35	230
2	151.12	1.12	151.65	1.65	292.86	-7.14	230
3	149.50	-0.5	152.71	2.71	296.12	-3.88	230
4	145.23	-4.77	152.23	2.23	286.56	-13.44	230
5	148.20	-1.8	153.83	3.83	303.46	3.46	230
6	147.92	-2.08	151.96	1.96	286.38	-13.62	230
7	146.30	-3.70	152.92	2.92	290.60	-9.40	230
8	148.21	-1.79	155.77	5.77	279.22	-20.78	230
9	148.87	-1.13	152.68	2.68	287.98	-12.02	230
10	148.37	-1.63	152.92	2.92	294.88	-5.12	230

蚁群算法参数如表 8-11 所示。

表 8-11　蚁群算法参数

算法参数	实际参数值
进化漂变阈值	0.6
信息启发因子 α	1
启发函数因子 β	2
信息挥发因子 ρ	0.6

（续）

算法参数	实际参数值
信息素强度 Q	100
蚂蚁数量 m	40
迭代次数 N	250
光滑因子最小值 $\sigma_{\min}$	0.1
光滑因子最大值 $\sigma_{\max}$	2
光滑因子单位间隔 $\Delta\sigma$	0.1

图 8-13 为迭代次数与预测误差的关系图，从图中可以看出，ACO-GRNN 预测模型经过 250 次迭代寻优得到最优光滑因子解，最终预测误差在 0.9 左右。

图 8-14 为通过蚁群算法寻优获得的一组最优光滑因子向量解，横坐标为光滑因子向量维度，纵坐标为每个维度对应的光滑因子取值。由最优光滑因子组合构建 ACO-GRNN 预测网络模型。

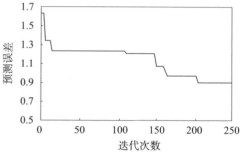

图 8-13 迭代次数与预测误差的关系图

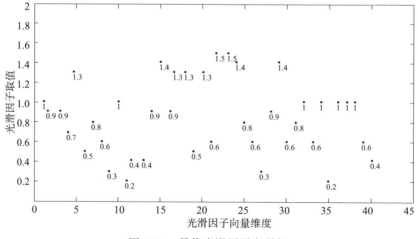

图 8-14 最优光滑因子向量解

图 8-15 分别为 BP 神经网络、传统 GRNN 网络和本章改进的 ACO-GRNN 网络的预测结果与实际输出结果的对比，横坐标为测试样本序号，纵坐标为工艺参数预测输出值。实测值是对应测试样本序号的质量特性实际检测值，从追溯系统中取得。

三种网络模型的预测结果均方误差及耗时对比如表 8-12 所示。

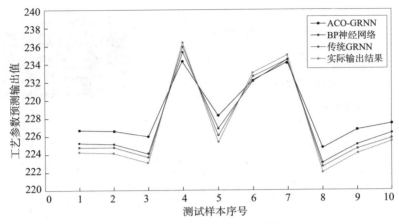

图 8-15 三种算法预测结果与实际输出结果的对比（见彩插）

表 8-12 三种网络模型的预测结果均方误差及耗时对比

预测网络模型	均方误差	耗时 /s
BP 神经网络	3.4193	0.0148
传统 GRNN 网络	1.1811	0.0023
ACO-GRNN 网络	1.1137	0.0029

由表中数据可以看出，改进 ACO-GRNN 网络模型预测精度比 BP 神经网络和传统 GRNN 网络预测精度都要高，且比 BP 神经网络预测效率更快，满足工艺参数同步优化的要求。

采用 ACO-GRNN 网络模型对装配多工序的工艺参数进行动态预测，可以有效消减因上游工序装配误差传递及累积导致当前工序在符合工艺要求的情况下仍出现质量不合格的问题，实现对产品装配质量的预测，大大提升产品生产效率，降低废品率，保障企业的经济效益。

8.5　数字孪生驱动的装配车间工艺参数优化系统

8.5.1　系统框架

根据某公司后桥装配过程中的信息流动过程，搭建数字孪生装配工艺同步监控系统，其框架如图 8-16 所示。采用 C/S 架构进行设计，将装配生产现场的三维制造资源模型数据存储在客户端中，服务端主要向客户端传输实时采集的数据信息。因此，在进行数据传输的过程中，不需要加载装配线的三维模型数据，而只需要传输装配生产过程中的数据即可，这样做大大降低了网络负荷，保证了同步监控系统的实时性、稳定性。

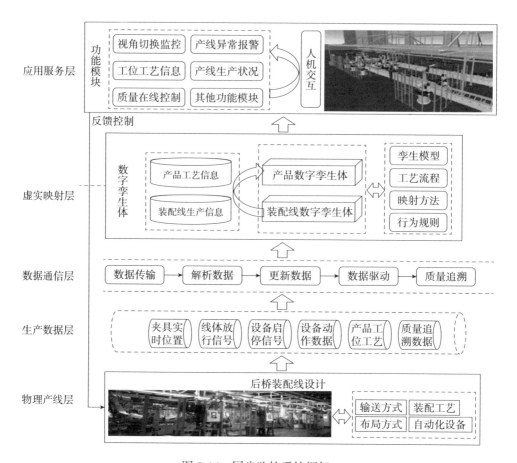

图 8-16 同步监控系统框架

（1）物理产线层

物理产线层涉及整个装配线的组成元素，主要包含装配生产过程中的各种自动化设备，如工业机器人、质量检测设备、自动站、线体及 PLC 控制柜等。自动化设备是装配生产过程中的基础，同时也是同步监控系统的重要数据来源，设备的运行状态直接影响整个装配线的效率。

（2）生产数据层

通过对物理产线层 PLC 中信号点位的实时采集，追溯 PCS 系统、装配线信息系统以及历史数据库中的数据进行交互访问，实现同步监控系统的正常运行。采集的数据实时存储在数据库中。

（3）数据通信层

数据通信是实现虚实同步监控的关键，轻量化的数据传输可以降低网络吞吐量，减少延迟，保证同步监控系统的实时性、可靠性。

（4）虚实映射层

在虚实映射层中构建了数字孪生体，包括了产品数字孪生体和装配线数字孪生体。依据生产数据层提供的产品工艺信息和装配线生产信息，以孪生模型为基础，结合产品工艺流程、映射方法和数据驱动的虚拟模型行为规则，实现从物理装配线到虚拟装配线的同步映射。

（5）应用服务层

应用服务层是用户与系统进行交互的桥梁，也是同步监控系统的最终展示层。其人机交互界面将装配线现场的生产信息完整的映射到虚拟场景中，实现了虚拟场景的可视化。主要功能模块分为：视角切换监控模块、产线异常报警模块、工位工艺信息展示模块、产线生产状况模块、质量在线控制模块和其他功能模块。多功能模块协同丰富了装配线可视化的展现模式，增强了人机交互控制能力。

8.5.2 优化流程

产线开始运行后，产品上线，在起始工位通过 RFID 读写器初始化标签，经过下一工位时，通过扫描 RFID 电子标签获取产品当前工位的装配工艺以及相应的工艺规范，同时以实时数据库、工艺数据库和历史数据库为辅，进行数据分析处理。一方面，将实时数据传输至数字孪生系统中进行三维可视化；另一方面，将产品全流程工艺数据引入工艺参数预测模型中进行工艺参数优化，利用优化好的工艺参数完成装配过程。图 8-17 为基于数字孪生的工艺参数优化流程。

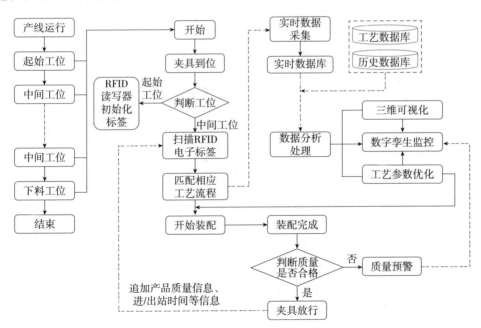

图 8-17 基于数字孪生的工艺参数优化流程

实际装配生产过程中，通过扫描夹具及在制品二维码获取其相关工艺信息，包括其上游工序质量特性工艺数据的实测值及误差值、当前工序质量特性工艺数据的理论值等，将这些数据作为 ACO-GRNN 网络预测模型的输入数据，获取当前工序预测目标值及控制阈值，并将其预测结果实时传输至装配线 PLC 中，控制拧紧枪等设备的装配生产。当前工位装配完成后，从 PLC 中实时读取装配工艺数据实测值，通过与预测的上下限进行对比分析，判断当前工位装配质量是否合格，装配质量控制流程如图 8-18 所示。

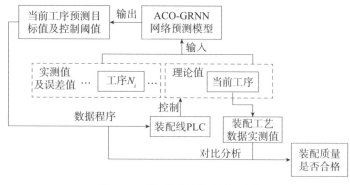

图 8-18　装配质量控制流程图

8.5.3　软硬件组成

1. 硬件平台介绍

本章研究平台为某公司后桥装配半自动化生产线，其自动化程度相对较高，配有多个自动站辅助生产，主要系统硬件设备如图 8-19 所示，包括：

1）FANUC 工业机器人：分别用于自动拧紧螺钉、跳动检测和上下料。各个工位的机器人根据正在生产的产品型号执行相应的工艺流程，分工完成整个装配过程。

2）环形线体：用于流转夹具，逐个工位按序生产。

3）固定扫描器：满足总成二维码的自动扫描。

4）电动扳手：在人工工位，辅助工人拧紧螺钉。

5）RFID 读写器：包括 RFID 电子标签、读写天线以及 RFID 读写器，RFID 电子标签通过编码器将产品信息记入标签，标签依附在夹具等位置，读写天线分别置于仓库以及工位处。

2. 系统开发及运行环境

本章在进行系统开发时，利用 SolidWorks、Rhino、3ds Max 进行三维建模、定位及渲染；采用 Unity 3D 开发引擎、C# 编程语言进行同步监控系统的开发；利用 Python 语言构建 ACO-GRNN 预测算法模型，实现装配过程工艺参数的在线优化。

开发平台[19-21]：Visual Studio 2017，Unity 3D 2018.1.1f，3ds Max 2018，Rhino 6，SolidWorks 2019，MATLAB 2016a。

操作系统：Windows Server 2019。

数据库：MySQL 2016。

开发语言：C#、C++、Python。

本章的三维实体模型的格式转换过程如图 8-20 所示。

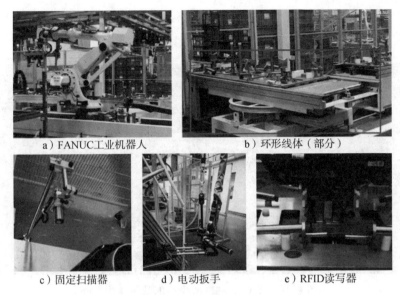

图 8-19 主要系统硬件设备（见彩插）

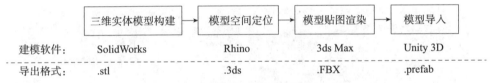

图 8-20 三维实体模型的格式转换过程

8.5.4 系统功能开发与实现

1. 相机切换监控模块

图 8-21 所示为经 Unity 3D 渲染后的数字孪生车间，面对大场景，用户很难将整个生产线场景都显示在屏幕上。为了方便查看监控系统中的生产状态、设备运行状态、产品装配状态等，本节构建了四种相机切换模式，分别为：全局模式、工位模式、漫游模式、CCTV 模式，如图 8-22 所示。用户可以通过操纵输入设备，如鼠标、键盘等，根据自己的意愿决定监控系统中虚拟相机的视点方向和位置，从而改变屏幕上现实的三维场景[22-23]。

1）全局模式，即第一人称视角模式。用户通过控制键盘"W""S""A""D""Q""E""Shift"键分别实现镜头的向上、向下、向左、向右、向前、向后、加速移动，通过鼠标右键实现镜头的360°旋转。

2）工位模式。用户通过控制键盘的数字键，对应装配线上的工位号，实现对现场任意工位的随时切换监控。

3）漫游模式。通过预先设定漫游点，使得相机按照漫游点形成的路径循环漫游监控，可以实现对场景的大范围预览，纵观整个数字孪生虚拟场景。

4）CCTV 模式。选取一些关键监控点，将其全部放置于同一屏幕上，实现多个监控点的同一时刻监控。

图 8-21　经 Unity 3D 渲染后的数字孪生车间

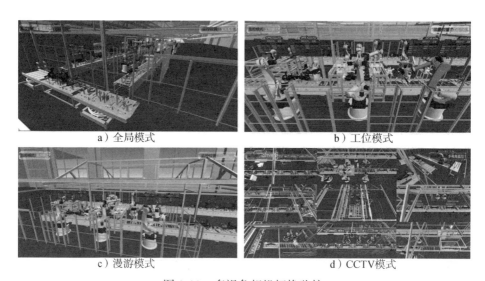

a）全局模式　　　　　　　　　　b）工位模式

c）漫游模式　　　　　　　　　　d）CCTV模式

图 8-22　多视角相机切换监控

为了实现多相机视角切换监控，设计的操作步骤如下：

步骤 1：定义 4 种相机监控模式脚本，并添加 4 种相机至相机切换列表中，同时设置默认的相机监控模式。

步骤 2：定义 Tab 键解锁第一、二层级，第一层级为 4 种监控模式，第二层级为每种监控模式对应的监控可选项。

步骤 3：定义键盘数字键 1、2、3、4 分别对应 4 种监控模式，按键可任意切换。

步骤4：补充定义4种相机监控模式脚本，实现多视角各自的查看功能。相机切换流程如图8-23所示。

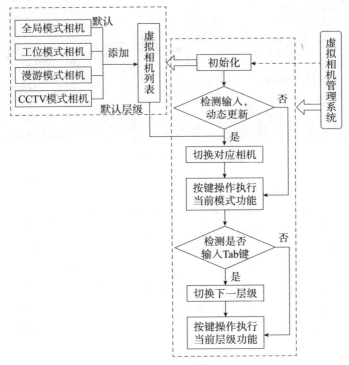

图 8-23　相机切换流程

以漫游模式为例，在场景中设置多个漫游路径点，如图8-24所示，当场景切换到漫游模式下，开启自动漫游动画，漫游相机由起始路径点绕漫游中心点进行位置变换，改变观察视角。

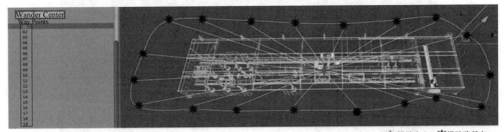

图 8-24　漫游中心点及路径点

按下Tab键，由默认的第一层级切换至第二层级，如图8-25所示，通过空格键来控制场景漫游的运行和暂停。

图 8-25　模式层级切换

2. UI 面板信息可视化

Unity 3D 引擎内置的 UGUI 系统，允许用户快速直观地创建图形用户界面，开发效率高，可以满足任意的 UI 制作要求。

根据本节开发的同步监控系统需要展示的工位数据信息，搭建了如图 8-26 所示的 UI，方便用户查看实时工位状态。装配状态代表该工位当前是否处于正常生产中；扭矩 1、2、3、4 代表该工位需要同时拧紧的螺栓，即稳定杆与桥架螺栓的扭矩值，其中包含了实际生产值、工艺要求目标值和在线预测目标值；质量检测反映了当前工位工艺参数实测值是否在预测控制阈范围内，实测值处于控制阈范围内代表质量合格，可以放行。

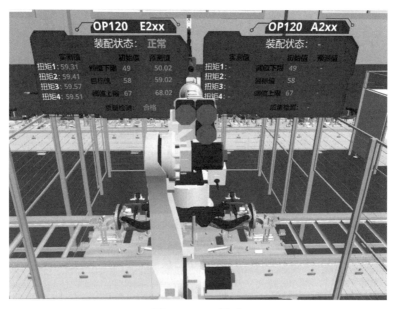

图 8-26　UI 展示

UGUI 系统的引入，可以更好地实现人机交互与信息的可视化。与模型动态行为映射方法一样，将实时采集到的工位状态信息及工艺质量信息通过数据传输接口导入平台中，通过索引相应的游戏物体的参数，实时驱动 UI 中数据的动态变化，实现物理装配线工艺数据与虚拟装配线工艺数据的同步展示。

状态信息显示面板，不仅可以实时更新显示各工位状态信息，输出预测后的工艺参数目标控制阈值，并将其及时反馈至线体，进行装配质量的在线控制；还可以及时响应装配生产中出现的故障报警（见图 8-27），依照错误事件原因找到故障点，有效帮助操作人员做出应对措施，提高生产效率，达到质量监控及在线控制的目的。

图 8-27　故障报警

参考文献

［1］赵鸿飞，张琦，朱春生，等. 基于改进自适应和声遗传算法的装配序列优化研究 [J]. 计算机应用研究, 2013, 30(8):2357-2359, 2363.

［2］ROBLES N, ROY U. Optimal tolerance allocation and process-sequence selection incorporating manufacturing capacities and quality issues[J]. Journal of Manufacturing Systems, 2004, 23(2): 127-133.

［3］刘少岗，金秋，刘超. 统计公差优化模型的解析求解方法 [J]. 计算机集成制造系统, 2013, 19(11):2736-2741.

［4］JI S, LI X, MA Y, et al. Optimal tolerance allocation based on fuzzy comprehensive evaluation and genetic algorithm[J]. International Journal of Advanced Manufacturing Technology, 2000, 16(7): 461-468.

［5］CHENG K M, TSAI J C. Optimal statistical tolerance allocation for reciprocal exponential cost-

tolerance function[J]. Journal of Engineering Manufacture, 2013, 227(5):650-656.
［6］郑丞，金隼，来新民，等 . 基于非合作博弈的公差分配优化 [J]. 机械工程学报，2009，45(10):159-165.
［7］赵浩然，刘检华，熊辉，等 . 面向数字孪生车间的三维可视化实时监控方法 [J]. 计算机集成制造系统，2019, 25(6):1432-1443.
［8］王钰 . 基于 Unity 3D 的微电机自动装配线实时仿真系统 [D]. 南京：南京航空航天大学，2019.
［9］DE BRABANT J, PAVLO A, TU S, et al. Anti-caching: a new approach to database management system architecture[J]. Proceedings of the VLDB Endowment, 2013, 6(14): 1942-1953.
［10］高静，段会川 . JSON 数据传输效率研究 [J]. 计算机工程与设计，2011, 32(7):2267-2270.
［11］江平宇，王岩，王焕发，等 . 基于赋值型误差传递网络的多工序加工质量预测 [J]. 机械工程学报，2013, 49(6):160-170.
［12］HU S J, KOREN Y. Stream-of-variation theory for automotive body assembly [J]. CIRP Annals-Manufacturing Technology, 1997, 46(1): 1-6.
［13］朱芳 . 复杂零件加工过程质量控制理论与方法研究 [D]. 武汉：武汉理工大学，2011.
［14］马丽莎，茅健 . 基于熵权法和马氏田口法的关键质量特性识别研究 [J]. 轻工机械，2017, 35(4):101-105.
［15］王化强 . 面向复杂产品的关键质量特性识别方法研究 [D]. 天津：天津大学，2014.
［16］乔佩蕊 . 基于改进 LASSO-RF 的复杂产品质量预测研究 [D]. 郑州：郑州大学，2019.
［17］孔国利，张璐璐 . 遗传算法的广义回归神经网络建模方法 [J]. 计算机工程与设计，2017, 38(2):488-493.
［18］杨锐锐，王颖 . 蚁群算法的基本原理及参数设置研究 [J]. 南方农机，2018, 49(13): 38-39.
［19］曾林森 . 基于 Unity3D 的跨平台虚拟驾驶视景仿真研究 [D]. 长沙：中南大学，2013.
［20］李攀，罗岱，贾楠 . Rhino 与 3ds Max 软件建模特点对比分析 [J]. 艺术教育，2016(8):275-276.
［21］王忠鹏 . 基于 3D Max 软件在三维视觉形象设计中的应用研究 [D]. 西安：西北大学，2012.
［22］杨帆 . 面向精益生产的混流装配线生产过程监控及质量控制技术研究 [D]. 重庆：重庆大学，2016.
［23］贺长鹏，郑宇，王丽亚，等 . 面向离散制造过程的 RFID 应用研究综述 [J]. 计算机集成制造系统，2014(5):1160-1170.

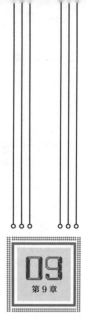

第9章 数字孪生车间动态调度

车间生产调度是指在一定条件下合理安排车间资源、加工先后顺序和加工处理时间，以达到优化相应目标的效果。根据生产过程的离散和连续，将车间调度问题分为作业车间调度问题和流水车间调度问题，目前的车间生产调度问题主要集中在离散制造业，因此本章我们主要关注作业车间调度问题。

作业车间中存在紧急插单、设备故障等各种不稳定性因素，当其中某一环节出现问题，整个系统都会受到影响。因此，及时针对作业车间中的动态事件做出响应是亟待解决的问题。在作业车间朝着高度信息化、智能化发展的今天，高度复杂且其动态多变的生产环境，使车间调度过程中产生的实时数据呈现出海量、多源和异构的特点。由于缺乏实时可靠的信息获取手段和数据交互方式，调度车间的信息孤岛问题严重，这导致车间运行的透明化、可视化程度较低，制约了车间调度效率。此外，作业车间调度建模与求解困难导致的实时决策能力弱也是当前作业车间实现智能化面临的一个挑战。

近年来，数字孪生的出现，实现了物理空间和虚拟空间的交互与融合，为车间运行主动管控模式提供了必要的保障和支撑。因此本章进行数字孪生驱动的车间调度优化研究，针对车间生产实时感知的动态异常进行调整，动态更新调度方案，实现生产车间调度的虚实演进，提高生产效率，本章内容总体框架如图9-1所示。

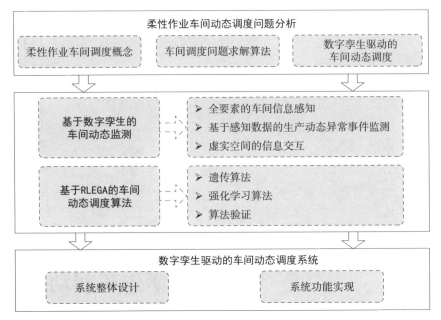

图 9-1　本章内容总体框架

9.1　柔性作业车间动态调度问题分析

9.1.1　柔性作业车间调度概念

作业车间调度可以分为静态调度和动态调度两大类，如图 9-2 所示。静态调度即在开始生产前，已经获得了所有关于生产任务的信息，且生产环境稳定。而动态调度是指在生产环境不确定的情况下进行调度，更符合实际生产情况。在实际生产过程中，往往会发生诸如机器故障、紧急插单等突发状况。因此，动态车间调度比静态车间调度更为复杂，面向动态车间调度的研究也相对不成熟。

作业车间调度被定义为：一个加工系统有 M 台机器，要求加工 N 个工件，其中每个工件完工都需要经过一定的工序加工。各工序的加工时间已确定，并且每个工件必须按照工序的先后顺序加工，工件所有工序只有唯一的加工机器。调度任务是安排所有作业的加工顺序，在满足约束条件的同时，使性能指标得到优化。实际中完全符合车间调度模型的案例并不多，但是都是基于此基础模型进行演变，表 9-1 列举了几种常见的车间调度问题[1]。很显然，柔性车间、动态车间更符合实际生产场景。

图 9-2　作业车间调度分类

表 9-1 常见的几种车间调度问题

车间类型	问题描述
作业车间（Job-Shop，JS）	多个待加工工件均具有若干个工序，每道工序的加工顺序需要遵循一定的规则顺序。此外，车间每个设备单独负责一道工序，同一设备同一时刻只能加工一个工件
流水车间（Flow-Shop，FS）	车间调度问题的特殊情形，每个工件都有相同的加工路线
柔性车间（Flexible Job-Shop，FJS）	车间调度问题的扩展，它允许工件在给定的几台功能相同的机器上加工
动态车间（Dynamic Job-Shop，DJS）	车间调度问题的扩展，在调度过程中可能会产生随机突发事件，从而影响调度流程

调度的对象与目标决定柔性车间中的动态调度问题十分复杂，其突出表现为调度目标的多样性、调度环境的不确定性和问题求解过程的复杂性。具体表现如下：

1）多目标性。调度的总体目标一般是由一系列的调度计划约束条件和评价指标所构成，在不同类型的产品和不同的调度环境下，往往种类繁多、形式多样，这在很大程度上决定了调度目标的多样性。对于调度计划评价指标，通常考虑最多的是生产周期最短，其他还包括交货期最短、设备利用率最高、成本最低、最短的延迟、最小提前或者拖期惩罚、在制品库存量最少等。在实际调度过程中有时不只是单纯考虑某一项要求，由于各项要求可能彼此冲突，因而在调度计划制定过程中必须综合权衡考虑。

2）不确定性。在实际的调度系统中存在种种随机的和不确定的因素，如加工时间波动、设备故障、原材料紧缺、紧急订单插入等各种意外因素。调度计划执行期间所面临的环境很少与计划制定过程中所考虑的完全一致，所以常常需要对其进行不同程度的修改，以便充分适应现场状况的变化，这就使得更为复杂的动态调度成为必要。

3）复杂性。多目标性和不确定性均在调度问题求解过程的复杂性中得以集中体现，并使这一工作变得更为艰巨。众所周知，经典调度问题本身已经是一类极其复杂的组合优化问题。即使是单纯考虑加工周期最短的单件车间调度问题，当 10 个工件在 10 台机器上加工时，可行的半主动解数量大约为 $k(10!)^{10}$（k 为可行解比例，其值大约在 0.05～0.1 之间），而大规模生产过程中工件加工的调度总数简直就是天文数字；如果再加入其他评价指标，并考虑环境随机因素，问题的复杂程度可想而知。

9.1.2 车间调度问题的求解算法

车间调度问题一直以来都是组合优化领域研究的重点。传统的车间调度问题主要有 2 类解决算法，分别是规则式方法以及元启发式算法。

规则式方法是指基于简单规则安排工件的调度顺序，又称优先调度规则（Priority Dispatch Rules，PDR），表 9-2 所示为几种常用的规则式方法。规则式方法虽然简单，但是它具有超低的时间响应和对不同调度问题的较强泛化性，依然在某些调度场景中被广泛应用。此外,某些规则式方法在一些特定的调度问题上可以获得较高的准确度。

元启发式算法是解决车间调度问题最常用的优化算法,通过不同的优化迭代算子在车间调度问题上搜索得到局部最优解。元启发式算法在调度问题上可以获得高于规则式方法的准确度,目前在各类车间调度问题上应用广泛,表 9-3 所示为常用的元启发式算法。然而,元启发式算法有 2 个主要的劣势。首先,优化算法计算量较大,且无法通过预训练模型的方式进行参数化存储,这使得每次优化都需要从头开始,造成时间响应较长。其次,元启发式算法泛化性较差,对于不同的调度问题往往需要不同的参数调整,难以实现算法的直接迁移。

表 9-2 常用的规则式方法[2]

方法名称	含义
先进先出(First In First Out,FIFO)	优先处理第一个作业
后进先出(Last In First Out,LIFO)	优先处理最后一个作业
最短处理时间(Shortest Processing Time,SPT)	优先处理具有最短处理时间的作业
最长处理时间(Longest Processing Time,LPT)	优先处理具有最长处理时间的作业
最短总处理时间(Shortest Total Processing Time,STPT)	优先处理具有最短总处理时间的作业
最长总处理时间(Longest Total Processing Time,LTPT)	优先处理具有最长总处理时间的作业
剩余最少操作数(Least Operation Remaining,LOR)	优先处理当前最小剩余操作数的作业
剩余大部分操作(Most Operation Remaining,MOR)	优先处理当前最大剩余操作数的作业
下一任务最小等待操作(Least Queue Next Operation,LQNO)	优先处理下一个操作等待最少的作业

表 9-3 常用的元启发式算法[2]

算法名称	算法机制
遗传算法(Genetic Algorithms,GA)	模拟生物优胜劣汰
禁忌搜索(Tabu Search,TS)	模拟人的记忆功能
模拟退火(Simulated Annealing,SA)	模拟热力学退火过程
蚁群算法(Ant Colony Optimization,ACO)	模拟蚂蚁觅食行为
粒子群算法(Particle Swarm Optimization,PSO)	模拟鸟群觅食行为
人工免疫算法(Artificial Immune,AI)	模拟生物免疫系统

强化学习技术作为一种重要的人工智能技术,在机器人控制、游戏竞技等领域应用广泛。由于强化学习模型在训练完后可以重复使用,因此在解决车间调度问题时具有响应时间短、泛化性强的特点;此外,大量将强化学习应用于车间调度问题的研究表明,强化学习也可以获得接近于元启发式算法的准确度。

根据迭代方式的不同可将强化学习算法分为三种:基于值函数的强化学习算法、基于策略的强化学习算法和基于 AC(Actor-Critic)的强化学习算法。由于基于策略的强化学习算法适用于求解具有连续动作空间的问题,而车间调度问题为组合优化问题,因此目前并没有研究者采用基于策略的强化学习算法解决车间调度问题。

9.1.3 数字孪生驱动的车间动态调度

作为车间生产的基础,车间调度在制造业中起重要作用,它可以充分利用车间现有的各种生产资源合理分配生产加工任务,从而提高车间生产效率,保证生产过程长期稳定运行。然而,随着智能制造时代的到来,车间调度有了更深的内涵。一方面,由于车间生产资源的多样性,与车间调度有关的数据很多,如何准确获取各种调度资源信息,实现准确的车间调度是当前面临的重要问题。另一方面,由于车间生产过程的复杂性,车间生产调度参数不断变化,这使得静态调度计划难以实现;同时,车间经常发生一些不确定的动态干扰事件,如机器故障、插单、交货期变化等,这些动态干扰将导致生产过程偏离计划,影响生产执行效率[3]。因此,车间物理空间和信息空间的交互是实现车间动态调度的关键。

通过数字孪生的虚实映射和实时交互,可以实现车间物理空间和信息空间的交互融合,很好地满足新的车间调度需求[4]。因此,提出一种数字孪生驱动的车间动态调度框架,主要由物理车间、虚拟车间、车间孪生数据和车间服务4部分组成,如图9-3所示。运行流程如下:以车间孪生数据为中心,物理车间生产执行系统可以实时获取车间生产中与调度相关的信息,如设备运行信息、人员在岗信息、加工任务信息和生产状态信息等,通过车间孪生数据中心将其反馈到相应的虚拟车间,虚拟车间

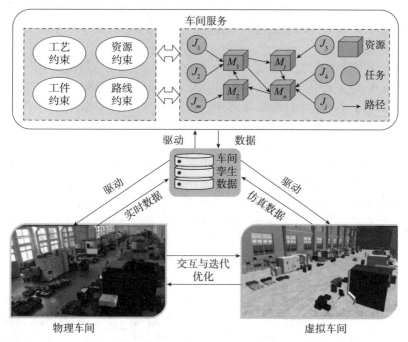

图 9-3 数字孪生驱动的车间动态调度框架

在实时感知的调度数据的基础上,结合历史调度数据触发更新优化过程,同时将更新过程中产生的仿真数据也上传到车间孪生数据中心,融合的孪生数据可以驱动各种车间服务,包括生产信息统计、车间状态监控、工时在线预测、实时调度方案生成等,服务的输出通过车间孪生数据中心反馈回物理车间执行,形成虚实不断迭代演化的车间调度过程。

在这种新的车间动态调度框架下,一方面可以准确获得生产调度所需的各种数据,包括实时数据和历史数据,保证了车间调度的准确性;另一方面,可以基于孪生数据分析车间状态和预测装配工时,通过虚实之间的不断互动和反馈调整调度方案,以及时应对生产扰动。

9.2 基于数字孪生的车间动态监测

实际的车间生产过程十分复杂并且经常变化,常常发生生产异常事件,这导致车间调度不能按照计划执行,而现有感知数据不能直接反映出相应的车间生产变化情况,因此需要基于数字孪生车间感知数据进行车间动态监测。

9.2.1 全要素的车间信息感知

车间信息不仅包含静态信息,同时也包含动态信息,其来源于分布在车间不同位置的不同物理对象,涉及生产过程的各个环节,并且相应的资源属性不同、数据结构多样,且部分信息存在实时动态特性。然而由于车间信息的多样性,所有数据并非都会被用到,需要针对具体问题进行有选择性的信息感知,因此本节主要关注基于车间调度问题的信息感知。

根据以上数据感知的实际需要,结合实际生产车间现状,给出数字孪生车间生产调度信息感知框架,其中采集方法包括基于人工的静态数据感知、基于PLC和各类传感器的数据感知、基于RFID的数据感知,如图9-4所示。将感知到的相应的车间信息数据进行存储供相应的车间动态调度服务使用。

(1)基于人工方式的静态数据感知

在车间生产过程中,有许多静态资源信息是基本上不随时间发生变化的,同时也无法从相应的生产设备或者资源上自动感知获取,需要依靠工人来统计分类和记录制造过程的各种数据,手动输入到车间生产管理系统中,存储到相应的数据库中。这类属性信息主要包括:工人基本信息、设备基本信息和物料基本信息等。另外,车间的待加工任务也可通过人工方式进行录入到生产管理系统中。

(2)基于PLC和各类传感器的数据感知

随着制造业的发展,在现代制造业的生产车间中通常存在很多自动化设备,且一般内嵌有PLC模块,因此设备自身一般具有数据采集功能,通过车间生产现场的通信网络,可以直接获取与设备相关的数据。一般设备的PLC中含有设备运行过程中的各种数据信息,例如设备的额定功率等基本信息、设备的状态信息、设备的能耗数据、加工开始与结束时刻等各种信息。

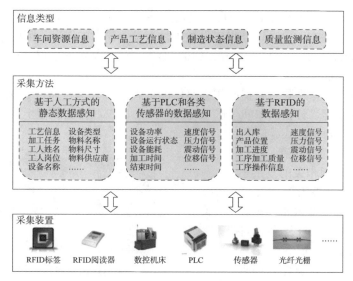

图 9-4 数字孪生车间动态调度信息感知框架

另外,由于生产需求,需要对加工过程中设备的多种参数进行监控,而设备现有的感知信息中又不含有这些参数信息,因此在实际车间制造生产中,有时候需要根据实际生产需要通过各种额外的传感器设备采集相关信息,如设备相关部件的位移、速度、压力、振动以及设备的电压、电流等信息。同时,有时候单纯从已感知的设备数据信息中只能获得设备的某些方面的数据,无法得知设备具体的运行状态,必须对采集到的设备数据进行相应的处理分析,进行综合的判断,如综合设备的转速、能耗和振动信息,结合相应的状态阈值,判断设备实际的运行状态是处于空转还是加工等状态。

(3)基于 RFID 的数据感知

在车间生产制造过程中,有些数据无法直接从设备上进行采集,需要借助其他工具对感知对象进行标记识别并记录。通过联合使用 RFID 的读写器和电子标签可以实现对车间现场的各种数据进行采集读取。

通过将标签贴附在物料外表面,在仓库的出入口处设置读写器,可以实现出入库信息的实时感知获取;在零部件外表面贴附标签并在相关工位上设置读写器,对基本采集信息进行处理分析,即可实现对工序信息、加工进度、加工开始结束时间、工序加工设备和工人以及工序位置等信息的感知;将员工基本信息存储到 RFID 卡中,结合工人的工作任务安排,即可实现员工考勤、员工工作状态、工序加工操作人员信息感知;另外,也可通过使用 RFID 标签对设备进行标记,用来采集设备维护数据等。

9.2.2 基于感知数据的生产动态异常事件监测

1. 基于 RFID 的工件异常事件监测

在生产制造车间中,工件异常的实时监测主要依靠于对工件生产过程信息的实时采集,而通过 RFID 设备的阅读器可以实现工件加工过程基本信息的实时采集,但是却无法从这些最基本的数据中获得工件加工是否发生异常的信息,因此需要采用复杂事件处理(Complex Event Processing,CEP)技术对这些基本的数据进行处理,从而确认是否发生工件加工异常事件。

首先将 RFID 对数据的采集操作以事件的形式进行表达,通过 RFID 实时感知的车间逻辑复杂数据,分析出车间生产现场信息,在 CEP 技术的基础上运用事件流处理(Event Stream Processing,ESP)技术,利用传入的事件流,进行相应的处理,标记相关的复杂事件,根据实际的车间生产调度需要,通过感知数据监测车间现场工件异常事件。RFID 复杂事件处理框架如图 9-5 所示。

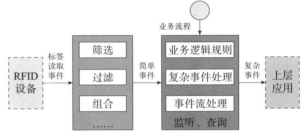

图 9-5　RFID 复杂事件处理框架[5]

通过 RFID 复杂事件处理框架,在车间生产现场部署 RFID 设备并通过相应处理后即可得到标签事件以及简单事件,简单事件之间的时空关系和层次关系经过逻辑关联聚合为复杂事件,并通过车间调度定义的相关业务规则、使用事件模式与事件流查询方法处理事件,监听相关异常事件,以便应用于车间调度。

在实际的车间生产过程中,电子标签与工件之间、读取器与设备工位之间是一一对应的。基于 RFID 实时感知数据,结合相应的车间生产异常事件的规则定义,可以有效地监测生产过程中的异常事件,如物料短缺、新工件任务到达、装配时间异常等,为进一步的车间调度提供依据。

假设生产车间中存在 1 个物料仓库工位(N_{rw})、1 个暂存区工位(N_{num})和 4 个装配工位(N_{m1},N_{m2},N_{m3},N_{m4}),并且以生产任务为 2 个工件的装配过程进行工件异常监测实验仿真。其中以工件装配时间异常事件为例,其模拟仿真结果如图 9-6 所示。图 a 中由于工件 1 在工位 N_{m1} 上的装配时间阈值被设置为 5s,而工件 1 在工位 N_{m1} 上的装配时间则通过工件 1 到达工位 N_{m1} 的时间和离开时间计算,计算得到为 9s,大于设定的阈值 5s,因此监测到装配时间异常事件的发生,并且相应的工件状态矩阵 S 中的 $a_{13}=1$。同理图 b 中工件 2 在工位 N_{m4} 上的生产时间为 6s 大于阈值 9s,因此同样监

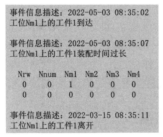

a)工位 N_{m1} 装配时间异常事件监测

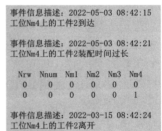

b)工位 N_{m4} 装配时间异常事件监测

图 9-6　工件装配时间异常事件模拟仿真结果

测到生产时间异常事件，工件状态矩阵 S 中的 $a_{26}=1$。

2. 基于设备运行数据的状态识别

在车间生产加工过程中，机器设备正常运行是保证生产稳定运行的最基本条件之一。机器设备的运行状态直接影响着生产调度计划的准确性，对车间生产效率和生产质量有着十分重大的影响[6]。然而，在实际车间生产过程中，生产加工设备的异常状态并不是十分明显，不能直接确定其状态类型，从而导致设备排查维护时间无法确定，该设备的生产任务无法合理有效地进行安排。因此我们需要通过感知得到的设备运行实时数据，进行机器设备状态类型识别，从而获取设备相应的维护时间，动态调整更新车间调度计划，更加高效地维护生产稳定运行。

在离散车间的生产加工过程中，一般情况下设备状态类型与维护时间是对应的，因此如果能够根据设备运行时的相关数据确认设备状态类型，就可以获取设备的准确可用时间范围，避免车间调度在设备维护时间内安排生产任务[7]。因此在设备状态类型识别时，首先需要通过设备运行时的各项参数获取相应的特征信号，然后根据相应的特征信号进行设备的状态识别，从而确定设备状态类型，获取设备维护时间，进行生产调度调整。另外，在识别设备状态类型的同时，可以将新状态数据补充到设备状态历史数据库中，从而不断提高设备状态的识别准确度。基于感知数据的设备状态识别方法如图 9-7 所示。

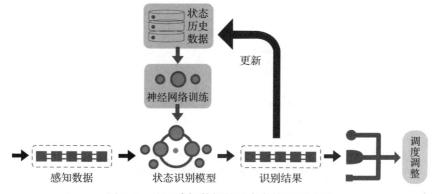

图 9-7　基于感知数据的设备状态识别方法

通过对设备状态历史数据进行分析，得到反映设备工作状态的历史数据集，一共 22 组设备工作状态数据，每个样本数据中包含 12 个输入信号和 1 个状态类型，并且设备的工作状态类型主要包括一种正常状态和三种非正常状态，共 4 种，因此采用 4 位进行编码，其中（1，0，0，0）代表正常状态类型 1，（0，1，0，0）代表状态类型 2，（0，0，1，0）代表状态类型 3，（0，0，0，1）代表状态类型 4。通过感知数据对设备的状态类型进行分析和识别，确定每种状态下设备所需的维护时间，相应地获取设备的不可用时间范围，从而更好地进行车间生产调度调整。设备工作状态描述如表 9-4 所示。

表 9-4 设备工作状态描述

状态编号	状态信息	样本表示	维护时间
1	正常状态类型 1	（1，0，0，0）	—
2	状态类型 2	（0，1，0，0）	5
3	状态类型 3	（0，0，1，0）	8
4	状态类型 4	（0，0，0，1）	12

通过对上述样本数据的分析可知，数据样本输入特征数为 12，输出共 4 种状态，因此输入节点数设置为 12，输出节点数设置为 4，同时通常考虑 3 层网络结构，隐含层的节点数设置为 10。通过上述参数初始化神经网络模型后，采用 10∶1 进行样本数据划分，进行实验仿真得到其识别结果，状态识别实验仿真结果如图 9-8 所示。从图中可以看出，通过状态识别模型得到的识别结果不仅可以与训练样本的状态类型很好地匹配，同时也对验证样本的数据做出了正确的状态类型识别。

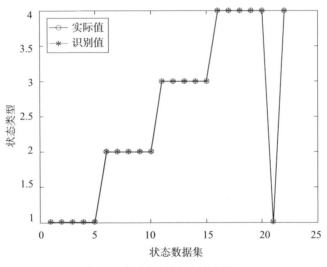

图 9-8 状态识别实验仿真结果

9.2.3 虚实空间的信息交互

车间虚拟现实交互是在物理空间与虚拟空间之间建立连接，作业中虚拟空间可对物理空间异常数据仿真优化，通过不断制定新的决策实时指导物理空间中的生产调度。

车间虚实交互的实现步骤如下。首先，对物理空间中各种数据进行获取。实时数据是实现车间虚拟空间和物理空间之间交互的基础。RFID（射频识别技术）、物联网、无线传感器网络以及各种传感器用于在车间收集调度数据和监控调度过程。其次，通过一种高速稳定的数据传输协议，融合物理及虚拟空间之间的数据，使得物理与虚拟之间保持同步。在作业过程中，当物理空间中出现一些动态干扰时，如作业的 AGV

出现故障，异常数据会被传输至虚拟空间。最后，虚拟空间会对异常数据进行分析，通过分析特定类型的动态事件，调用相应的调度模型和算法，调整和更新先前的方案，以得到及时且准确的新调度方案。利用压缩时空比的特性在虚拟空间中对新调度方案进行仿真验证，将验证后的调度方案反馈到物理空间的执行系统中，指导当前作业。通过物理车间和虚拟车间之间的交互，可以实时掌握物理空间的动态变化并实时响应，使调度计划更接近实际生产情况。

虚实空间的信息交互方法如图 9-9 所示。在虚实映射的基础上，物理空间感知获取车间的实时数据，并且基于感知数据，采用基于 RFID 的动态事件监测和基于设备运行数据的状态识别方法，进行车间动态事件监测。当虚拟空间获取异常数据时，触发相关操作，进行虚拟仿真优化，做出生产决策，并将其反馈回物理空间，同样地，物理空间对虚拟空间进行监听，当监听到决策变化时产生触发操作，接受并执行新的决策，通过新的车间生产过程产生新的感知数据，从而形成闭环的交互反馈过程。基于这样一种虚实交互方法，虚实车间之间的交互即演变成通过一个个动态事件的监听和触发响应，实现彼此之间的动态更新变化。

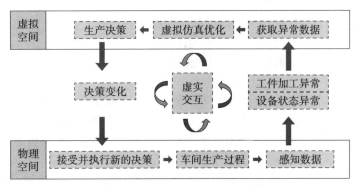

图 9-9　虚实空间的信息交互方法

9.3　基于 RLEGA 的车间动态调度算法

9.3.1　遗传算法

1. 遗传算法主要参数解释

1）群体规模（NP）。群体规模将影响遗传优化的最终结果以及遗传算法的执行效率。当群体规模太小时，遗传优化性能一般不会太好。采用较大的群体规模可以减小遗传算法陷入局部最优解的机会，但较大的群体规模意味着计算复杂度较高。一般群体规模取 10~200。

2）交叉概率（P_c）。交叉概率控制着交叉操作被使用的频度。较大的交叉概率可以增强遗传算法开辟新的搜索区域的能力，但高性能的模式遭到破坏的可能性增大；若交叉概率太低，遗传算法搜索可能陷入迟钝状态。一般 P_c 取 0.25~1.00。

3）变异概率（P_m）。变异在遗传算法中属于辅助性的搜索操作，它的主要目的是保持群体的多样性。一般低频度的变异可防止群体中重要基因的可能丢失，高频度的变异将使遗传算法趋于纯粹的随机搜索。通常 P_m 取 $0.001\sim 0.1$。

4）终止进化代数（G）。终止进化代数是表示遗传算法运行结束条件的一个参数，它表示遗传算法运行到指定的进化代数之后就停止运行，并将当前群体中的最佳个体作为所求问题的最优解输出。一般视具体问题而定，G 的取值可在 $100\sim 1000$ 之间。

2. 遗传算法流程

遗传算法的基本流程步骤如下。

1）编码。首先对优化问题的解进行编码，编码的目的主要是使优化问题的解的表现形式适合于遗传算法中的遗传运算。

2）构造适应度函数。适应度函数的构造和应用基本上依据优化问题的目标函数而定，当适应度函数确定以后，自然选择规律是以适应度函数值的大小决定的概率分布来确定哪些染色体生存，哪些被淘汰，生存下来的染色体组成种群，形成一个可以繁殖下一代的群体。

3）染色体的交叉互换。父代的遗传基因结合是通过父代染色体之间的交叉到达下一代个体的。子代的产生是一个生殖过程，它产生了一个新解。

4）染色体变异。新解产生过程中可能发生基因变异，变异使某些解的编码发生了变化，使所得解有更大的遍历性。

在使用遗传算法求解柔性作业车间调度问题时，需要对染色体进行编码操作，编码的目的是实现交叉、变异等操作。必须考虑染色体的合法性和可行性。柔性作业车间调度包括了机器选择和工序选择两部分，机器选择是为了求解每道工序在哪台机器上进行加工，而工序选择操作是为了求解所有工序确定加工机器后的排序和开始时间[8]。针对以上问题，染色体的编码使用分段编码的形式，由机器选择（Machines Selection，MS）和工序选择（Operations Selection，OS）两部分构成，如图 9-10 所示。

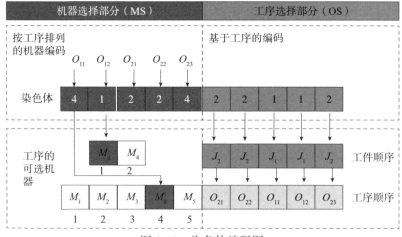

图 9-10　染色体编码图

以表9-5为例，在图中左上角部分依次是工件1和工件2的所有工序，工序O_{11}的可选机器有5台，数字4对应的是可选的第四台机器，即M_4。工序O_{12}的可选机器为2，数字1对应的是可选的第1台机器，即M_2。工序编码部分工件号出现的顺序就表示该工件间的先后加工顺序。假设工序的染色体为[2，2，1，1，2]，则其中第一个2代表工件2的第一道工序，第二个2代表工件2的第二道工序，以此类推，最后得到的加工顺序为O_{21}-O_{22}-O_{11}-O_{12}-O_{23}。

表 9-5　2*5 的柔性作业车间实例

工件	工序	可选的加工机器				
		M_1	M_2	M_3	M_4	M_5
J_1	O_{11}	2	6	5	3	4
	O_{12}	—	8	—	4	—
J_2	O_{21}	3	—	6	—	5
	O_{22}	4	6	5	—	—
	O_{23}	—	7	11	5	8

9.3.2　强化学习算法

遗传算法中的交叉概率P_c和变异概率P_m是算法中最关键的部分，直接影响了算法的性能。交叉概率越大，则越容易产生新个体，但过大时则会破坏个体的结构；而交叉概率若过小，那么算法搜索的效率将大大减小。对于变异概率来说，如果该值过小，则不容易产生新的个体；而如果变异概率过大，那么遗传算法将会变成随机的搜索算法，算法效率大大降低。因此，有必要使用一些方法来让我们更好地选择交叉概率和变异概率。本节在使用强化学习来对遗传算法中的关键参数进行自适应的调整基础上，提出强化学习增强的遗传算法（Reinforcement Learning Enhanced Genetic Algorithm, RLEGA）进行动态调度求解。

1. 强化学习的基本原理

强化学习是智能体（Agent）以"试错"的方式进行学习，通过与环境进行交互获得的奖赏指导行为，目标是使智能体获得最大的奖赏，如果智能体的某个行为策略导致环境对智能体正的奖赏（Reward），则智能体以后采取这个行为策略的趋势会加强[9]。

智能体与环境进行交互时，在每一时刻循环发生如下事件序列：

1）智能体感知当前的环境状态。

2）针对当前的状态和强化值，智能体选择一动作执行。

3）当智能体所选择的动作作用于环境时，环境发生变化，即环境状态转移至新状态并给出奖赏（强化信号r）。

4）奖赏（强化信号r）反馈给智能体。

2. 状态、动作、奖励

马尔可夫性质是指当前时刻的状态仅与上一时刻的状态和动作有关，和其他时刻的动作和状态无关。设 $h_t=\{s_1, s_2, s_3, \cdots, s_t\}$（$h_t$ 包含了 t 时刻之前的所有状态），则马尔可夫性质可由式（9-1）表示。如果多阶段决策问题的状态转移满足马尔可夫性质，那么该决策问题是一个马尔可夫决策问题。马尔可夫决策过程可以描述为 5 元组，如式（9-2）所示。其中 S 表示状态空间，是对环境的描述。$\mathcal{A}(s)$ 表示在状态 s 时可以选择的动作空间。R 表示智能体做出动作后环境给的奖励。$\pi(a|s)$ 表示在状态 s 时刻输出动作 a 的概率分布。

$$p(s_{t+1}|s_t,a_t) = p(s_{t+1}|h_t,a_t) \tag{9-1}$$

$$\mathcal{E} = \{S, \mathcal{A}(s), R, P, \pi(a|s)\} \tag{9-2}$$

1）状态。为了利用强化学习实现遗传算法关键参数的自适应性调整，状态的设置应当准确地表示遗传算法当前的状态。分别用种群的平均适应度、种群的多样性和最优个体的适应度来表示当前遗传算法的状态，如式（9-3）～式（9-6）所示。

$$f^* = \frac{\sum_{i=1}^{N} f(x_i^t)}{\sum_{i=1}^{N} f(x_i^1)} \tag{9-3}$$

$$d^* = \frac{\sum_{i=1}^{N}\left|f(x_i^t) - \frac{\sum_{i=1}^{N} f(x_i^t)}{N}\right|}{\sum_{j=1}^{N}\left|f(x_j^1) - \frac{\sum_{j=1}^{N} f(x_j^1)}{N}\right|} \tag{9-4}$$

$$p^* = \frac{maxf(x^t)}{maxf(x^1)} \tag{9-5}$$

$$S^* = w_1 f^* + w_2 d^* + w_3 m^* \tag{9-6}$$

式中，$f(x_i^t)$ 表示第 t 代时候的第 i 个个体的适应度，N 代表种群的大小，$maxf(x^t)$ 表示第 t 代时适应度值最大的个体。w_1、w_2、w_3 代表权重，$w_1+w_2+w_3=1$，初始情况下分别为 0.3，0.3，0.4。

2）动作。动作的选取为 P_c 和 P_m 的值。P_c 的常用值为 0.4～0.9，设置每个动作之间的间隔为 0.05，比如当动作选择为 a_1 时，$P_c \in [0.4, 0.45)$，在区间中随机选择一个数为 P_c 的值。同理，P_m 的常用值为 0.01 到 0.31 之间，设置每个动作之间的间隔为 0.03，比如当动作选择为 a_1 时，$P_m \in [0.01, 0.04)$，在区间中随机选择一个数作为 P_m 的值。动作一共有 10 个。

3）奖励。奖励函数设置为与 P_c 和 P_m 的选取相关，如式（9-7）和式（9-8）所示。其中，式（9-7）表示若新一代的最优个体比上一代的最优个体适应度更高的话，则获得奖励。式（9-8）表示如果新一代的平均个体适应度比上一代的更高的话，则获得奖励。

$$r_c = \frac{maxf(x_i^t) - maxf(x_i^{t-1})}{maxf(x_i^{t-1})} \quad (9\text{-}7)$$

$$r_m = \frac{\sum_{i=1}^{N} f(x_i^t) - \sum_{i=1}^{N} f(x_i^{t-1})}{\sum_{i=1}^{N} f(x_i^{t-1})} \quad (9\text{-}8)$$

3. 训练过程

DQN 是 DeepMind 团队提出的一种结合深度学习与强化学习的方法，利用神经网络来代替传统 Q Learning 算法的表格来拟合状态 - 动作价值函数 Q 值[10]。具体如式（9-9）所示。r_{t+1} 为 $t+1$ 时刻获得的奖励，γ 为折扣因子，θ^- 为目标网络的参数，$\arg\max_{a'} Q(s_{t+1}, a'; \theta^-)$ 表示选择 Q 值最大的动作。

$$Q_t^{\mathrm{DQN}} = r_{t+1} + \gamma Q\left(s_{t+1}, \arg\max_{a'} Q(s_{t+1}, a'; \theta^-); \theta^-\right) \quad (9\text{-}9)$$

在使用 DQN 过程中，使用神经网络选择最大的Q值会导致高估问题，估计的值会大于真实的价值，影响算法的效果[11-12]。针对高估问题，DeepMind 团队提出了 Double Deep Q Network（DDQN）。具体的Q值计算如公式（9-10）所示，θ为主网络参数，利用主网络选择动作，目标网络估计Q值，有效地避免了高估问题。

$$Q_t^{\mathrm{DDQN}} = r_{t+1} + \gamma Q\left(s_{t+1}, \arg\max_{a'} Q(s_{t+1}, a'; \theta); \theta^-\right) \quad (9\text{-}10)$$

在 DQN 和 DDQN 的基础上，Dueling Double Deep Q Network（D3QN）引入了 Dueling Network，对神经网络的结构进行了改进，增加了优势函数，具体如式（9-11）所示。θ为共享的网络参数，θ^A和θ^V表示单独的网络参数，$V(s; \theta^V)$为状态价值函数，$A(s, a; \theta^A)$为优势函数。通过优势函数可以很好地判断动作的好坏程度，有效地增加了算法的效果。

$$Q(s, a; \theta) = V(s; \theta^V) + \left[A(s, a; \theta^A) - \frac{1}{|A|} \sum_a A(s, a'; \theta^A)\right] \quad (9\text{-}11)$$

基于以上的理论，算法训练过程的伪代码如算法所示。

算法：

1: **初始化** the GA: 种群数量 N，最大迭代次数 T

2: **初始化** the RL: 经验池大小 D，随机初始化动作价值函数 Q 的参数 θ，随机初始化目标网络 $\hat{Q}$ 的参数 $\theta^- = \theta$

3. **for** $t = 1, 2, \cdots, T$ **do**

4. 计算状态值 $s_t = [f^*, d^*, p^*, S^*]$

5. 以概率 ε 随机选择动作 a_t

6. 否则，以 $1-\varepsilon$ 概率选择 $a_t = \arg\max\limits_{a} Q(s_t, a; \theta)$

7. 观察状态 s_{t+1} 和奖励 r_t

8. 存放 (s_t, a_t, r_t, s_{t+1}) 到经验池中

9. 从经验池中随机采样一批数据

10. 设置 $y_i = \begin{cases} r_j & \text{如果在 } j+1 \text{ 步本回合结束} \\ r_j + \gamma \hat{Q}(s_{t+1}, \arg\max\limits_{a'} Q(s_{t+1}, a'; \theta); \theta^-) & \text{否则} \end{cases}$

11. 实施 $[y_i - Q(s_j, a_j; \theta)]^2$ 对在线网络参数 θ 进行梯度下降更新

12. 每 C 步复制网络参数 $\hat{Q} = Q$

13. **end**

9.3.3 算法验证

为了验证上述的算法在解决动态柔性作业车间的可行性以及有效性，本节针对工件随机陆续到达的作业车间动态调度问题，设计实验利用上述算法进行求解。由于动态调度问题没有传统调度问题类似的算例集（Benchmark），因此本次实验将针对问题特性构造适合此算法的测试用例[13]。

为了充分验证算法的合理性及有效性，本实验将生成不同规模大小的测试实例，加工工件数采用小、中、大三种不同的规模，其中小规模工件数分为 20 和 50 个工件，中规模工件数分为 80 和 100 个工件，大规模工件数分为 200 和 300 个工件，对应的加工机器数分别为 10（小规模）、15（中规模）、20（大规模）。针对三个不同规模的工件数，其工序数也分别服从 [1, 10]、[1, 15]、[1, 20] 的离散一致分布。每个工件加工时间服从 [1, 100] 的均匀分布。由于工件随机到达，故假设工件的到达是一个泊松过程，则工件的到达时间间隔服从指数分布，其平均到达时间间隔参考式（9-12）。

$$\lambda = \frac{\sum_{p=1}^{n} \sum_{q=1}^{o_p} P_{pq}}{mn\eta} \quad (9\text{-}12)$$

式中，λ 代表工件到达平均间隔时间，P_{pq} 代表工件 p 的第 q 道工序的加工时间，o_p 是工件 p 的工序数，m 代表机器数，n 代表工件数，η 代表机器利用率。

为了更好地比较 RLEGA 的效果，在柔性车间中，选择机器选择和作业选择中的相关规则，对比分析 RLEGA、普通遗传算法（GA）和禁忌搜索的算法寻优效果。在本实验中，我们选择机器选择规则为最小等待时间，这意味着我们选择等待处理过程总处理时间最小的机器。在作业选择方面，我们选择规则为最短处理时间、最长处理

时间、子序列操作的最短处理时间、子序列操作的最长处理时间——组合了剩余操作处理时间最长的四种不同调度规则。通过比较，充分验证了 RLEGA 的有效性。

每个算法设置的参数如表 9-6 所示。在生成的测试用例上，每个算法运行 10 次，每个算法的运算结果如表 9-7 所示。从结果可以看出，RLEGA 在每个测试用例上的结果都优于普通的遗传算法（GA）和禁忌搜索算法。因此，我们可以得出结论，使用强化学习增强的遗传算法在解决柔性作业车间的动态调度问题方面具有良好的效果。

表 9-6 每个算法设置的参数

算法	参数	数值
RLEGA/GA	迭代次数	1000
	学习率	0.001
	折扣率	0.95
	批量大小	128
	缓冲区大小	100000
	贪婪率	0.9
禁忌搜索算法	迭代次数	500
	预设概率	0.5
	禁忌表长度	10

表 9-7 三种算法的运算结果

测试用例	RLEGA			普通遗传算法（GA）			禁忌搜索算法		
	最优解	平均值	RPD	最优解	平均值	RPD	最优解	平均值	RPD
S1_20_10_10_60%	1420.22	1422.19	0.00147	1423.72	1428.92	0.00384	1425.3	1432.84	0.00546
S2_20_10_10_75%	1230.4	1234.67	0.00325	1231.35	1236.7	0.00645	1230.28	1239.97	0.00935
S3_20_10_10_90%	1143.63	1152.05	0.00736	1143.9	1155.35	0.01001	1152.53	1165.02	0.01084
S4_50_10_10_60%	2867.1	2872.05	0.00764	2869.8	2873.27	0.0056	2870.72	2875.62	0.00657
S5_50_10_10_75%	2412.65	2418.93	0.00261	2417.55	2428.3	0.00445	2415.55	2429.4	0.00574
S6_50_10_10_90%	2214.95	2217.43	0.00112	2218.47	2229.8	0.00511	2213.68	2223.1	0.00426
S7_80_15_15_60%	4108.2	4118.62	0.00265	4119.7	4127.04	0.00204	4113.1	4126.28	0.00392

(续)

测试用例	RLEGA			普通遗传算法（GA）			禁忌搜索算法		
	最优解	平均值	RPD	最优解	平均值	RPD	最优解	平均值	RPD
S8_80_15_15_75%	3657.3	3669.15	0.00324	3670.82	3676.13	0.00144	3664.32	3677.46	0.00359
S9_80_15_15_90%	3302.1	3319.26	0.0052	3307.5	3325.32	0.00539	3304.3	3314.08	0.00296
S10_100_15_15_60%	5126.7	5134.26	0.00124	5133.4	5141.76	0.00297	5133.4	5164.71	0.00682
S11_100_15_15_75%	4406.07	4413.28	0.00163	4419.65	4451.4	0.00718	4432.45	4443.3	0.00244
S12_100_15_15_90%	3989.72	3998.29	0.00215	3997.63	4007.58	0.00249	4020.45	4104.55	0.03075
S13_200_20_20_60%	9726.08	9737.42	0.00043	9729.26	9752.54	0.00081	9734.33	9757.25	0.00086
S14_200_20_20_75%	7976.9	7994.11	0.00178	7980.27	7996.23	0.0018	7996.88	8041.02	0.00552
S15_200_20_20_90%	7217.43	7222.26	0.00067	7224.93	7248.73	0.00329	7225.08	7252.22	0.00376
S16_300_20_20_60%	13805.7	13815.4	0.00146	13812.7	13832.4	0.00158	13818.4	13835.6	0.00178
S17_300_20_20_75%	11578	11593.3	0.00132	11592.6	11610.9	0.00158	11602.8	11627	0.00209
S18_300_20_20_90%	10127.1	10249.6	0.01209	10170.5	10356.6	0.01829	10203.1	10317.9	0.01125

9.4 数字孪生驱动的车间动态调度系统

9.4.1 系统整体设计

数字孪生驱动的车间动态调度系统结构主要分为物理层、虚拟仿真层和决策层三层，如图 9-11 所示。物理层主要包括机械臂、AGV、3D 打印小车、制造环境等物理实体，虚拟仿真层主要包括生产线模型和车间调度系统，决策层主要包括（柔性）作业车间调度问题和车间动态事件。物理层获取实时调度中的信息数据，通过车间数字孪生数据中心将其传入决策层，决策层根据动态事件解决调度问题，将决策结果反馈到虚拟仿真层中，实现物理层和虚拟仿真层的实时双向映射[14]。

系统的开发首先要对本实验室的小车装配线中所有的物理实体使用 CATIA 进行建模，构建与现场装配线完全一致的虚拟装配线。由于现场物理实体繁多，如果不对模型进行优化，会对计算机的 CPU 和 GPU 造成极大的负担，从而造成监测系统滞后性严重等一系列问题，所以选用 Rhino 对模型进行优化，使用 reduce mesh 等功能将模型中多余的点、线、面去除。将优化好的模型导入到 3D Studio Max 中进行赋材质等工作，辅助使用 Photoshop 对外形图片进行处理，使模型与真实场景尽可能一致。将处理好材质后的模型导入 Unity 3D 驱动引擎中，在引擎中对运动部件进行定义，并设置好环境中的灯光、相机等场景所需控件。在 Visual Studio 2017 中使用 C# 调取 MySQL 中的信号数据、机器人运动数据、工艺参数等数据，一方面做到对现场装配场景的同步监控，另一方面，将实际生产过程中的订单作为输入，根据前面介绍的算法进行调度求解，并且实时捕获实际生产过程中的动态事件，比如新订单的插入和机器故障等事件。将优化分析的结果显示在甘特图中，以提醒工作人员了解任务的分配，从而提高产线实际生产的效率，提高经济效益。

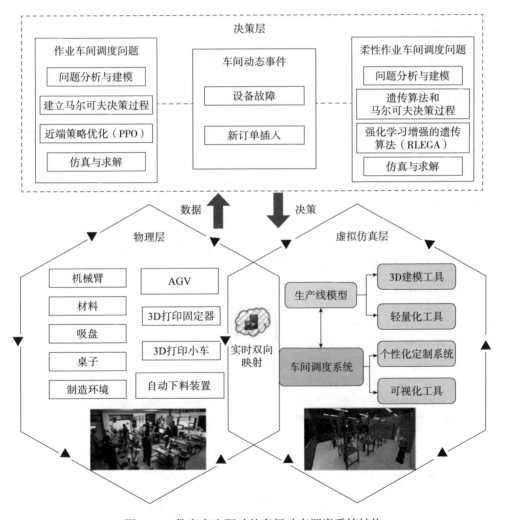

图 9-11　数字孪生驱动的车间动态调度系统结构

本系统基于 C/S 架构，使用 Python 和 C# 语言进行系统开发。系统开发工具和运行环境如表 9-8 所示。本系统对于硬件配置有一定要求，在客户端安装完成以及系统部署完成后，系统开发可以在 PC 上完成。

表 9-8 系统开发工具和运行环境

名称	说明
C/S	客户端/服务器体系结构
Windows10 专业版（64 位）	操作系统
Intel(R) Core(TM) i7-9750H	处理器
NVIDIA GeForce GTX 1650	显卡
MySQL5.7	数据库
Unity 3D 2018.1.1f1	驱动引擎
CATIA	建模软件
Rhino	模型优化软件
3D Studio Max 2016、Photoshop CC2018	模型渲染软件
Python3、SQL、C#	语言

数字孪生驱动的车间动态调度系统的功能模块分为信息管理模块、信息监测模块、车间调度模块三个部分，如图 9-12 所示。信息管理模块主要负责对系统基本信息进行管理，包括对设备机床的管理、工人信息管理、工序信息管理、基本调度参数信息管理。信息监测模块主要是对车间生产设备的实时监测，包括对设备的运行状态、运行参数、能耗数据的监测与可视化展示，同时包括对车间生产中的动态异常事件的监测。生产调度模块则根据车间生产任务通过多目标优化算法生成调度方案，并以甘特图的形式进行调度方案的直观展示，以供车间生产任务的下发和合理安排，其中的虚拟仿真模块则主要根据网页端的车间生产三维模型，依据实时生成的调度方案进行车间生产调度三维仿真[15]。

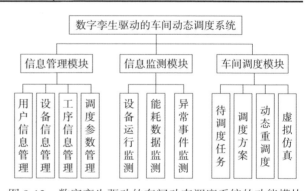

图 9-12 数字孪生驱动的车间动态调度系统的功能模块

9.4.2 系统功能实现

1. 信息管理模块

通过系统入口进入系统时将显示系统登录界面，如图 9-13 所示。用户需要输入正确的用户名和密码通过系统验证后才能登录。登录系统的角色不同，可以对系统进行的操作也不同。进入系统之后即可选择相应的功能模块进行相关操作。

登录系统后,可以通过选择调度实验来指定任务,此处的任务即为前面所述的作业车间调度实例或柔性作业车间调度实例。将任务输入自己编写的调度算法中,求得优化分析后的解,即哪台车型在哪台工位上进行加工。最后,根据调度算法求得的任务安排,实际产线开始生产小车,可以通过任务管理界面实时查看任务的过程,如图 9-14 所示。在任务管理中可以选择每次下发的任务,以及每种车型对应的装配工位和时间。最后,当根据算法求得调度优化的解后,可以在任务完成进度界面上实时查看任务的完成进度,如图 9-15 所示。

图 9-13　系统登录界面

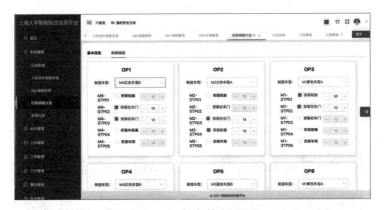

图 9-14　任务管理界面

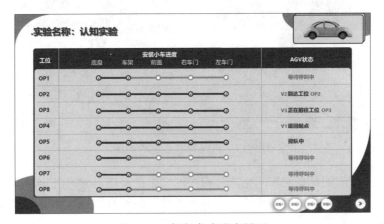

图 9-15　任务完成进度界面

2. 信息监测模块

信息监测模块主要包括设备运行信息监测、能耗信息监测以及异常事件监测。如图 9-16 所示为动态调度车间全景监测场景。

图 9-16　动态调度车间全景监测场景

设备运行监测是在对车间设备运行数据采集的基础上实现的。系统会对采集的设备数据进行实时显示，方便用户查看设备运行信息，从而直观地了解设备的工作状态信息，图 9-17 所示为机械臂状态监测画面，图中在每个设备图片下方显示设备的运行状态信息，并展示其主要运行参数信息，同时可通过鼠标悬停展示所选设备的具体运行参数信息。设备运行监测的同时也可以进行能耗数据监测，例如监测 AGV 的电量，图 9-18 所示为 AGV 状态监测画面。

图 9-17　机械臂状态监测画面

异常事件监测则是指对车间生产过程中的发生的动态异常事件进行监测，主要包括异常事件类型、异常事件的描述以及异常事件发生的时间点，机器故障报警画面如图 9-19 所示。

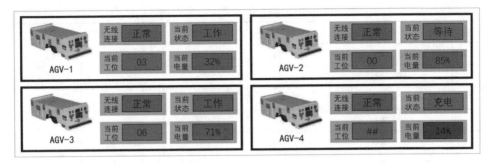

图 9-18　AGV 状态监测画面

图 9-19　机器故障报警画面

3. 车间调度模块

本实验室是一个生产个性化定制小车的车间，其中包括了 8 种车型，每个模型都包括了底盘、车架、左车门、右车门、车前盖一共五道工序（O_1、O_2、O_3、O_4、O_5），每道工序可以在不同的工位进行加工，且时间有所不同，符合柔性作业车间调度问题。各个车型装配可用机器以及所需时间如表 9-9、表 9-10 所示。

表 9-9　各个车型装配可用机器

车型	O_1	O_2	O_3	O_4	O_5
J_1	3, 8	1, 7	1, 4	2, 8	6, 7
J_2	2, 8	4, 7	3, 5	1, 3	2, 3
J_3	1, 4, 6	4, 5	2, 5	3, 8	7
J_4	4, 8	1, 2	6, 8	6	6, 7
J_5	1, 6	2, 5	1, 4	2, 7	3, 8
J_6	1, 2, 4, 7	1, 6	4, 8	1, 3	6
J_7	1, 6	2, 5	1, 4	7, 8	3, 7
J_8	2, 5, 7	2, 4	5, 8	1, 3	3, 8

表 9-10 各个车型装配所需时间

车型	O_1	O_2	O_3	O_4	O_5
J_1	38, 49	72, 54	49, 65	76, 59	73, 43
J_2	50, 49	53, 41	62, 66	51, 42	49, 70
J_3	48, 60, 68	53, 59	61, 66	42, 59	43
J_4	60, 49	72, 85	59, 66	30	73, 69
J_5	35, 68	42, 69	67, 49	42, 30	70, 88
J_6	43, 35, 32, 57	68, 67	56, 93	68, 105	79
J_7	48, 32	85, 66	49, 43	51, 73	102, 52
J_8	50, 43, 57	85, 53	66, 60	94, 100	90, 71

依据前面所提出的算法求得的初始甘特图如图 9-20 所示。迭代曲线如图 9-21 所示。

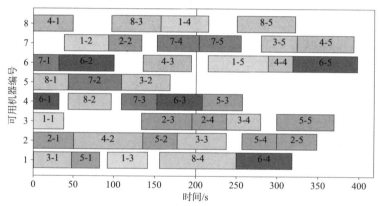

图 9-20 初始甘特图（见彩插）

如图 9-20 所示，假设在 $t=200s$ 时通过下单系统下发新的订单，下单系统（见图 9-22）发生插入新订单的动态事件。此时，订单信息下发到数据库中，数字孪生系统感知到新订单的插入，触发重调度机制，将新订单和未完成的订单一起处理，并且正在装配的车辆不可被中断，产生的重调度甘特图如图 9-23 所示。图中方框内的第一个数字代表第几种车

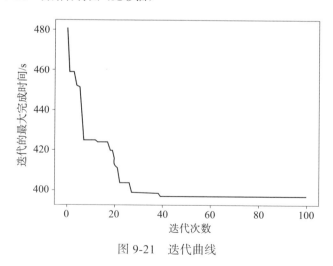

图 9-21 迭代曲线

型，第二个数字代表对应的工序。图中红框的是新下发的一台第八种车型的任务。其初始解为 397 s，求得的重调度的解为 521 s。

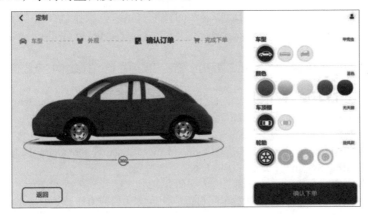

图 9-22　下单系统

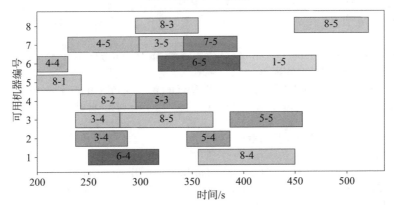

图 9-23　重调度甘特图①（见彩插）

当在 $t=200$ s 时，机器 3 发生故障，通过数字孪生系统获取异常信息，捕获到发生的动态事件，如图 9-19 所示。此时触发重调度机制，产生的重调度甘特图如图9-24 所示。机器 3 发生故障后，原先在机器 3 处进行加工的工件被重新安排到了其他工位。

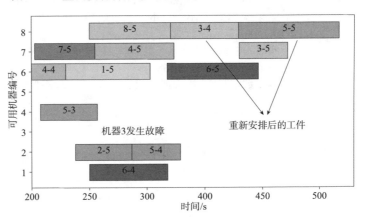

图 9-24　重调度甘特图②（见彩插）

参考文献

[1] 王无双, 骆淑云. 基于强化学习的智能车间调度策略研究综述 [J/OL]. 计算机应用研究, 2022, 5(6): 1-8[2022-05-22]. https://www.nstl.gov.cn/paper_detail.html?id=bee08259a58b5b3d06cfc56d9c8e4ec1.

[2] 王霄汉, 张霖, 任磊, 等. 基于强化学习的车间调度问题研究简述 [J]. 系统仿真学报, 2021, 33(12):2782-2791.

[3] FEI T, CHENG J F, QI Q L, et al. Digital twin driven product design, manufacturing and service with big data[J]. The International Journal of Advanced Manufacturing Technology, 2018, 94:3563-3576.

[4] ZHANG M, TAO F, NEE A Y C. Digital twin enhanced dynamic job-shop scheduling[J]. Journal of Manufacturing Systems, 2021, 58:146-156.

[5] 张桐瑞. 基于数字孪生的柔性车间调度方法研究 [D]. 无锡: 江南大学, 2021.

[6] 杨能俊. 基于数字孪生的离散制造车间自适应调度方法研究 [D]. 南京: 南京航空航天大学, 2020.

[7] 费永辉. 基于数字孪生的柔性作业车间动态调度研究 [D]. 杭州: 浙江工业大学, 2019.

[8] 张超勇. 基于自然启发式算法的作业车间调度问题理论与应用研究 [D]. 武汉: 华中科技大学, 2007.

[9] VAN HASSELT H. Double Q-learning[C]//Advances in Neural Information Processing Systems. Vancouver, Canada: MIT Press, 2010:2613 - 2621.

[10] VAN HASSELT H, GUEZ A, SILVER D. Deep reinforcement learning with double Q-learning[C]//AAAI Conference on Artificial Intelligence, MenloPark, USA:AAAI, 2016:2094-2100.

[11] 吴定会, 张桐瑞, 张秀丽. 扰动累积下基于数字孪生的车间重调度 [J]. 系统仿真学报, 2022, 34(3):573-583.

[12] WANG Z, SCHAUL T, HESSEL M, et al. Dueling network architectures for deep reinforcement learning[C]//Proceedings of the 33rd International Conference on Machine Learning[S.l.]. JMLR, 2016, 48: 1995-2003.

[13] WANG C, JIANG P Y. Manifold learning based rescheduling decision mechanism for recessive disturbances in RFID-driven job shops[J]. Journal of Intelligent Manufacturing, 2018, 29(7):1485-1500.

[14] 曹远冲, 熊辉, 庄存波, 等. 基于数字孪生的复杂产品离散装配车间动态调度 [J]. 计算机集成制造系统, 2021, 27(2):557-568.

[15] 周嘉圣. 基于数字孪生的船舶组立建造车间作业调度技术研究 [D]. 镇江: 江苏科技大学, 2021.

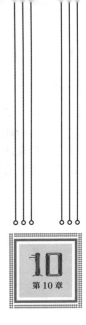

数字孪生车间设备故障诊断

在制造业企业生产过程中,生产线关键设备的健康状态对产品的质量有着极大的影响。由于车间设备一般具有复杂的结构和独特的运作机理,对其进行有效的健康管理和故障诊断具有一定的挑战性。目前通用的设备故障诊断方法存在以下不足:1)故障特征需要人工提取且依赖信号处理领域的专家知识,这使得算法的通用性和可移植性较差;2)工业生产中,设备故障率低,导致故障样本少,且传感器信号中通常夹杂着大量的噪声数据,特征提取难度较大,这使得数据驱动的故障诊断技术落地困难。

本章在构建设备数字孪生模型的基础上,实现故障数据的增强,基于此运用深度学习算法进行故障精确诊断,并开发了加热炉故障诊断数字孪生系统。本章内容总体框架如图 10-1 所示。

10.1 设备故障诊断问题分析

在使用过程中,机械设备的性能、状态都会不可避免地随时间的推移出现退化的趋势,这种损耗可能导致部分零件或者设备系统工作异常;此外,非正常或不理想的工况也有可能使设备的部分零件或子系统工作异常。虽然难以避免,但是设备故障一且发生，就会影响生产进度，造成经济损失，甚至可能对生产人员的人身安全造成严重威胁。因此，如何对设备的工作状况进行状态监测和故障诊断，一直备受学界和生产业界的关注。以下将从机械设备故障的特点和规律以及机械设备故障诊断方法两点出发，对相关问题进行讨论和分析。

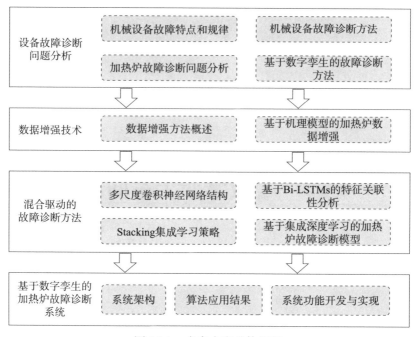

图 10-1 本章内容总体框架

10.1.1 机械设备故障的特点和规律

机械设备的故障一般存在随机性和系统性特点。随机性指机械系统的工作多为动态随机过程，且其特征模型可能随故障的发展产生随机性的演进，因此状态观测值多具有随机性和时域上的唯一性，难以复现和准确预测；系统性指机械设备各个部件和子系统故障产生的耦合作用[1]。

尽管机械设备故障的随机性和系统性给其故障检测和预测带来了诸多困难，但是设备故障的发生和演进具有一定的规律，可以给相关的诊断提供参考。

在机械设备的磨合期，设计、制造、工作环境等因素容易导致故障高发；当进入平稳工作期后，故障趋近于偶发，以随机性故障为主；在设备寿命的中后期，各个主次要零部件的老化等事件会使得疲劳、磨损失效造成的故障明显增加。结合机械设备的使用状况可以使得故障的初步诊断工作得到一定程度的简化。

此外在多数情况下，机械设备的故障会遵循"潜在故障（Potential Failure，PF）"—"P-F 过渡阶段（P-F Interval，PFI）"—"功能故障（Functional Failure，FF）"的变化规律。潜在故障是可以识别的性能退化或物理指标，是实际故障出现的症候和预兆；

功能故障是指设备的部件或整体失去其应有的功能；而 P-F 过渡阶段则是设备由前者到后者之间的间隔。通过检测故障证候进行早期排查并采取相应的措施，也可以减轻故障的后果。图 10-2 所示是某滚珠轴承的 PF—PFI—FF 过程中，其状态随工作时间的变化曲线。其中，P：故障开始发生。P1：振动特性改变。P2：润滑油内出现金属磨粒。P3：显著噪声。P4：显著发热。F：最终的功能故障（失效）。

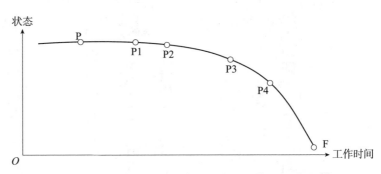

图 10-2　某滚珠轴承故障的状态 – 工作时间曲线[2]

10.1.2　机械设备故障诊断方法

故障诊断是一种融合信号分析处理技术、先进传感技术以及数据挖掘于一体的多学科融合交叉的综合性研究领域，其目的在于通过对监测设备的传感器所采集到的数据进行分析，准确地判断设备整体和其内部零部件的状态。当设备发生某种故障时，利用故障诊断技术能够及时判断出故障类型，为设备的维修维护提供指导。

20 世纪 60 年代在美国宇航局（National Aeronautics and Space Administration，NASA）倡导下，由美国海军研究室（Office of Naval Research，ONR）主持美国机械故障预防小组（Machinery Fault prevention group，MFPG），积极从事故障诊断技术的研究，并成功地运用于航天、航空、军事等行业的机械设备中；英国在 20 世纪 60 年代末 70 年代初，成立英国机械保健中心（UK Mechanical Health Monitoring Center）并开始机械设备故障诊断技术的研究；日本紧随其后，在钢铁、化工、铁路等民用工业部门内迅速开发了多种综合性故障检测系统；我国也在 20 世纪 80 年代着手组建故障诊断技术开发中心，进行故障诊断系统的开发。经过超过半个世纪的发展，机械故障诊断技术已经在各个领域得到了广泛的应用，其典型成果包括美国通用电气的内燃机车故障检测系统 DELTA、瑞典 SPM 公司的轴承检测系统、日本三菱电气的铁路沿线故障检测系统 WMDS、中国东北大学设备诊断工程中心的轧钢机状态监测诊断系统等。经过了 60 多年的发展，故障诊断技术已经形成一套完整的理论体系，已经应用在航空、冶金、机械等多个领域，取得了显著的效果，极大地提升了相关企业的经济效益。

随着工业 4.0 和中国制造 2025 的提出，传感器技术与数据传输技术迅速发展，设备的状态逐渐变得透明，这为机械设备的故障诊断奠定了深厚的数据基础，对于复杂设备的智能故障诊断算法问题的研究已经成为各领域的热点。目前在制造业得到应用的故障诊断方法大体可以分为以下三类[3]：模型驱动的故障诊断方法、数据驱动的故障诊断方法和混合驱动的故障诊断方法，如图 10-3 所示。

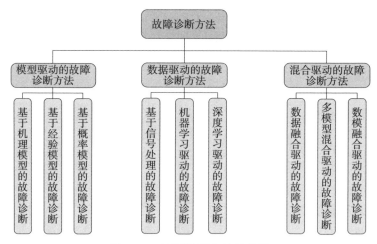

图 10-3 故障诊断方法的分类

模型驱动的故障诊断方法通过构建物理系统的模型，由机理模型的输入－输出关系进行故障诊断，其方法大致可以根据驱动模型的类型分为基于机理模型的故障诊断、基于经验模型的故障诊断与基于概率模型的故障诊断三种[4]。在故障诊断中，模型驱动的方法一般如图 10-4 所示。通过比较输入信号、工作元件的参数、正常和异常的输入模

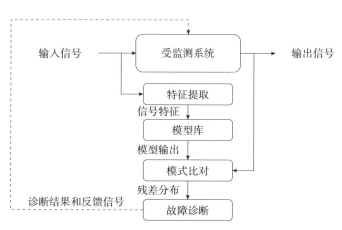

图 10-4 模型驱动的故障诊断方法工作流程

式，包含机理模型、经验或可靠性模型的模型库即可通过检测模型输出、元件输出之间某一特征的残差，或某种/某些特征的残差组合实现故障的识别和检测。尽管可以在大多数情况下对故障进行精确的标定，但是模型驱动的故障诊断方法需要基于设备的运作方式建立较为完备的模型，仅能在机理相对明确、研究相对完备、领域知识相对充分的机械系统上获得理想的效果，针对当下智能化的复杂机械设备系统建立精确的解析模型、进行准确的机理诊断较为困难。

数据驱动的故障诊断方法通过对受监测设备测量数据的直接判断，以确定是否存在故障、何处存在故障以及存在何种故障。与模型驱动的故障诊断方法不同，数据驱动的故障诊断方法避开了对待测系统物理性质或工作流程的分析，只需要从设备传感器信号中提取有用的故障特征，再利用相关算法识别设备的故障类型。数据驱动的典型故障诊断方法有信号处理法、基于机器学习的方法和基于深度学习的方法等。其典

型工作流程如下：由数据库进行特征提取、数据预处理，结合标签数据等构建数据分析模型和故障诊断模型；在诊断运行时由受监测系统的传感器阵列获取数据，提取特征后输入分析模型库，由模型进行正常－异常样本分类，再进行详细的隔离和诊断操作。

正如上文所讨论的，无论是模型驱动的故障诊断方法还是由数据驱动的故障诊断方法都有其优势和劣势，因此，它们一般仅适合一定场合下的针对特定机械、特定工况下的故障诊断任务，而在复杂工况、多系统耦合退化等条件（这是现在的机械设备常见的情况）下可能会遭遇性能下降等问题。对此常见的通用策略之一是将各个故障诊断方法/模型结合在一起，使它们能够互补作用，形成混合驱动的故障诊断方法，提高故障诊断系统的检出率。例如将不同传感器的数据在特征层面进行融合，生成特征图等高维特征形式，把它输入故障诊断系统；在故障诊断环节中将多模型或算法进行集成，对算法输出进行决策融合；也有研究致力于将数据与模型融合，以机理模型、概率模型等方式对传感器数据进行增强/扩充，从而减少故障检测系统的计算量或提升算法的检出性能等。

10.1.3　加热炉故障诊断问题分析

1.热轧产线信息

现代钢铁企业的生产过程十分复杂，因为其生产需要的技术较多，所以分为许多不同的环节。钢铁生产工艺流程如图10-5所示。

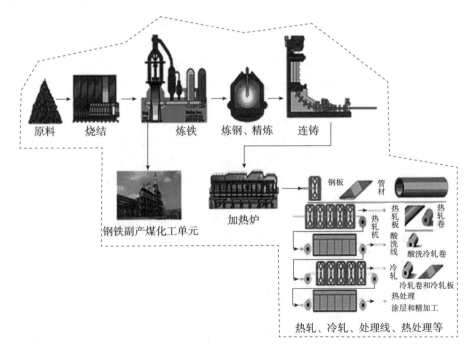

图 10-5　钢铁生产工艺流程

钢铁企业生产全流程中最重要的工序为炼钢、连铸以及热轧三个过程。在经过热轧处理后的钢板塑性较好，其他方面的性能也有所改善，金属的整体性能都有大幅度的提高。热轧工艺流程如图10-6所示。

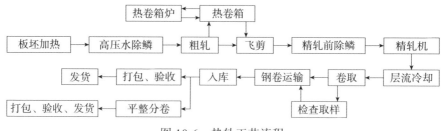

图10-6 热轧工艺流程

由图10-6可知，热轧产线由多种加工设备组成，每一步工艺都有特定的设备对板坯进行相应的加工处理，使得板坯的物理性能和化学性能逐步接近用户的需求，设备的健康状态对板坯的性能有着极大的影响。产线设备都根据其工作要求安装相应的传感器，如加热炉通常有温度传感器监测其炉内温度是否达到要求，精轧机和粗轧机通常有压力传感器监测轧辊压力是否处在正常的范围内，关键传动装置的转轴和齿轮箱等有振动传感器采集振动信号。传感器采集到的信号是设备整体或局部状态的反应，这些数据共同构成了丰富的热轧产线信息。利用这些信息对设备进行故障诊断，对设备的智能维护和构建智能工厂都具有重要意义。同时，设备的健康状态与产品的质量直接挂钩，及时诊断出设备的异常状态也能够为生产出合格的产品增添一层保障，而如何充分地挖掘出这些传感器信号中的故障特征成为研究重点。

智能工厂的大框架中通常有物理层和信息层，其中物理层由产线中多台加工设备构成，信息层主要利用已经获取的产线信息提供决策、优化生产以及设备的智能维护，而传感器则是架起了物理层和信息层之间沟通与交互的桥梁，实现了计算机网络和物理设备的深度有机结合。对设备进行高效的故障诊断是信息物理融合的重点，产线设备直接关系到产品质量和企业的可持续生产，传感器为设备的智能诊断与维护奠定了数据基础。以往钢铁企业一直将热轧产线设备的状态数据加工成各种表格和曲线，以此实现对设备状态的简单监控。虽然这种信息表现方式具有一定的效用，但是要将众多传感器信号高效地利用起来对设备进行故障诊断，并实现物理与信息的深度融合，仍然有以下几个问题需要解决。

1) 热轧产线设备多种多样，每个设备布置的传感器数目和类别也大不相同，如果故障特征提取算法不具有普适性，故障诊断模型的搭建依赖于专家知识，那么针对产线的每个设备都需要研究其特定的故障诊断算法，工作量将会是巨大的。因此故障诊断模型必须具有"端到端"的工作模式，整个过程不需要人工提取特征和专家知识，才能满足现代企业敏捷开发的需求。

2) 热轧产线中大多数设备工作在高温环境中或与高温的板坯直接接触，工况环境十分恶劣且加工过程中伴随着噪声和振动，因此传感器采集的信号中常常含有噪声数据，如何从传感器原始信号中提取出有效的故障特征是构建设备故障诊断模型最重要的一步，并且大型设备通常由多传感器实时监测多项指标的变化，故障诊断算法必须能够将多传感器数据进行融合分析，才能实现对设备故障状态的精准判别。

3）通过曲线、表格的形式呈现传感器数据而没有与物理层的设备实体关联起来，设备当前状态通过故障诊断算法分析出来却无法及时地反馈，没有实现物理层与信息层的深度融合。随着现代仿真理论的发展，仿真方法得以不断优化完善。如果能够利用虚拟仿真技术搭建设备工作状态仿真环境，利用三维建模技术和可视化技术将设备的三维模型、工作状态以及传感器信号在仿真场景中展现出来，同时集成设备的高可靠性故障诊断模型以分析传感器信号来判别设备当前状态，诊断结果在仿真场景中以多种形式体现，则可以实现后台服务与前端页面的紧密结合，从而构建一个完整的设备故障诊断系统，实现设备信息与物理的深度融合。

2. 加热炉故障源与故障类型

加热炉的故障大都发生在炉膛内部，本节主要聚焦于炉膛对板坯加热具有重要影响因素的变量，而炉膛在结构上被分为四个分段，分段中任何一个监测量的异常都会造成板坯的不正常加热。燃气和空气是板坯加热的直接能源，它们的喷嘴流量决定着板坯在每一段中能否加热到指定的温度，因此需要对各个流量进行监测。同时，炉温检测装置能够直接反映出每一段温度是否满足该段的加热要求。结合加热炉的四段结构，加热Ⅰ段、加热Ⅱ段和均热段均有燃气流量、空气流量和炉温检测三大类变量，由于预热段是利用烟气的余温进行加热，因此预热段重要的监测量有炉温检测变量。这些监测量都是加热炉最重要的参数并且各个参数并不独立，在构建加热炉故障诊断模型时需要充分考虑。

加热炉各指标的参数值可通过安装相应的传感器获取。其中，燃气流量和空气流量通过流量传感器获取气体流量值。考虑到加热炉的炉内温度范围，炉温检测是通过安装热电偶来实现。这些传感器采集到的信号共同组成了加热炉状态数据。

因为加热炉体积庞大，喷嘴数量众多，为了准确获得加热炉的状态数据，其四个结构分段中同类传感器通常安装多个。根据宝钢加热炉的传感器真实布置情况，加热炉状态数据源的详细信息如表 10-1 所示。

其中，预热段有 6 个热电偶监测该段炉温，加热Ⅰ段和加热Ⅱ段都各有 8 个燃气流量传感器和 8 个空气流量传感器分别监测该分段的燃气流量和空气流量，并各有 5 个热电偶监测这两段的炉温变化。均热段分别有 12 个燃气流量传感器和 12 个空气流量传感器以及 8 个热电偶。这些传感器时时刻刻监测着加热炉的状态，故障原始数据来源于这 80 个传感器，这些传感器数据蕴含着多类型的故障特征，为后文搭建加热炉的故障诊断模型奠定了数据基础，显然传感器采集到的数据存在故障数据严重缺失的问题，后续需要对故障数据进行增强。

加热炉的故障类型是故障样本集的类别信息，也是故障诊断模型训练时所用的标签，它们与加热炉数据源有着重要的关系。加热炉的状态数据来自四个分段监测的燃气流量、空气流量和炉内温度的传感器。燃气燃烧是加热板坯的重要能量来源，燃气流量异常反映出燃气不足，板坯缺少加热的能源，因此板坯必定不会加热到指定的温度。空气流量异常反映的则是空气供应不足，燃气无法燃烧充分，即不能够提供充足的热量加热板坯。而炉温检测是最能够直接反映板坯在加热炉的各个结构分段的加热情况，并且炉内温度在一定程度上折射出燃气流量和空气流量是否正常，这些指标的异常都会导致板坯性能达不到使用需求。

表10-1 加热炉状态数据源

监测炉段	样本监测点序号	监测变量	传感器
预热段	1，2，3，4，5，6	炉温检测	热电偶
加热Ⅰ段	7，8，9，10，11，12，13，14	喷嘴燃气流量	流量传感器
	15，16，17，18，19，20，21，22	喷嘴空气流量	流量传感器
	23，24，25，26，27	炉温检测	热电偶
加热Ⅱ段	28，29，30，31，32，33，34，35	喷嘴燃气流量	流量传感器
	36，37，38，39，40，41，42，43	喷嘴空气流量	流量传感器
	44，45，46，47，48	炉温检测	热电偶
均热段	49，50，51，52，53，54，55，56，57，58，59，60	喷嘴燃气流量	流量传感器
	61，62，63，64，65，66，67，68，69，70，71，72	喷嘴空气流量	流量传感器
	73，74，75，76，77，78，79，80	炉温检测	热电偶

因此加热炉故障类型与四个结构分段中监测量类别相对应，监测指标有十大类，因此故障类型相应地也有十类，故障类型信息如表10-2所示。

表10-2 故障类型信息

故障位置	故障类型	故障描述	分类标号
预热段	炉温检测异常	预热段炉内温度未达标或装置损坏	1
加热Ⅰ段	炉温检测异常	加热Ⅰ段炉内温度未达标或装置损坏	2
	燃气流量异常	加热Ⅰ段燃气供给不足	3
	空气流量异常	加热Ⅰ段空气供给不足	4
加热Ⅱ段	炉温检测异常	加热Ⅱ段炉内温度未达标或装置损坏	5
	燃气流量异常	加热Ⅱ段燃气供给不足	6
	空气流量异常	加热Ⅱ段空气供给不足	7
均热段	炉温检测异常	均热段炉内温度未达标或装置损坏	8
	燃气流量异常	均热段燃气供给不足	9
	空气流量异常	均热段空气供给不足	10

由表10-2可知，加热炉故障类型有：预热段炉温检测异常、加热Ⅰ段燃气流量异常、加热Ⅰ段空气流量异常、加热Ⅰ段炉温检测异常、加热Ⅱ段燃气流量异常、加热Ⅱ段空气流量异常、加热Ⅱ段炉温检测异常、均热段燃气流量异常、均热段空气流量

异常、均热段炉温检测异常。

10.1.4 基于数字孪生的故障诊断方法

基于数字孪生模型的故障诊断实现步骤主要包括数据的采集与处理、模型的虚实同步、数据增强与融合、故障预测 4 个步骤[5-6]。

1）数据的采集与处理。为了保证孪生模型能够实时迭代优化，需要设定数据通信与转换的标准来对多源异构数据进行采集，实现不同通信接口之间的数据统一转换与封装，从而可以对数据进行统一的规范处理，实现多源异构数据的集成和融合。

2）模型的虚实同步。建立物理实体到孪生模型的真实映射，分析多维度下模型间的关联及其映射。物理实体的全方位建模遵循几何、物理、行为、规则等多个维度，通过建立各层模型的联系，从结构和功能上对模型进行融合，生成的模型及虚拟仿真以三维形式进行可视化展示。

3）数据的增强与融合。首先对物理实体的实时数据进行去噪、增强与建模，其次对其结果进行归类、分析，最后将设备实时数据与模型数据进行迭代、演化与融合，实现物理与孪生模型的数据融合，使孪生模型能够真实反映出物理实体的全要素在整个工作过程的运行状态。

4）故障预测。孪生模型与物理实体之间进行同步映射，在孪生数据（包括历史数据、实时数据和增强数据）的交互下，两者间实时交互为设备的故障预测提供基础[7-9]。

物理实体将状态数据等孪生数据实时传输到孪生模型，孪生模型的运行状态与物理实体同步，在此过程中不断产生新的数据，如故障预测数据、维修决策数据等。物理实体设备与孪生模型新产生的实时数据将与已有孪生数据进一步融合，服务系统将依据所得融合数据评估设备运行状态从而快速感知到故障事件，对故障原因进行准确定位并提供合理的维修策略，如图 10-7 所示。

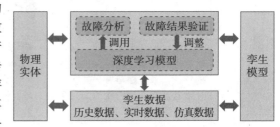

图 10-7　数字孪生驱动的故障诊断框架

10.2　数据增强技术

10.2.1　数据增强方法概述

数据增强是深度学习中常用的技巧之一，主要用于增加训练数据集，让数据集尽可能多样化，使得训练的模型具有更强的泛化能力。数据增强算法可以提高机器学习模型的准确性。根据实验，图像增强后的深度学习模型在训练损失（即对错误预测的惩罚）和准确性以及验证损失和准确性方面的表现更好。

1. 计算机视觉中的数据增强技术[10]

图像有几何和色彩空间增强方法,可以在模型中实现图像多样性。表10-3所示为计算机视觉中常用的10种数据增强技术。

表10-3 计算机视觉中常用的10种数据增强技术

相关技术	描述	示例
添加噪声	对于模糊的图像,在图像上添加噪声会很有用。通过添加"椒盐噪声",图像看起来像是由白点和黑点组成	
裁剪	选择、裁剪图像的一部分,然后将其调整为原始图像大小	
翻转	图像水平和垂直翻转。翻转重新排列像素,同时保护图像的特征。垂直翻转对于某些照片没有意义,但它在他天文学或显微照片中很有用	
旋转	图像旋转了0~360°。每个旋转的图像在模型中都是唯一的	

（续）

相关技术	描述	示例
缩放	图像向外和向内缩放。通过缩放，新图像中的对象可以比原始图像中的对象更小或更大	
平移	图像沿 x 轴或 y 轴移动到各个区域，因此神经网络会查看图像中的任何地方以捕获它	
亮度	更改图像的亮度，新图像会更暗或更亮。这种技术允许模型在不同的光照水平下识别图像	
对比度	图像的对比度发生变化，新图像在亮度和颜色方面都会有所不同	

(续)

相关技术	描述	示例
色彩增强	图像的颜色由新的像素值改变	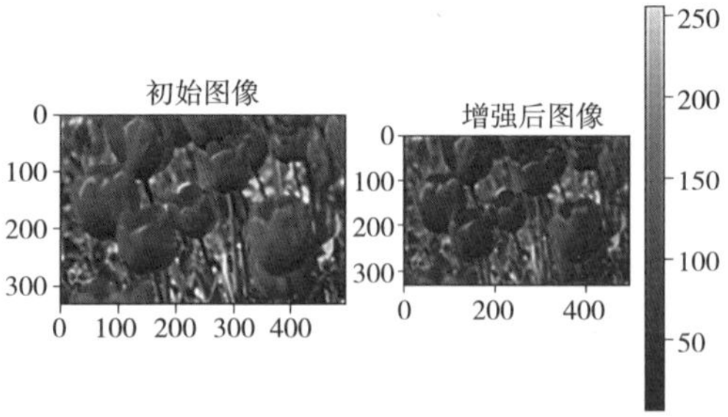
饱和度	饱和度是图像中颜色的深度或强度	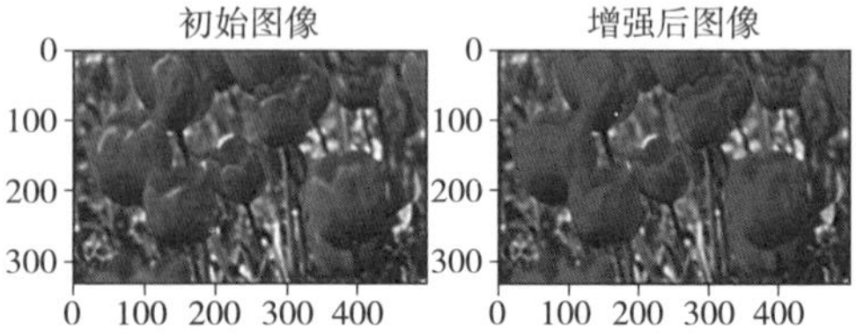

2. 序列数据的数据增强技术

不同于图像数据,序列数据的样本间具有时序关系,因此对序列数据进行增强时要特别关注新生成样本间的时序关系。序列数据的类型很多,如连续取值的时间序列数据、离散取值的文本数据、音频数据等。尽管数据类型不同,但应用的数据增强方法背后有共同的设计思路,如翻转、拉伸或添加噪声等。本节以应用在不同序列数据上的增强方法背后的共同点为线索,介绍了在时间序列、音频、自然语言等多种序列数据上进行数据增强的方法,分别如表 10-4~表 10-6 所示[11]。

表 10-4 时间序列数据的增强方法

方法	描述	优缺点	适用场景
几何变换、窗口裁剪、添加噪声等基础方法	翻转、缩放、窗口规整、时间镜像、下采样、窗口切片、在时间域或频率域添加噪声等	简单直观,方便判断标签的保持性,但未考虑数据集整体的分布特点	通用
异常标签扩展	将与实际异常点在时间上和属性取值上都接近的点也标注成异常点	操作方便,但仅针对异常检测任务	运维数据
AAFT、IAAFT	对傅里叶变换后的数据在振幅谱上进行调整	可以很好地保留时域和频域特征,但傅里叶变换应用在短周期信号上会损失信息	医疗时间序列
FBG	将序列分解为不同成分,再为不同成分分配权重,组合新的时间序列	基于特征集的方法可以生成更相似的样本,但特征的选取和特征数据集的制作需要进一步研究	通用

（续）

方法	描述	优缺点	适用场景
Bagged.BLD.MBB.ETS	有放回地重复采样剩余项，和趋势项与季节项混合	以序列为单位产生新的序列，在长度较短的序列数据上表现一般	通用
T-CGAN	使用一维卷积的 CGAN，条件输入是时间戳，时间戳可以是间隔不等的	可以针对时间间隔不规则的情况	通用
ehrGAN	用一维卷积 GAN 生成医疗时间序列，引入了半监督学习	半监督学习让生成样本和原始样本的类别更有可能一致	医疗时间序列
BiLSTM-CNN GAN	将 RNN 用于生成器，CNN 用于判别器	RNN 充分利用了时序依赖性，CNN 可以加快判别速度	心电图
RGAN、RCGAN	生成器和判别器都使用 RNN 结构，后者还引入了条件输入	并行化程度不足	医疗时间序列
TimeGAN	基于 RNN，用可学习的嵌入网络降低对抗学习空间的维度，引入监督学习让模型学习到每一时刻的条件分布	结合了无监督范式和有监督训练对数据生成的约束作用，不只是判断数据真假，生成的数据关注了时间步之间的时序关系	通用
混合多个 GAN	用多个 GAN，每一个生成特定标签的数据	用多个 GAN，每一个生成特定标签的数据	医疗时间序列
应用 DisturbLabel 的方法	对标签做数据增强，随机修改一部分标签	在序列数据上的应用研究有待继续探索	通用
机理模型 -GAN	利用机理模型仿真信号与少量带标签数据，基于 GAN 进行数据增强	通用性强，可解释性强，但是机理模型通常建立困难，导致生成的数据准确性有待提高	通用

表 10-5 音频数据的增强方法

方法	描述	优缺点	适用场景
添加噪声	添加高斯噪声模拟嘈杂环境	简单直观	通用
SpecAugment	在时间－频率域的频谱上操作，包含时间规整/掩蔽、频域掩蔽	简单，但操作的单位是单个序列，不是整个数据集，未考虑整体分布特点	语音识别
混响	混合不同强度且有时间差的声音序列	以数据集为单位进行增强，但没有学习和利用原始数据间的内在关系	语音识别
SpecGAN	把频谱图看成图片，用 DCGAN 生成新的频谱图	生成式模型利用了数据间的内在关系，但只能生成 1 s 左右的短音频	通用

（续）

方法	描述	优缺点	适用场景
WaveGAN	直接使用一维的 DCGAN	增强流程的简化令生成质量更高，但内在关系的利用不够充分，生成数据和原始数据看起来更相似	通用
C-RNN-GAN	生成器和判别器都使用 RNN，将每一时刻的音乐特征化为连续值	生成器和判别器都使用 RNN，将每一时刻的音乐特征化为连续值	音乐
SeqGAN	将音乐建模成离散特征的词向量，用策略梯度方法学习整个模型	用强化学习方法解决不可导问题，但调参复杂，结果不稳定且效率低	音乐
G-RNN-GAN	生成器使用多层 RNN，判别器使用简单的多层感知机	简单的模型结构提高了模型的效率，但有待探索判别器的性能提升空间	人声和伴奏分离
DCRGAN	结合使用了 CNN 和 LSTM，后者用于提取长时信息	判别器只使用 CNN 提高了判别效率	语音增强

表 10-6　自然语言数据的增强方法

方法	描述	优缺点	适用场景
EDA	随机删除/插入/交换、同义词替换	简单但较为机械	文本分类
单词替换	用双向语言模型生成替换词	不破坏语法语义关系且保持标签不变，但额外模型引入计算量	通用
LaTextGAN	基于自编码器在连续的特征编码空间上增强，网络结构是 CNN	避免了不可导，但训练自编码器需要大规模语料，与数据增强目的相悖	通用
PSGAN	基于自编码器在连续的特征编码空间上增强，网络结构是 RNN		搜索引擎
Gumbel-Softmax	用可导函数替换原来的 argmax	可直接替换现有模型的 softmax 函数，但只被证明在简单的符号序列上有效	简单符号序列
TextGAIL/CTGAN	利用强化学习方法解决不可导问题的思路	结果更精确合理，但存在鲁棒性差、调参困难等强化学习固有的缺点	通用

10.2.2　基于机理模型的加热炉数据增强

加热炉实际运行系统难以采集充足的带标签的故障数据，以至于难以直接挖掘故障信息，使得基于小样本故障数据下的变工况加热炉故障诊断面临很大挑战。然而，通过建立加热炉运行的机理模型，对加热炉内流场进行计算流体力学数值分析，可以获得加热炉典型故障类型的仿真数据[12]。

首先需要对炉内现象建立对应数学模型，炉内气体流动问题、燃烧问题、辐射问题以及热交换问题等多种问题对应不同物理变化与化学反应，需要建立 CFD 模型对问题进行求解。建立数学模型后，对具体加热炉内流场模型进行模型网格划分（见图 10-8），以及边界条件确立，进而完成数值模拟。

将计算结果进行后处理，对沿着加热炉宽度方向上的中心截面（见图 10-9）和沿着加热炉长度方向上从左向右 14.5 米处的截面（见图 10-10）的速度分布进行研究。

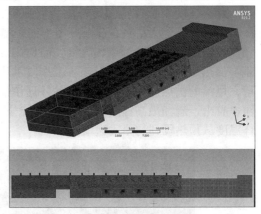

图 10-8　加热炉内流场模型网格划分

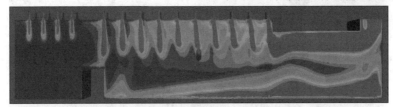

图 10-9　加热炉宽方向的中心截面的速度分布（见彩插）

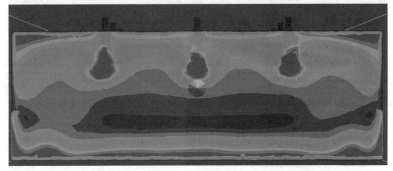

图 10-10　加热炉长从左向右 14.5m 处截面的速度分布（见彩插）

首先研究速度分布，可以看出炉内气体从烧嘴喷入加热炉炉膛并沿着炉膛运行至预热段，最终从烟道排出。根据颜色表示速度幅值大小，炉内气体的速度由高到低依次为预热段、加热段、均热段。在炉膛上方区域以及被加热钢坯附近的气体速度大小约为 1.2 m/s，但在均热段下方大部分区域以及钢坯出口区域的气体流速很小，低于 0.3 m/s。在加热段从左向右，气体速度大小是逐渐升高的，接近加热段中部（20 m）位置，炉膛上方区域以及被加热钢坯附近的气体流动速度提高到 6 m/s，而到达加热段的尾部即图中最右端，被加热钢坯表面附近的气体流动速度大小可到达 10 m/s。当烟气进入预热段，并达到预热段尾部区域，气体的速度大小可超过 10 m/s，而在烟道入口处气体速度最大甚至接近 20 m/s。而在炉内烟气进入烟道后，受到烟气出流口面积增大的影响，气流速度略有降低。

对上述两个截面的温度分布进行研究，如图 10-11、图 10-12 所示。可以看出与图 10-10 中速度从左向右逐渐升高不同，温度呈现出从右向左的递增趋势，即加热炉预热段温度最低，此处钢坯入钢，而均热段温度最高，钢坯从此处出钢。这样的现象是与加热炉的烧嘴设置情况与各工作段供热能力相关的，从预热段到加热段再到均热段，烧嘴的供热能力是依次降低的并且在预热段中并无烧嘴设置。从整个温度分布图可以看出，流场最高温度出现在烧嘴处，最高可达到 1700℃。可得出，加热炉内部气体温度从预热段到均热段递增。

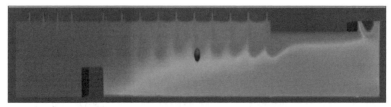

图 10-11 炉宽方向的中心截面温度分布（见彩插）

图 10-12 炉长从左向右 14.5m 处截面温度分布（见彩插）

图 10-13 所示为分别采用三种加热炉炉内空气系数进行仿真所得的加热炉内流场沿炉膛长度方向温度变化曲线。三种空气系数分别取为 1.05、1.1、1.2，经过加热炉内流场数值分析，可发现，当空气系数取得 1.1 时，加热炉内部温度高于其他两种情况，而空气系数取 1.2 时的炉内温度又高于空气系数取 1.05 时的炉内温度。对该现象进行分析可得，空气系数取 1.1 时，炉内煤气燃烧最为充分，燃料完全燃烧，即燃烧过程热量的损失

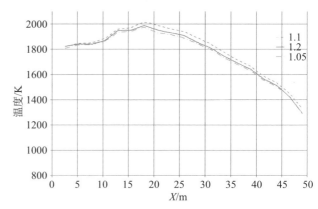

图 10-13 三种空气系数对应炉膛长度方向温度变化曲线

最小且火焰温度较高。而空气系数取 1.05 则会导致燃烧所需的氧气不足，燃料未完全燃烧。空气系数取 1.2 则导致空气过量，使得部分燃烧热用于加热过量空气造成热量损失。由此可得，加热炉空气系数变化对加热炉内部温度场存在影响，且空气系数取值 1.1 最佳。

将计算所得温度值与传感器采集参数进行对比，结果如图 10-14 和表 10-7 所示，计算值与测量值基本相符，平均准确率达到 98.96%，即使是最大偏差处准确率也有 90.59%，所以加热炉内流场 CFD 仿真结果较为准确，可以保证增强数据的准确性，为后续数据驱动的故障诊断奠定基础[13]。

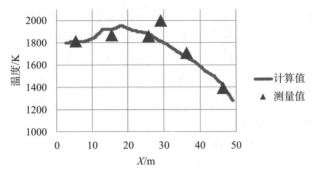

图 10-14　测量值与计算值对比

表 10-7　对比记录

	CFD 计算值	实际测量值	准确率	偏差占比
最大偏差处	1810.00 K	1998.00 K	90.59%	9.41%
平均值	1755.94 K	1774.33 K	98.96%	1.04%

10.3　混合驱动的故障诊断方法

随着自动化生产机械设备越来越复杂化和综合化，模型或数据驱动的单一预测性维护方法逐渐暴露出了其缺陷：前者未能考虑模型生命周期的一致性，而后者过于注重系统生命过程中系统状态参数的统计学特征而忽视系统的物理特性。以上两点分别容易造成模型方法一致性差和数据驱动算法适应性差的问题，从而导致预测精度较低，在复杂设备的故障诊断方面越发难以取得理想的输出。而在另一方面，目前获取车间设备的传感数据难度大，需要时间长，且对传感数据进行标定可行性较低，各种信号处理和浅层机器学习方法已经落后于目前设备故障检测和预测性维护的需求。这就要求相关诊断和维护方法结合数据和模型机理进行联合驱动，其中一个思路是利用机械的数字孪生模型，进行多种故障注入，模拟产生传感器数据，为预测算法提供数据基础，解决数据获取难、预测性维护可行性差的问题。本节结合数据驱动的故障诊断方法，提出了混合驱动的故障诊断方法[14-16]。

10.3.1　多尺度卷积神经网络结构

传统的卷积神经网络模型（Convolutional Neural Network，CNN）中每一个卷积层的卷积核形状相同，特征提取能力相对有限，而加热炉的传感器信号常常复杂多变，数据特征较难挖掘。鉴于上述问题，本节对卷积神经网络结构进行优化，在传统卷积神经网络的卷积层上使用多尺度卷积核对传感器信号进行卷积运算以增加故障特征的多样性，最后将各个尺度卷积核提取的特征图在通道层进行融合[17]。每个尺寸的卷积核在遍历的过程中都选择同卷积的卷积方法，同卷积生成的特征图的尺寸与输入数据的尺寸大小相同，滑动步长也是确定的，为1。一般操作时都要使用padding技术，即在输入数据的周围补零，使卷积核遍历时可以到达输入数据的边缘以保证特征图的大小。假设某一卷积层输入数据尺寸为$1\times k$，有三种尺寸的卷积核，分别为$1\times m_1$、$1\times m_2$和$1\times m_3$，每种尺寸的卷积核有n个，多尺度卷积示意图如10-15所示。

多尺度卷积核尺寸的设计决定着模型性能的好坏。宽卷积核能够获取整体的特征但容易增加网络的参数，产生过拟合。而小卷积核能够挖掘原始信号中的局部特征，但容易破坏传感器信号点前后的关联性。因此在设计多尺度卷积核时，要既包含宽卷积核又包含小卷积核。

提出的多尺度卷积神经网络（Multi-scale CNN）只在第一个卷积层使用多尺度卷积核机制，其他卷积层均采用小尺寸卷积核以减少网络参数和运算次数，降低过拟合的风险[18]。除第一个卷积层外的其他网络层都和传统的卷积神经网络中对应的网络层一致。多尺度卷积示意图如图10-15所示。

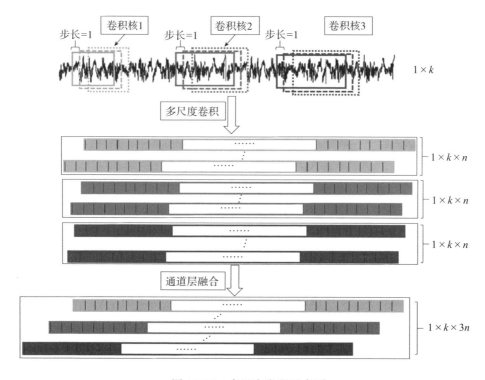

图10-15 多尺度卷积示意图

图 10-16 所示为用于提取加热炉故障特征的 Multi-scale CNN 结构。该模型有两个卷积层、两个池化层、一个全连接以及一个 softmax 层。加热炉传感器的故障信号经过第一个多尺度卷积层和 Relu 激活函数生成一组特征图，再经过池化层减少参数，然后将降维后的特征图送入到第二个卷积层中进行特征提取，再经过池化层降维，最后将最终的一组特征图拉直成一维特征图与全连接层相连，经过 Relu 函数激活之后，传递到 softmax 层中。

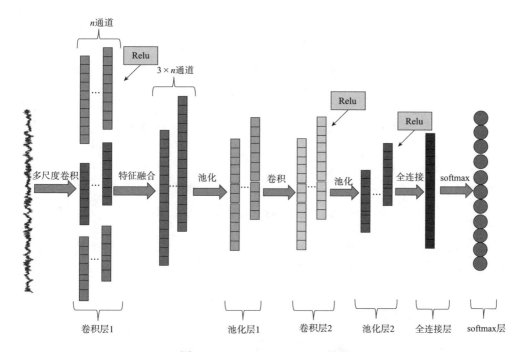

图 10-16　Multi-scale CNN 结构

10.3.2　基于 Bi-LSTMs 的特征关联性分析

鉴于长短期记忆网络（Long Short-Term Memory，LSTM）的结构特点，已有专家将其应用在故障诊断领域。可以将 LSTM 对时间序列数据的处理过程映射至以加热炉这类多传感器监测设备为分析对象的故障诊断问题中，因为多传感器采集到的数据并不独立，彼此之间同样存在依赖关系。原始问题中时间序列数据的多个时间步就对应于多传感器采集到的每一类特征数据或者根据设备的实际情况按照某种划分方式而形成的多源数据。将划分后的数据作为 LSTM 的各个时间步的输入，即：

$$x_0 = data\_source\ 0,\ x_1 = data\_source\ 1,\ \cdots,\ x_t = data\_source\ t \quad (10.1)$$

经过 LSTM 每一步隐含层的特征提取，并将该步提取的特征经过筛选后带入到下一时间步的传感器数据的特征提取过程中，从而实现多传感器数据的联合分析。最后将多传感器数据融合成一维高阶的特征，为加热炉的故障诊断提供了关联性特征，完善了特征信息，提升故障诊断模型的准确性。

利用双向长短期记忆网络（Bidirectional LSTM，Bi-LSTM）对多传感器数据进行正反向融合，有利于多源数据充分地融合分析。Bi-LSTM 的实现方法是对每个训练数据都设置两个长短期记忆网络，一个是前向挖掘多源数据之间的关联性特征，另一个则是反向挖掘特征，并且有着同一个输出层，将两个网络的输出结果进行拼接作为最终输出。Bi-LSTM 按照时间步展开的示意图如图 10-17 所示。

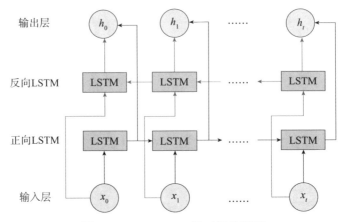

图 10-17　Bi-LSTM 按时间步展开

为了对多传感器数据进行深度的关联性分析，通过搭建多层 Bi-LSTM（Bi-LSTMs）来挖掘多源数据之间的关联性特征。其网络结构图如图 10-18 所示。

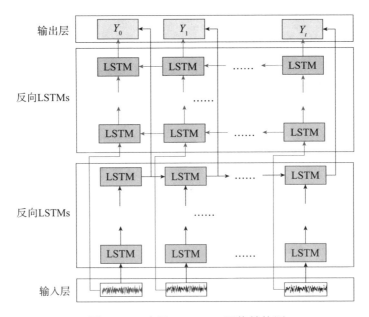

图 10-18　多层 Bi-LSTM 网络结构图

由于 $\{Y_0, Y_1, \cdots, Y_t\}$ 中每一个元素都是正向和反向的 LSTM 融合的结果，因此多层 Bi-LSTM 的输出是取 Y_t 的前半部分和 Y_0 的后半部分组合而成，即正向 LSTMs 融合 t 个时间步数据的特征，反向 LSTMs 融合 t 个时间步数据的特征，将两部分结果融合后作为该网络的输出。在该网络后面添加全连接层和分类层对多传感器数据进行特征提取，再利用反向传播算法进行参数更新，并在网络层中加入 dropout 方法和 BN 层优化模型。

10.3.3 Stacking 集成学习策略

本节利用集成学习方法实现两个深度学习模型的融合。集成学习的主要思想是通过某种策略组合多个模型并输出最终结果，与单一模型相比，其泛化性能更好，并且集成学习策略可以使多个模型形成优势互补的关系。集成学习中的组合策略主要分为 Bagging、Boosting 和 Stacking 三种[19]。选用 Stacking 集成学习策略，在该集成框架中，先选择多个模型作为初级学习器，再选择一个模型作为次级学习器用来组合初级学习器。

Stacking 集成学习模型的特点是初级学习器的预测值会作为次级学习器学习的特征，通过融合不同学习器的优势，能够有效地降低泛化误差。训练集成学习模型时，为了规避过拟合的风险，初始学习器和次级学习器所用的训练集并不相同。因此，通常将故障数据集分为三个部分：训练集 1、训练集 2 和测试集。先利用训练集 1 分别训练所有初级学习器，使其参数收敛至较优的范围。再将训练集 2 输入训练完成的初级学习器中，得到特征集，将多个特征集融合，形成次级学习器的训练数据。待所有学习器训练完成后，将测试集先输入初级学习器中得到初步的特征集，再经过次级学习器得到最终结果。Stacking 集成学习策略的模型训练流程如图 10-19 所示。

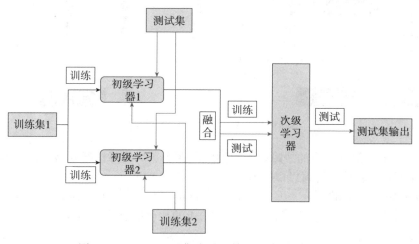

图 10-19 Stacking 集成学习策略的模型训练流程

Stacking 集成学习策略可以较好地融合两个学习器，使得最终的集成学习模型兼顾两个初级学习器的优点。其初级学习器和次级学习器分步训练的机制，相当于为模型提供一个预训练的过程,能够加快次级学习器的收敛速度。

10.3.4 基于集成深度学习的加热炉故障诊断模型

本节将 Multi-scale CNN 和 Bi-LSTMs 作为 Stacking 集成学习模型的初级学习器,由于它们是异质学习器,因此在次级学习器构造中更偏向选择结构简洁而且是非线性的模型。考虑到前面设计的两个初级学习器均属于深度学习框架下的神经网络模型,为了让集成模型整体结构上呈现同质,而不同学习器的具体算法呈现异质,将全连接神经网络作为集成学习模型的次级学习器,Relu 函数作为激活函数,并且引入 BN 层和 dropout 等优化方法。

集成深度学习模型架构如图 10-20 所示。在该集成深度学习模型下,能够实现加热炉多传感器的故障特征与关联性特征的融合,解决了多尺度卷积神经网络无法对多源数据进行联合分析以及多层双向长短期记忆网络特征提取能力较弱等问题,进而搭建出具有完善的故障特征提取与融合能力的加热炉故障诊断模型。

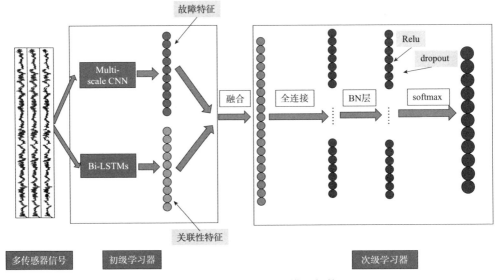

图 10-20 集成深度学习模型架构

将基于集成深度学习的故障诊断模型应用在加热炉故障诊断问题中,应用流程如图 10-21 所示。具体步骤可以概括如下:

1)故障样本集的划分。因为是基于 Stacking 集成学习策略的训练模型,所以需要将加热炉故障样本集分成三份,以 2∶1∶1 的比例将样本分成训练集 1、训练集 2 和测试集。

2)初级学习器的训练。提出的集成学习模型的初级学习器是多尺度卷积神经网络和多层双向长短期记忆网络。首先将两个初级学习器单独作为故障诊断模型利用训练集 1 进行训练,以确保训练完成后它们能够提取多传感器信号中的故障特征和关联性特征。用于训练 Multi-scale CNN 的训练集 1 是以多传感器信号首尾相连的方式输入到模型中，而用于训练 Bi-LSTMs 的训练集 1 是将多传感器信号按照某一规定时间步分割后输入到模型中。

3）次级学习器的训练。将加热炉训练集 2 输入到训练完成的 Multi-scale CNN 和 Bi-LSTMs，分别生成该数据集的故障特征和关联性特征，将两个特征拼接融合后输入至全连接神经网络中进行训练，至此所有学习器训练完成。

4）加热炉故障状态判别。所有学习器训练完成并保存参数后，集成深度学习模型也相应地生成。最后将测试集输入到集成学习模型中，判断模型的性能。

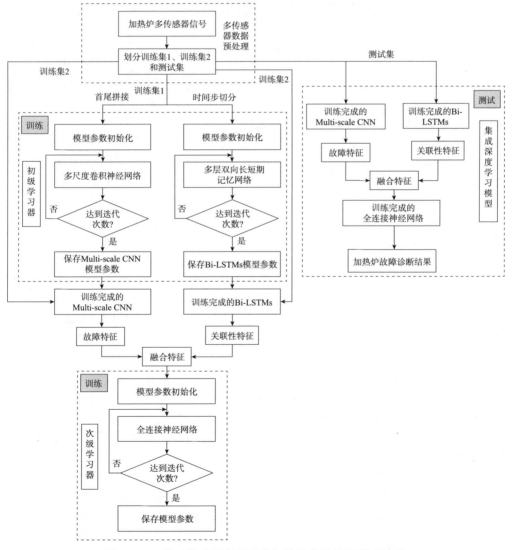

图 10-21 基于集成深度学习的加热炉故障诊断模型流程

10.4 基于数字孪生的加热炉故障诊断系统

10.4.1 系统架构

鉴于加热炉对热轧产线的重要性和企业的实际需求，开发基于数字孪生的加热炉故障诊断系统。传统的加热炉管控系统仅限于物理空间，主要以人为操作管理为主，在实际的应用中存在以下不足：

1）对于加热炉这样封闭的设备，其内部的工作状态和生产流程无法得知，缺少仿真模型，可视化程度不高。

2）加热炉各传感器采集的实时数据难以获取，且缺乏数据的可靠性验证。

3）难以对加热炉故障状态进行高效的判断，不能提供决策参考。

以虚拟仿真软件为依托，集成加热炉工作状态仿真、加热炉状态数据的获取、数据可靠性验证、故障状态的智能分析，再到前端数据集匹配结果显示、加热炉状态显示和故障位置高亮预警以及故障解决方案，形成一套完整基于数字孪生的加热炉故障诊断系统，系统的功能模块和系统架构分别如图10-22和图10-23所示。

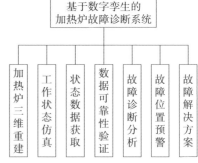

图 10-22　系统的功能模块

系统的功能模块有：

1）加热炉三维重建。根据热轧产线中真实加热炉的机械结构和外观形状，利用三维建模技术等比例重建。

2）工作状态仿真。利用虚拟仿真可视化技术模拟加热炉真实的工作状态，包括加热炉火焰效果、步进梁的运转以及板坯在炉内的传送情况，在前端以动画的形式展现。

3）状态数据获取。通过调用相关接口建立后台服务与源数据存储系统之间的连接，使得后台服务能够获取到加热炉多传感器采集的状态信号，并在前端显示，为后续的故障诊断奠定数据基础。

4）数据可靠性验证。通过地址索引定位到目标数据集并读取，将读取到的数据与状态数据获取模块得到的数据利用多种相似度计算方法进行对比，计算源数据在获取前后的匹配度是否达到要求，确保数据在传输过程中未发生改变。

5）故障诊断分析。该模块是整个系统里最关键的部分。加热炉多传感器信号中蕴含着丰富的故障信息，进行故障诊断时，需要完整且充分地挖掘其中的状态特征。将状态数据获取模块得到的加热炉多传感器原始信号作为输入，利用多尺度卷积神经网络提取多传感器信号中深层次的故障特征，并通过多层双向长短期记忆网络挖掘多传感器信号之间的关联性特征，再利用集成学习方法实现故障特征与关联性特征的融合，最后模型能够准确地判断加热炉处在正常还是异常状态，如果处在异常状态则诊断出当前的故障类型。

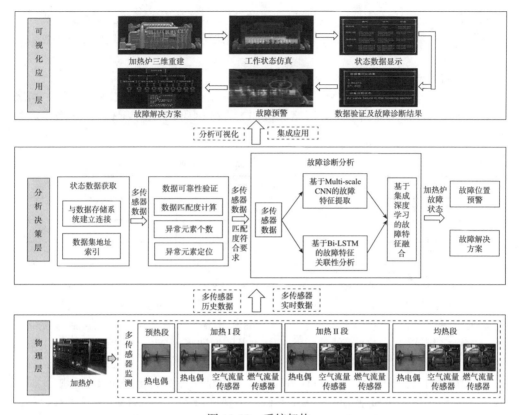

图 10-23 系统架构

6）故障位置预警。根据故障诊断分析模块的输出结果，定位当前的故障位置，并在加热炉仿真模型上报警提示。

7）故障解决方案。提供加热炉典型故障的发生原因及相应的解决方案，为加热炉的维修维护提供指导。

在进行系统开发时，利用 3ds MAX 建模软件对加热炉进行三维建模与渲染，采用了 Unity 3D 软件实现虚拟仿真可视化技术，并且将其作为集成应用平台。采用 Python 语言建立后台服务与源数据存储系统之间的连接，并开发多种数据集相似度计算方法，实现状态数据的获取与验证。同时，采用 Google 公司的 Tensorflow 深度学习框架，利用 Python 在 Tensorflow 框架中搭建加热炉的故障诊断模型，并借助 Tensorboard 模块对神经网络的结构和训练情况进行可视化，最后，利用 C# 在 Unity 3D 软件中集成各功能模块，并在前端显示分析结果。

10.4.2 算法应用结果

加热炉多传感器的故障数据集是通过数据采集模块从源数据存储系统中获取的，当模型训练完成后，数据采集模块会将加热炉的实时传感器数据送入到集成深度学习模型中，以此判断加热炉的状态。集成深度学习模型架构与应用流程确定后，最重要的就是各学习器网络结构与参数的设计,这对模型的性能有着重要的影响。本节针对网络参数对集成深度学习模型性能的影响以及加热炉故障诊断系统最终的应用效果展开分析。

(1) 初级学习器和次级学习器的设计

集成深度学习模型的初级学习器是 Multi-scale CNN 和 Bi-LSTMs,而另一初级学习器 Bi-LSTMs 的前向 LSTM 网络和反向 LSTM 网络都设置为 3 层,网络参数如表 10-8 所示。

表 10-8 Bi-LSTMs 网络参数

网络层	神经元数	输出大小
前向 LSTMs	64	1×64
反向 LSTMs	64	1×64
全连接层	64	1×64
softmax 层	11	11

Bi-LSTMs 的 softmax 层神经元数的设置与多尺度卷积神经网络的设置目的相同,也是为了进行有监督的学习,使得 Bi-LSTMs 模型各个权重参数能够收敛到较优的范围,挖掘多传感器信号之间的关联性。因此当模型训练完成后,softmax 层的 11 维输出就是 Bi-LSTMs 模型从 80 维多传感器信号中提取出的 11 维关联性特征。

多层双向长短期记忆网络的时间步参数对模型性能具有至关重要的影响。根据 10.1 节对加热炉的机械结构和多传感器监测情况的研究,Bi-LSTMs 时间步有两种设定方式:一是根据加热炉的四段机械结构来确定,以加热炉分段结构为划分方式进行多源数据的融合分析,将每一段结构中所有传感器数据作为一个数据源,因此时间步设置为 4,即预热段 6 个特征变量、加热 I 段和加热 II 段各 21 个特征变量、均热段 32 个特征变量;另一种是根据多传感器的监测指标来设置时间步,预热段有炉温检测,加热 I 段、加热 II 段和均热段都有炉温检测、燃气流量和空气流量,即时间步为 10,这也与加热炉的故障类型相对应,将每一个监测指标作为一个数据源,挖掘加热炉多传感器数据之间的关联性。分别以时间步为 4 和 10 对加热炉样本数据进行划分,将 Bi-LSTM 最后一层的输出与故障类型关联,构建故障诊断模型。同样训练集和测试集的准确率以五次实验的平均值作为其最终结果,如图 10-24 所示。

由图 10-24 可知,当多层双向长短期记忆网络的时间步设置为 10 时,模型具有更好的故障状态判断能力和泛化能力,因此将多传感器数据按照加热炉十大类监测量划分。

集成深度学习模型的次级学习器是全连接神经网络,将 11 维的故障特征和 11 维的关联性特征进行融合分析。同样利用 dropout 技术抑制模型的过拟合,并在全连接层后面

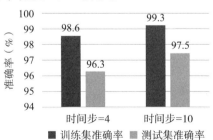

图 10-24 训练集和测试集准确率对比

添加 BN 层，提升模型性能，次级学习器网络参数如表 10-9 所示。所有学习器的参数设计完成后，集成深度学习模型在加热炉训练集 2 和测试集上的准确率均为 100%，满足故障诊断高可靠性的要求。

表 10-9 次级学习器网络参数

网络层 / 参数	神经元数 / 值
全连接层	256
softmax 层	11
损失函数	交叉熵
初始学习率	0.001
batch_size	128

（2）模型可视化

利用 Tensorboard 对初级学习器和次级学习器的模型结构进行可视化，Bi-LSTMs 的网络结构如图 10-25 所示。

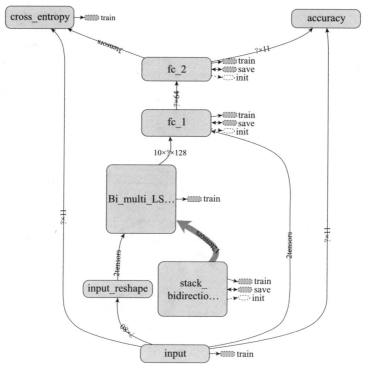

图 10-25　Bi-LSTMs 网络结构

次级学习器的网络结构如图 10-26 所示。

本节利用 t-SNE 算法将加热炉测试集的原始数据、初级学习器 Multi-scale CNN 的输出、初级学习器 Bi-LSTMs 的输出、次级学习器的输入（两初级学习器的输出融合而成）、全连接层的输出和 softmax 层的输出降至 2 维并可视化。结果如图 10-27 所示。

由图 10-27 可以得知，模型最终的输出结果降维后，不同故障类型的样本点之间距离更大，而相同故障类型的样本点之间距离更小，因此集成深度学习模型具有较两初级学习器更强大的特征提取与诊断能力。Stacking 集成策略使得两初级学习器优势互补，传感器信号中的故障特征和多传感器之间的关联性特征得到充分融合，因此集成深度学习模型具有更高的可靠性。

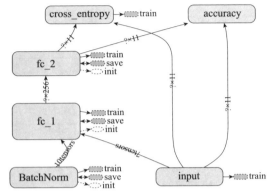

图 10-26　次级学习器的网络结构

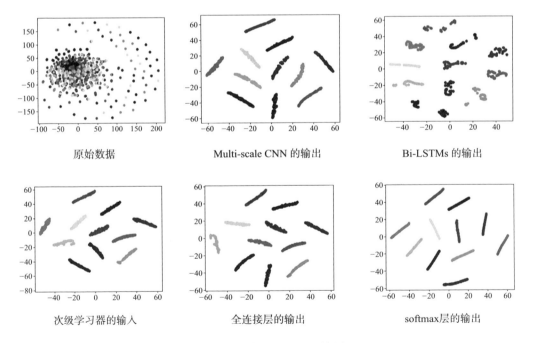

图 10-27　降维可视化的结果

（3）故障诊断算法对比分析

1）准确率对比。将提出的集成深度学习模型与 BP 神经网络、卷积神经网络，长短期记忆网络等在加热炉训练集 2 和测试集上的准确率进行对比，如表 10-10 所示。由表 10-10 可知，集成深度学习模型拥有最高的故障识别率。BP 神经网络是传统的故障诊断方法，也是目前加热炉故障诊断领域较为常见的方法，但是其浅层的网络结构无法提取高阶的故障特征，也不能实现多源数据的融合分析，因此故障识别率较低。卷积神经网络及其变体虽然具备优异的特征提取能力，但是在处理多传感器监测的加热炉故障诊断问题时，不能将多源数据进行充分的融合。而长短期记忆神经网络及其变体虽然可以实现多源数据的联合分析，但是其特征提取能力不如 CNN 强大，无法挖掘深层次的故障特征。集成深度学习模型融合了这两类深度学习模型的优点，因此具有更完善的特征提取与故障诊断能力。

表 10-10　算法对比结果

算法	训练集 2 准确率	测试集准确率
BP 神经网络	85.6%	72.4%
LSTM	93.6%	81.8%
CNN	100%	96.3%
Bi-LSTM	99.3%	97.5%
Multi-scale CNN	100%	99.2%
集成深度学习模型	100%	100%

2）收敛速度对比。模型的收敛速度反映出其能否在短时间内有效地提取出传感器原始信号中的特征，若模型长时间无法收敛，说明模型学习能力有所欠缺或网络结构和参数设计得不合理，无法提取输入信号中的有用特征。集成深度学习模型有两个训练阶段，将次级学习器训练过程的收敛速度与卷积神经网络、多尺度卷积神经网络和多层双向长短期记忆网络的模型收敛速度对比，结果如图 10-28 所示。

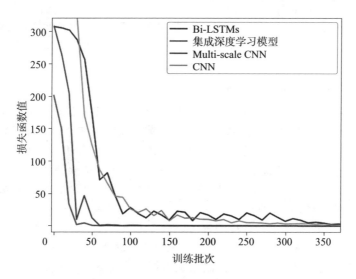

图 10-28　模型收敛速度对比（见彩插）

由图 10-28 可知，集成深度学习模型收敛速度最快，且开始训练时的损失函数值更小，这是由于 Stacking 集成学习策略将初级学习器和次级学习器分开训练的机制，相当于为模型提供了一个预训练的过程。加热炉多传感器信号经过两个初级学习器特征提取与融合后已经形成较高层次的特征，这大大降低了次级学习器的训练难度，模型参数会很快处于收敛状态。

3）测试集计算时间对比。测试集计算时间是与神经网络模型的复杂度和运行环境的服务器配置有关，它在某种程度上能够反出加热炉故障诊断系统运行时，从获取输入数据到系统判断出加热炉的故障状态这个过程所需要时间能否满足真实生产条件下的实时性要求。增强后的加热炉测试集共有 11 类样本，每类样本个数为 125，即共 1375 个样本，样本长度为 80。程序运行的笔记本计算机处理器为 Intel Core i7-9750H，显卡为 NVIDIA RTX 2060，软件环境为 Python 3.6、Tensorflow 1.0 CPU 版本。计算集成深度学习模型、卷积神经网络、多尺度卷积神经网络和多层双向长短期记忆网络在测试集上的计算时间，取五次实验的平均值作为最终结果，如图 10-29 所示。

集成深度学习模型是通过 Stacking 集成深度学习策略，融合两个深度学习模型，与单个学习器相比，模型复杂度更高，因此计算时间较长。但是计算 1375 个样本类别的总时间仍在 0.5 s 以下且准确率最高，故可以满足加热炉工作中实时判断出故障状态的要求，不会出现因模型结构复杂而导致加热炉状态判断过于延迟的问题。

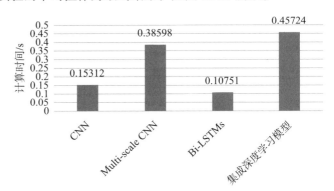

图 10-29　各模型测试集计算时间对比

10.4.3　系统功能开发与实现

为了将提出的基于数字孪生的加热炉故障诊断系统落实到钢铁企业的实际应用中，将集成深度学习模型作为后台服务程序和重要功能模块，开发加热炉故障诊断系统，用于实时监测加热炉的工作状态。此外，该系统还具有加热炉工作状态仿真、状态数据获取、数据可靠性验证、故障状态分析、故障位置预警和故障解决方案等功能，实现了加热炉物理层与信息层的深度融合。基于数字孪生的加热炉故障诊断系统的后台处理流程如图 10-30 所示。

加热炉故障诊断系统后台处理流程可以概括如下：

1）将加热炉实时多传感器信号输入至源数据存储系统中。

2）状态数据获取模块从数据存储系统中提取出加热炉当前状态数据，以供故障诊断分析。

3）数据可靠性验证模块判断数据在传输过程中是否发生改变，若匹配度未达要求，则重新获取当前状态数据。

4）故障诊断分析模块是根据加热炉当前状态数据利用基于集成深度学习的故障诊断模型判断加热炉当前状态。若正常，则继续监控下一时刻状态。若异常，则输出故障类型。

5）若加热炉处于异常状态，系统会定位到相应的故障位置，并提供故障解决方案。待故障解决后，继续监控下一时刻状态。

为了实现加热炉信息层与物理层的深度融合并保证后台服务的输出能够在前端页面中充分展现，加热炉故障诊断系统以 Unity 3D 虚拟仿真软件为集成应用平台，系统的初始页面如图 10-31 所示。

利用数字孪生和可视化技术对加热炉炉膛内的火焰效果和步进梁传送板坯的工作流程进行数字孪生验证，解决了由于炉膛封闭，加热炉内部工作场景无法得知的问题，如图 10-32 所示。

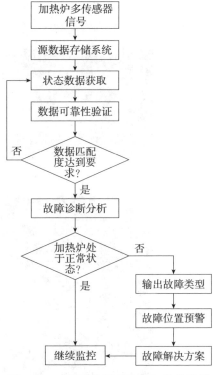

图 10-30　基于数字孪生的加热炉故障诊断系统后台处理流程

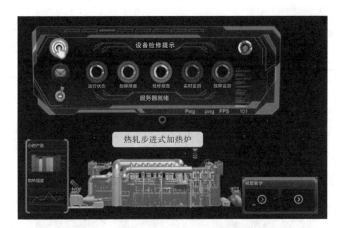

图 10-31　加热炉故障诊断系统初始页面

加热炉状态实时监控界面如图 10-33 所示。图 10-33 显示的内容有加热炉实时状态数据、数据可靠性验证结果、当前加热炉状态以及故障位置预警。当各个传感器采集到当前状态值并送入数据存储系统中时，故障诊断系统即可获得当前状态数据并反馈至虚拟场景中的 UI 上。后台服务会验证数据集的匹配度，判断当前状态并输出到仿真环境中，在故障位置给予报警提示。

图 10-32　加热炉工作流程数字孪生验证

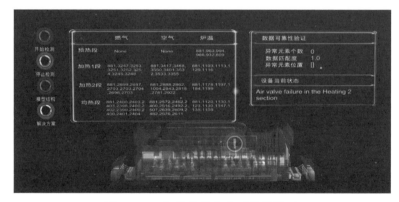

图 10-33　加热炉状态实时监控界面

同时，系统中嵌入了加热炉的故障树与故障解决方案，如图 10-34 所示。故障树能够清晰地表明各故障间的从属关系，故障解决方案则是针对这十种加热炉常见故障，给出相应的解决方案，有效地减少了加热炉的维修和维护的时间。

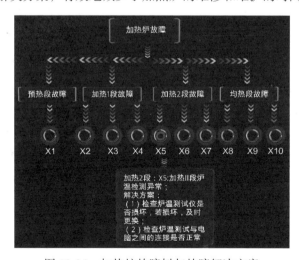

图 10-34　加热炉故障树与故障解决方案

参考文献

[1] 张宇. 机电一体化装置故障诊断分析 [J]. 中国科技信息, 2021(20): 49-50.
[2] 吴钱昊. 基于数字孪生车间的生产车间设备监控和设备故障预警方法研究 [D]. 合肥：合肥工业大学, 2020.
[3] GAO Z W, CECATI C, DING S X. A survey of fault diagnosis and fault-tolerant techniques-part I: fault diagnosis with model-based and signal-based approaches[J]. IEEE Transactions on Industrial Electronics, 2015, 62(6):3757-3767.
[4] LEI Y G, YANG B, JIANG X W, et al. Applications of machine learning to machine fault diagnosis: a review and roadmap[J]. Mechanical Systems and Signal Processing, 2020, 138:106587.
[5] 陶飞, 张辰源, 张贺, 等. 未来装备探索：数字孪生装备 [J]. 计算机集成制造系统, 2022, 28(1):1-16.
[6] 杨凌翻. 数字孪生驱动的离心泵机组状态监测和故障诊断系统研究 [D]. 江苏：江苏科技大学, 2021.
[7] WANG J, YE L, GAO R X, et al. Digital Twin for rotating machinery fault diagnosis in smart manufacturing[J]. International Journal of Production Research, 2019, 57(12): 3920-3934.
[8] XIA M, SHAO H, WILLIAMS D, et al. Intelligent fault diagnosis of machinery using digital twin-assisted deep transfer learning[J]. Reliability Engineering & System Safety, 2021, 215: 107938.
[9] TAO F, ZHAN H, LIU A, et al. Digital twin in industry: state-of-the-art [J]. IEEE Transactions on Industrial Informatics, 2019, 15(4): 2405-2415.
[10] 求则得之, 失则舍之. 数据增强系列 (1) top10 数据增强技术：综合指南 [EB/OL]. (2021-11-22)[2023-05-11]. https://blog.csdn.net/weixin_43229348/article/details/121470804.
[11] 葛轶洲, 许翔, 杨锁荣, 等. 序列数据的数据增强方法综述 [J]. 计算机科学与探索, 2021, 15(7):1207-1219.
[12] 董亚明. 融合机理模型与智能模型的复杂过程混合建模研究 [D]. 上海：华东理工大学, 2016.
[13] 刘远洋, 贺东风, 冯凯, 等. 基于机理和数据驱动的转炉输入－输出混合模型 [J]. 有色金属科学与工程, 2018, 9(2):13-18.
[14] 孙冬. 基于混合模型的故障检测与诊断方法的研究与应用 [D]. 南京：南京航空航天大学, 2013.
[15] 梁修凡. 融合机理和现场数据的磨煤机状态监测及故障诊断方法研究 [D]. 南京：东南大学, 2016.
[16] 李军朋, 华长春, 关新平. 基于机理、数据和知识的大型高炉冶炼过程建模研究 [J]. 上海交通大学学报, 2018, 52(10):1142-1154.
[17] ALZGHOUL A, LOFSTRAND M. Increasing availability of industrial systems through data streammining[J]. Computers&Industrial Engineering, 2011, 60(2):195-205.
[18] WANG Y J, ZHANG W, HUANG D X, et al. Multi-scale features fused network with multi-level supervised path for crowd counting[J]. Expert Systems With Applications, 2022, 200:116949.
[19] 田智辉. 基于集成学习的故障诊断方法研究 [D]. 西安：西安石油大学, 2013.

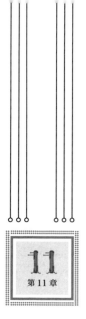

数字孪生车间机械臂交互维修指导

　　当前，国内制造企业的车间设备维修模式仍是以传统人工维修为主，维修技术手册辅助的方式。这样的方式在设备维修过程中面临机电设备种类繁杂，维修高度依赖维修作业人员的维修经验和知识储备、信息化水平低，维修资源信息难以有效集成、利用率低，纸质维修技术文档抽象晦涩，维修人员岗前培训学习成本高等诸多问题。这导致企业的设备维修效率低，设备维修过程受人为因素影响，设备维修质量参差不齐、难以把控，进而影响企业生产效益。企业迫切需要引入数字化的设备维修方法，集成设备多源异构的维修资源，降低设备维修对维修人员维修经验与知识储备的要求与维修人员的培训成本，最终提高维修作业的效率和智能化水平，增强企业竞争力。

　　随着数字孪生概念的提出，增强现实技术的应用体现在其可有效地融合物理空间与虚拟空间两端，将系统的制造、运行、维修状态以超现实的形式给出，从而将虚拟三维信息添加到用户对现实世界的感知中，从视觉、声觉、触觉等各个方面提供沉浸式体验，实现实时连续的人机互动。本章在交互维修指导需求分析的基础上，提出一种数字孪生驱动的机械臂交互维修指导方法，通过目标跟踪注册等技术实现了基于增强现实的交互维修指导，通过原型系统开发与实现验证了方法的可行性。本章内容总体框架如图11-1所示。

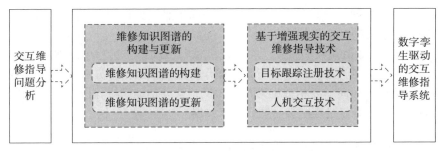

图 11-1　本章内容总体框架

11.1　交互维修指导问题分析

11.1.1　基于数字孪生的车间交互维修指导需求分析

随着计算机硬件和软件技术的不断发展，虚拟现实技术变得日渐成熟，进而发展出了增强现实、混合现实等概念和技术，并且已经在各个领域中得到了广泛的应用，其中就包括了制造业领域。在制造业设备的维修工作中，需要维护人员携带维修手册或平板计算机，以及包含多种工具的修理箱，前往故障设备处进行维修。这种维修方式具有多种弊端，如无法解放双手、无法得到实时指导、只能依靠维修人员个人的技术和经验、容易走错位置、误操作设备等。针对这些问题，可以利用混合现实技术，基于穿戴式混合现实设备，开发包括界面、仿真、综合分析、指导、监督五个模块在内的设备维修辅助系统。系统可以指导维修人员走到正确的位置，并进行科学合理的维修操作，同时具备实时监控功能，一旦维修人员有错误操作，系统将发出警告并引导其将错误改正，从根本上提高维修效率[1]。

基于数字孪生的车间交互维修指导系统是利用数字孪生、混合现实、人机交互等技术构建的针对大型复杂机电系统的维修指导、培训系统。维修人员通过自然交互手段感知周围场景和维修对象的状态变化，利用增强现实三维注册显示技术将所需要的维修指导信息实时展示在穿戴式混合现实设备中，从而解放工作人员的双手，使之专注于维修工作，提高作业效率，减少维修差错[2]。

工业拧紧机器人是数字孪生驱动的装配车间重要设备，有精准的路径规划能力和极大的拧紧力，可以保证产品装配质量，提高装配效率。一旦有机械臂发生故障无法拧紧螺栓，将导致产品装配工序无法完成，影响后续的装配步骤，甚至因工位堵塞造成整条装配线停产。因此以装配车间拧紧机器人为研究对象，分析该设备的故障维修虚实交互指导需求。

1）设备维修指导技术壁垒要求高。拧紧机械臂结构复杂，不同厂家不同型号的机械臂故障维修有不同的技术指标和技术要求。因此拧紧机械臂的维修需要生产制造企业花费较大的维修成本，购置故障维修专业设备，组建维修技术团队。

2）设备维修过程多变复杂。针对不同型号的机械臂，维修人员需要了解其故障设备型号、设备故障点和设备故障类型，还需要知道针对此设备故障如何精准高效地拆卸维修更换其部件。针对现场维修技术人员当下难以处理的特殊故障，需要邀请场外专家进行技术援助。这些问题大大影响了设备维修的效率。

3）维修指导知识获取不直观。在工业机械臂故障维修过程中，维修人员通常须携带维修技术手册抵达维修现场进行维修操作，书面式的指导方法缺乏直观性，需要维修人员花费很长时间学习相关维修技术知识，且设备维修过程极度依赖维修人员的知识经验储备，在维修过程中极易造成维修失误。

11.1.2 数字孪生驱动的交互维修指导方法

针对复杂机电设备维修现状，本节提出了数字孪生驱动的车间设备故障维修指导系统，系统整体框架如图11-2所示。

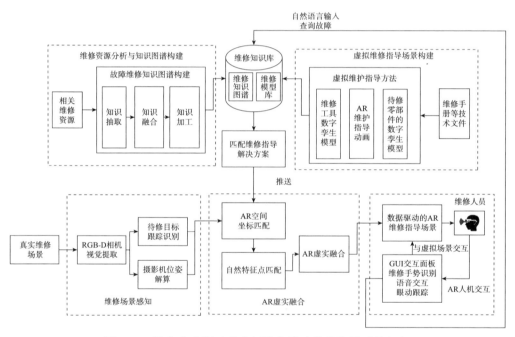

图 11-2 数字孪生驱动的车间设备故障维修指导系统框架

维修资源分析与知识图谱构建模块：基于待修设备的维修手册、技术文档、历史维修记录、维修数据库等结构性、半结构性、非结构性数据，通过知识抽取方法和算法，提取实体与属性及其个体之间的关系，并经过知识融合算法将知识抽取到的知识进行对齐，即进行语义相似度分析，消除重复知识；在知识融合的基础上进行知识加工，保证其知识质量且对其进行统一管理，最终形成待修零部件的故障维修知识图谱。

虚拟维修指导场景构建模块：依据维修手册等技术文件，建立虚拟维修指导场景，场景包括待修零部件的数字孪生模型、AR维护指导动画、维修工具的数字孪生模型，其共同组成了虚拟维护指导方案。并形成待修部件与维修工具之间的映射网络。以上两个模块共同组成了维修知识库,并与相应的故障搜索机制和维修资源推送机制一起运行。

维修场景感知模块:通过 HololensAR 眼镜上的惯性传感器以及环境感知摄像头、深度摄像头(RGB-D)采集维修环境信息和待修零部件信息,基于自然特征识别算法等无标识特征识别算法识别待修零部件特征,为之后的图像注册及跟踪打下基础。

AR 虚实融合模块:将采集的待修零部件特征与经过学习的模板特征相匹配,并基于待修零部件的计算机辅助设计(Computer Aided Design, CAD)模型通过基于卡尔曼滤波的多传感器融合算法估计目标姿态,进而实现对待修部件的跟踪注册。

AR 人机交互模块:以上模块共同运作,最终在维修工作人员的 AR 眼镜中实现了数据驱动的 AR 维修指导场景,工作人员可通过眼动、手势、语音等交互方式与虚拟维修场景交互,交互的结果反馈于 AR 虚拟维修指导场景中,同时语音交互还可以作为故障维修知识图谱的输入,基于构建好的故障维修知识图谱进行故障搜索,真正实现对维修工作人员的辅助指导。

11.2 维修知识图谱的构建与更新

11.2.1 维修知识图谱的构建

面向特定工程领域的知识图谱应该具有优化的知识图谱结构,能够为后续的业务应用场景提供认知推理、语义检索的辅助能力,这就需要对知识图谱进行上层的模式设计。在这种知识图谱的模式层构建过程中我们需要面向特定的业务场景,综合考虑能够获得的知识和数据资源,并考虑领域术语的标准化和概念类别的普适性,抽象出适用于该领域的概念层次结构,并对每个概念的属性和关联关系进行定义。本节以如图 11-3 所示流程构建维修知识图谱,并最终采用合适的图数据库进行知识图谱的存储。

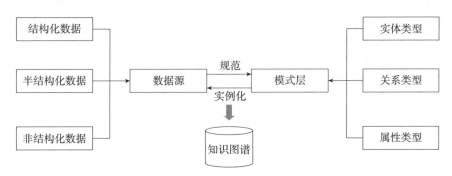

图 11-3 维修知识图谱的构建流程[3]

面向一个如本案例中的特定领域,模式层构建的通用流程为:
1)划分专业领域和业务范畴,包括业务场景、处理意图和数据范围。
2)收集数据,包括获取与业务领域相关的文本语料、表格数据、已有知识库等,列出领域相关的重要术语,并收集已存在的可参考领域本体。

3)分析数据,包括使用文本聚类,词频分析、统计分析等方法,统计出领域高频特征词和术语,并考察复用现有本体的可能性。

4)Schema 的初步开发包括从通用本体和复用领域本体列出相对上层的概念集合,进行领域特定概念和跨领域概念的划分,并对概念的关系、属性进行定义。

5)对设计的 Schema 进行优化和验证。

本案例构建的装配车间机电设备维护知识图谱将为车间机电设备维护指导这一业务场景服务,用户目标为不同级别的车间机电设备维护工人、技术人员。通过对用户相关职业知识技能储备的分析,将相关专业书籍、设备维修手册、机电设备维修论坛资料等文本数据整理成一个文本文件,形成专业词典辅助后续特征词分词工作。在领域本体,即 Schema 模式层构建中,需要尽可能全面且不交叉地覆盖到上述领域特征词的抽象概念,进行合理的实体、关系和属性的布局与链接;同时,需考虑到领域特殊性,机电设备维护知识中包括了大量的结构示意图、电路图、复杂公式等,这些都需要以图片/图片地址的形式存在于合理的实体属性值中。

结合案例中装配车间机电设备维修的实际情况,设计了维修知识图谱本体结构,如图 11-4 所示,浅色节点为实体(包括设备、部件、故障、原理等),深色节点为属

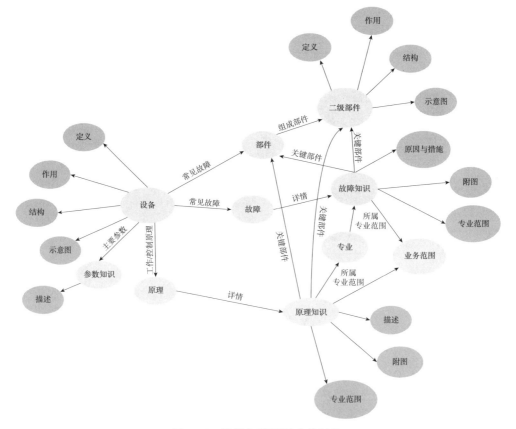

图 11-4 维修知识图谱本体结构

性（包括定义、作用、结构、示意图、描述等），带箭头的黑色有向线段为实体之间的关系类型（组成部件关系、常见故障关系、工作/控制原理关系等）。

下面将获取到的以文本，图片等多种知识数据进行半自动半人工化处理，提取有效信息整合成统一的数据格式，以便进行三次元知识的获取和存储。由于机电设备维修知识内容均为长文本，且内容专业性比较高，不宜进行进一步的实体关系抽取和内容拆分，故可以将内容部分全部存储为属性值，对标题部分进行实体和属性的抽取，形成一则三元组知识。由此，将提取到的实体、属性值对应已定义的数据标签格式化为 json 文件并在本地进行储存。

基于物理车间设备的维修手册、历史维修日志、海量技术文档等维修资源，通过对待修设备故障维修资源进行知识抽取、知识融合、知识加工等，构建知识图谱，将设备故障信息和维修资源等数据实现统一结构化管理，高效合理的知识库架构和维修业务建模方法是实现面向复杂装备辅助维修的前提和基础。考虑到使用图数据库存储知识图谱具有较为完善的图查询语言，且查询效率比关系型数据库更高，因此本实现选用常见的图数据库 Neo4j 进行维修知识图谱的存储和应用。本实例中知识图谱数据的存储流程如图 11-5 所示。

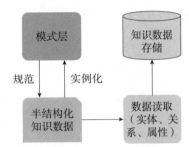

图 11-5　知识图谱数据的存储流程[3]

基于上面设计的本体模式层的约束，即可读取数据，提取知识，这一知识存储过程可分解为两个步骤：1）对包括实体、关系、属性在内的数据进行读取；2）创建实体节点，存储属性值并创建实体关系。将所有维修语义知识数据存储到 Neo4j，得到的部分知识图谱数据节点如图 11-6 所示。

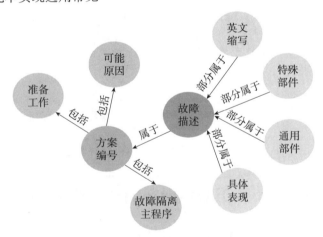

图 11-6　部分知识图谱数据节点

11.2.2　维修知识图谱的更新

知识图谱中的知识与概念并不是一成不变的，技术人员对于设备维修领域知识的了解和获取也应该是与时俱进的。对知识图谱的更新可能是由于已有的知识图谱中的知识不完备而需要加入新的三元组或实体，也可能是由于已有的实体内容发生改变所以该实体需要被更新。可以根据知识图谱中的已有信息去推断所缺失的知识，当已知知识有限并难以进一步通过推断缺失知识来补全时,可以从互联网上发现新的知识并添加到知识图谱中以实现知识的更新。两者交替进行从而实现维修领域知识图谱的自动更新过程。

知识图谱的自动更新方法总体框架如图 11-7 所示,主要包括两部分,一部分是基于知识特征表示的内部更新,另一部分是基于数据源实体更新而同步的外部更新方法。对于内部更新可采用基于 Bi-GRU 的实体特征表示方法,对知识图谱中的实体特征进行表示,并利用知识图谱补全的方法训练模型,通过对实体进行负采样为模型构造负例,最后采用实体链接技术将更新的三元组添加到知识图谱中。对于外部更新首先从互联网上获取到热门实体作为种子实体,并通过百度百科实体页中的超链接获取扩展实体,对于扩展实体通过对实体的更新频率进行预测来对实体设置优先级,并根据实体的优先级进行更新。

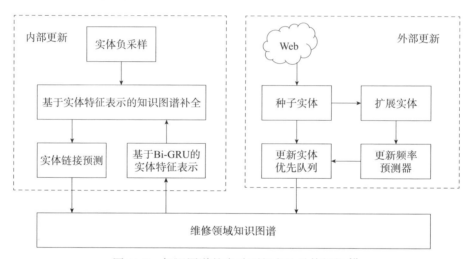

图 11-7 知识图谱的自动更新方法总体框架[4]

11.3 基于增强现实的交互维修指导技术

11.3.1 目标跟踪注册技术

目标跟踪就是已知当前图像中目标的位置信息,从图像中提取目标的特征进行跟踪,根据目标当前的状态计算出目标在下一帧图像中的状态,从而获取目标的位置信息的问题。目前,图像序列中运动目标的跟踪算法主要有四种:基于区域的跟踪、基于轮廓的跟踪、基于特征的跟踪和基于模型的跟踪[5-6]。

基于模型的跟踪可以通过目标的先验信息建立目标的模型,通过与目标模型匹配来实现跟踪。该算法受摄像机视角影响小,算法的鲁棒性强,抗干扰能力强,因此得到广泛应用,但是耗时大、模型的建立与更新复杂度高也是该算法面临的挑战。

本节采用如图 11-8 所示的基于 LINEMOD 模板的多传感器融合的目标跟踪注册

流程，包括离线学习和在线处理两个阶段。首先离线阶段在 CAD 环境中对待装配零部件进行训练，采集多视角下的参考图像，并在采集过程中记录相机的采集位置和姿态。然后对采集的参考图像进行描述符提取并存储到 XML 文件中。在在线阶段，采集真实物体视频帧，并对每一帧图像进行物体梯度方向提取，然后将在线提取的梯度方向描述符与离线阶段提取的梯度方向描述符进行匹配，获取与当前输入视频帧最相似的关键帧和关键帧对应的相机位姿。最后利用关键帧的空间拓扑关系，采用插值的方法对待装配对象的姿态角和位置进行估计，完成对待装配对象的跟踪和位姿估计。最后基于跟踪结果，在待装配对象表面叠加相应的三维几何模型，通过模型之间空间位置判断，完成装配对象和虚拟装配引导信息之间的虚实遮挡关系处理。

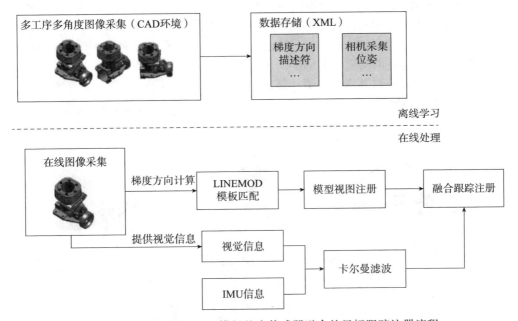

图 11-8　基于 LINEMOD 模板的多传感器融合的目标跟踪注册流程

本节利用 Unity 3D 虚拟相机采集待修部件数字孪生模型在不同视角下的模板。基于半球采样的方法会导致在半球极点处采样密度过大，而赤道附近采样密度过小的问题，如图 11-9 所示，点 1、2、3 明显要比 7、8、9 更为密集。因此在以待修件为中心的正二十面体表面上，将正二十面体的每个面进一步划分，通过迭代，最后得到如图 11-10 所示的空间网格。摄像机的轴始终对准中心，让虚拟相机在网格交点上移动和采样，生成在不同尺度下的匹配模板，最后提取对应视图模板和对应相机姿态保存到 XML 文件中。

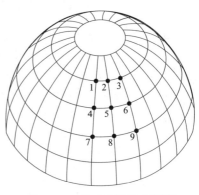

图 11-9　半球采样示意图[7]

获得模板梯度描述符后，即可以对实时图像进行注册，但是在维修过程中，难以保证注册目标始终保持在视野中，并且维修过程可能会干扰待修件的图像注册，因此需要在注册完成后使用融合其他传感器的在线追踪方法。

采用如图 11-11 所示的视觉和惯性测量单元（Inertial Measurement Unit，IMU）传感器融合的在线追踪方法。首先根据当前相机画面提取实时梯度与离线阶段训练模板梯度向量进行匹配，可以获得模板中与当前视角最接近的模板视图以及相应的相机空间姿态。由于采样模板密度有限，并不能完全覆盖所有可能视角，因此相机视点很可能落在多个采样点中间。此时需要根据周围模板所代表的相机空间姿态对其进行插值计算，以获得当前相机的精确空间姿态。

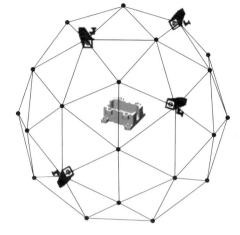

图 11-10　虚拟摄像机采样示意图[8]

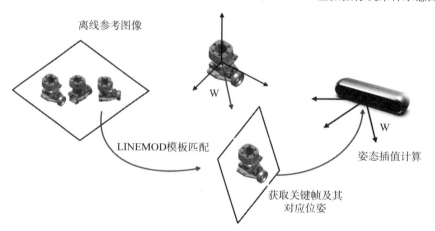

图 11-11　视觉和惯性测量单元传感器融合的在线追踪方法

单独使用 IMU 不能提供准确的信息，所以还需要使用视觉。考虑到各传感器的不足，将 IMU 数据与视觉数据融合可以得到更好的位姿估计结果。IMU 给出速度、位置、角速度和方向，相机给出位置和方向。利用多状态约束卡尔曼滤波算法实现视觉与 IMU 的融合，该过程包含状态预测和状态更新两部分，如图 11-12 所示。

图 11-12　多状态约束卡尔曼滤波算法流程[8]

11.3.2 人机交互技术

在通过凝视实现选取意图操作的交互对象后,HoloLens 对于虚拟物体的控制可以通过手势识别来实现交互,如图 11-13 所示。HoloLens 的手势识别采用飞行(Time of Flight, TOF)技术,相对于另外两种主流的技术方案——结构光(Structure Light)和多摄像头成像(Muti-camera),就计算方面而言,TOF 的三维手势识别是最简单的,不需要计算机视觉算法的相关计算,TOF 技术有着更加快速的刷新技术,同时在扫描方面也有更好的精度效果表现[9]。

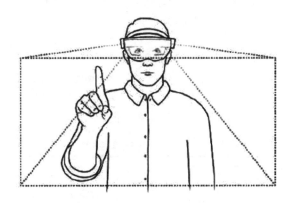

图 11-13 HoloLens 手势识别

与 HoloLens 获取深度图信息的双目立体视觉技术相比,TOF 技术具有根本不同的 3D 成像原理。双目立体视觉技术是通过左右图像采集,对立体图像对匹配后经三角测量实现深度探测。而 TOF 是通过连续给目标发送光脉冲,然后通过另一个传感器接收返回脉冲,通过计算光脉冲往返飞行时间而获取到目标的距离。图 11-14a 是 HoloLens 的 TOF 传感器分布图,图 11-14b 为 TOF 原理图。

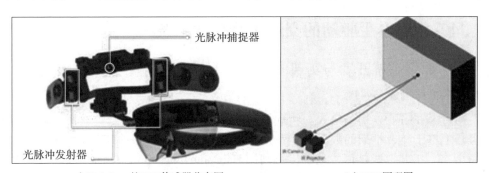

a)HoloLens的TOF传感器分布图　　　　b)TOF原理图

图 11-14 HoloLens 的 TOF 技术

通过实时采集到的深度信息,系统可以调用相应的数据库获取用户正在进行的动作,再根据预设定义的手势模板,匹配实现对应的操作目的[10]。

手势操作在空间中不需要提供精确的空间位置,只要手势在 TOF 传感器的映射范围内即可。HoloLens 目前有两个核心组件手势,分别是 Air-Tap 和 Bloom,其操作指令如表 11-1 所示。

以 Air-Tap 的点按操作为例,凝视和手势结合实现交互的流程如图 11-15 所示。

语音识别控制是 HoloLens 交互中另一种主要输入形式。语音输入通过一种自然的方式对用户操作意图进行传达，用户只需要凝视着意图操控的对象并结合预设好的语音模型指令即可实现交互效果。本系统将语言输入也集成入虚拟模型控制的交互模式中，通过 Keyword Recognizer（关键字识别）实现应用上的语音输入，对菜单中各个功能按钮设置一系列对应的监听字符串指令，HoloLens 的麦克风硬件对用户的口语表达进行识别，以此触发交互按钮上的事件，达到交互效果。

表 11-1 手势操作指令

指令名称	具体操作	表达含义
Air-Tap	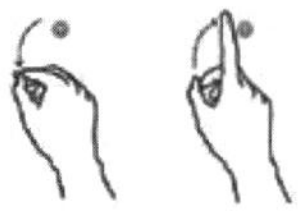	对模型或触发按钮单击，类似鼠标单击或功能选择
Bloom	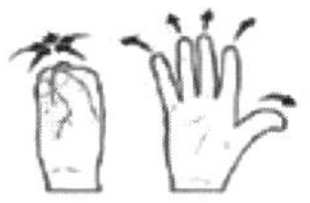	返回到系统"开始"菜单

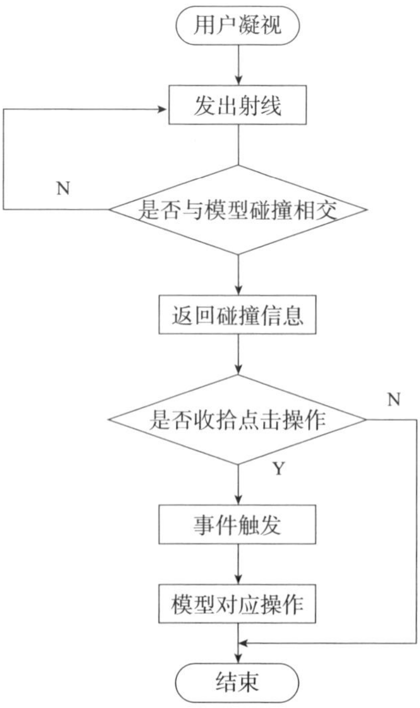

图 11-15 凝视和手势结合实现交互的流程图

11.4 数字孪生驱动的交互维修指导系统

11.4.1 原型系统开发与实现

1. 数据库构建与实现

通过 Siemens S7 通信协议与物理车间中设备控制器 PLC 建立连接。部署于工业服务器上基于 .Net 框架的数据管理程序读取 MySQL 数据库中的信号地址表，获取各设备姿态、工艺、线体信号地址，再利用 HslCommunication 插件向对应地址的 PLC 请求数据。数据管理程序与 PLC 的通信过程如下：

1）服务器向一台 PLC 发送连接请求，收到应答后表示连接通畅。

2）由于线体工位多、数据量大，为优化数据读取效率，线体 PLC 创建 4 个子线程读取数据，9 台工业机器人 PLC 创建 9 个子线程读取数据。

3）在子线程中读取 MySQL 数据库中线体各工位 DB 地址、各工业机器人姿态、工艺数据 DB 地址。

4）在子线程中向对应地址请求数据，将返回的数据分类存入自定义的数据类型中。

在数据存储方面。针对数字孪生驱动的车间交互维护指导系统需求，采用关系型数据库 MySQL 和时序型数据库 InfluxDB 两种数据库并用的形式。MySQL 数据库拥有优秀的数据关联能力及数据修改能力，因此被用来以刷新的方式存储瞬时数据。MySQL 数据库中的工业机器人数据表如图 11-16 所示。InfluxDB 数据库是专用于工业物联网时序型数据的数据库，具有优秀的读写速度和数据存储能力，占用的空间较小，但是不具有数据修改能力。

id	ROBNAME	Location	Torque_1	Torque_2	Torque_3	Torque_4	Torque_5	Torque_6	Angle_1	Angle_2	Angle_3	Angle_4	Angle_5	Angle_6
1	ROB13	OP140	142.1762	0	0	0	0	0	98.45645	0	0	0	0	0
2	ROB12	OP140	58.07	58.34	0	0	0	0	48	46	0	0	0	0
3	ROB11	OP125	104.9844	0	0	0	0	0	95.55454	0	0	0	0	0
5	ROB10	OP125	0	0	0	0	0	0	0	0	0	0	0	0
11	下料机器人	OP210	0	0	0	0	0	0	0	0	0	0	0	0
12	ROB01	OP20	82.38829	81.99371	84.42985	81.92492	83.09149	81.42049	45.73701	45.71825	45.66824	45.64323	45.64948	45.60571
13	ROB02	OP20	85.1685	82.05662	87.29887	82.39776	82.38976	86.69618	45.60571	45.64323	45.5807	45.73076	45.72451	45.59946
14	ROBTD	OP50	0	0	0	0	0	0	0	0	0	0	0	0
15	ROB09	OP120	0	0	0	0	0	0	0	0	0	0	0	0
16	ROB08	OP120	0	0	0	0	0	0	0	0	0	0	0	0
17	ROB05	OP88	0	0	0	0	0	0	0	0	0	0	0	0
18	ROB03	OP84	0	0	0	0	0	0	0	0	0	0	0	0
19	ROB04	OP84	125.5313	125.131	0	0	0	0	-32768	-32768	0	0	0	0
20	ROB07	OP110	0	0	0	0	0	0	0	0	0	0	0	0
21	ROB06	OP110	0	0	0	0	0	0	0	0	0	0	0	0
(Auto)	(NULL)	(NULL)	0	0	0	0	0	0	0	0	0	0	0	0

图 11-16　MySQL 数据库中工业机器人数据表

2. AR 系统发布

通过扫描真实车间场景中的某些特定的标志图或三维实体，从而使用户可以查看针对该标志图所设计的对应工位的相关虚拟信息，实现更具针对性和个性化的设计开发。如图 11-17 所示，用户通过扫描某一标志图即可查看针对该标志图的工位虚拟信息。

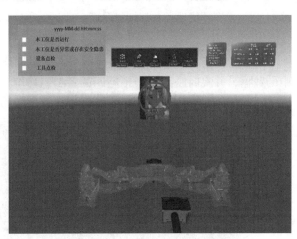

图 11-17　基于标志图触发的工位虚拟场景

数字孪生车间增强现实系统的建立与发布主要使用的是 VuforiaAR 引擎并将其导入 Unity 中，通过在 Unity 中构建 AR 场景，并最终将 Unity 中构建的 AR 系统打包发布到 IOS 移动端。图 11-18 为上传触发标志图到 VuforiaAR 开发平台的过程。

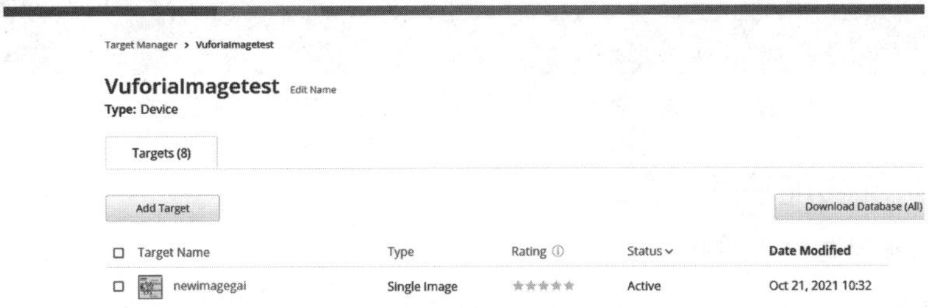

图 11-18　上传触发标志图到 VuforiaAR 开发平台的过程

如图 11-19 所示，IOS 移动端的 AR 系统应用要使用 IOS 平台，在系统发布设置页面视图中选择 IOS 平台，并在 Player Settings 中 AR 数字孪生车间系统的版本、包名、编译方式、设备型号等信息，最后单击 Build 进行发布。

值得注意的是，应用发布到 IOS 移动端需要使用 Xcode 对 Unity 打包发布的文件进行编译，这样才完成 AR 数字孪生车间系统在 IOS 移动端的部署。最终发布在 IOS 移动端的效果如图 11-20 所示。

 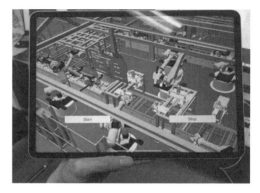

图 11-19　发布环境选择及其打包设置　　　图 11-20　IOS 移动端 AR 数字孪生车间效果展示

AR 数字孪生车间开始同步运行后，通过网络连接实时读取 InfluxDB 时序数据库中的数据，并实时映射到虚拟空间的各个组件中，实现数据驱动的 AR 数字孪生车间。图 11-21 为 AR 客户端实时访问 InfluxDB 数据库的过程。

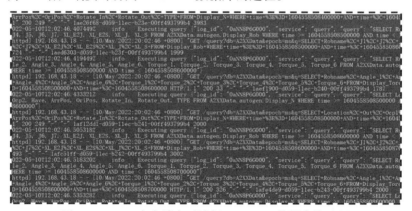

图 11-21　AR 客户端实时访问 InfluxDB 数据库的过程

11.4.2　系统功能应用验证

1. 故障预警与虚拟维护指引

使用支持向量回归故障预测模型，经训练集训练后，各类故障的预测模型保存在 Python 程序中，并在 Unity 数字孪生车间场景中实现调用。数字孪生车间的故障预警有利于辅助维护人员及时对故障设备进行维护，避免发生事故，影响车间生产[11]。图

11-22 是数字孪生车间故障预测的应用效果。

为了方便维修操作人员控制虚拟维修操作指引信息,在维修过程中与 AR 维护指导系统需实时进行交互。通过编写 C# 代码添加 UI 按钮,单击 UI 按钮实现维修场景切换,控制虚拟维护指引。对于一些固定的维修操作指引可以通过 Unity 自带的 Unity Animation 动画插件进行 AR 虚拟维护指引的制作。图 11-23 为设备虚拟维护指引动画制作过程。数字孪生车间交互维护系统会根据装配线设备故障知识库和故障预测信息匹配相应的 AR 维护指导动画,以 AR 的形式辅助维护工作人员对汽车后桥装配线设备进行故障维护[12-14]。图 11-24 为 IOS 移动端数字孪生车间设备故障维护指导应用效果。

图 11-22　数字孪生车间故障预警的应用效果

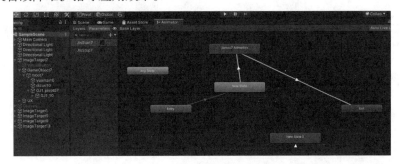

图 11-23　设备虚拟维护指引动画制作过程

2. 系统交互流程设计实现

系统开发中,子场景之间和子场景内部的交互主要是通过按钮控件和所设计的交互方式配合相应的代码来实现,系统交互流程的设计如图 11-25 所示。

具体描述如下:

主界面场景包含设置、产品介绍、车间监控和生产信息四个主要按钮控件,单击可打开对应页面或跳转至对应场景。

1)设置。单击设置按钮打开设置面板,默认为项目说明页,用户可通过单击相应的页面

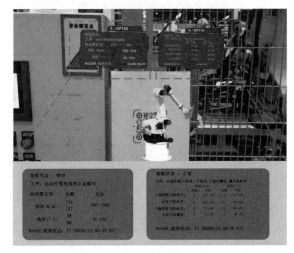

图 11-24　IOS 移动端数字孪生车间设备故障维护指导应用效果

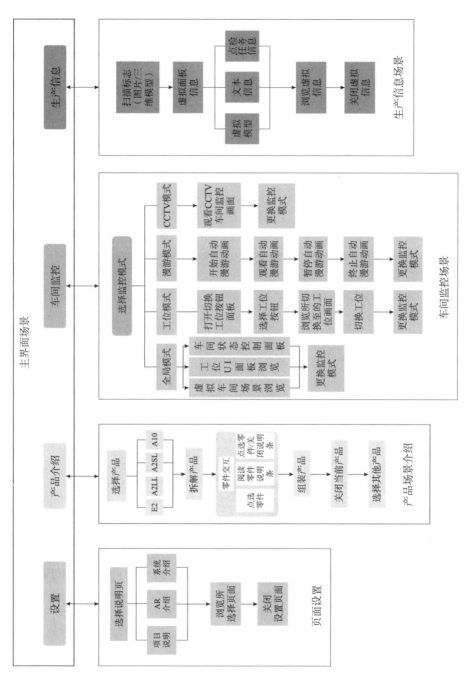

图 11-25 系统交互流程设计图

切换按钮，转至 AR 介绍页面或系统介绍页面，浏览过程中可通过隐式眼动交互方式滚动页面以阅读说明长文本，再次单击设置按钮可关闭设置面板，最终单击返回按钮可跳转回主界面场景。

2）产品介绍。通过单击产品介绍按钮跳转至产品介绍场景，产品默认显示 E2 型号，每一种产品均可通过单击拆解按钮播放产品拆解动画，可单击拆解后的各零件以阅读该零件的说明条信息，再次单击零件可关闭说明条，用户单击组装按钮即可播放产品组装动画。通过单击关闭按钮隐藏当前显示的产品后再单击相应的产品型号按钮可以切换所显示的产品，最终单击返回按钮可跳转回主界面场景。

3）车间监控。通过单击车间监控按钮跳转至车间监控场景，监控模式默认为全局模式，用户可通过眨眼切换不同的监控模式。全局模式，用户以第一人称视角移动浏览数字孪生车间场景，内部工位 UI 会根据用户的隐式眼动交互实现自适应展示；工位模式，可单击切换工位按钮打开工位按钮面板，单击相应的工位序号按钮即可将监控画面换至该工位，再次单击切换工位按钮即可关闭面板；漫游模式，用户可浏览车间场景自动漫游的动画，通过单击播放按钮可控制动画的播放或暂停；CCTV 模式，可浏览车间多视角的监控画面。最终单击返回按钮可跳转回主界面场景。

4）生产信息。通过佩戴 AR 眼镜注视作为扫描标志的图片，系统在识别标志后显示所匹配的虚拟信息，场景内设计的主控面板，可由用户单击对应的按钮来打开所需的虚拟内容，共设计有三个按钮，Model、Text 和 Check 分别对应虚拟模型、文本信息和点检任务信息三个虚拟内容，设计中包含对应工位模型工序模拟动画、工位信息和该工位点检的相关任务信息，再次单击按钮可关闭虚拟内容。最终单击返回按钮跳转回主界面场景。

在系统实际应用中，使用者将佩戴 HoloLens 眼镜，通过手势、眼动或者语音等方式和系统进行深度交互及控制，通过手势与眼动与系统中大部分视图交互[15-17]。具体的系统交互效果如图 11-26 所示。

 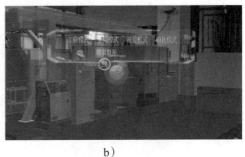

a) b)

图 11-26 系统交互效果

图 11-26a 是生产信息场景中针对产线某一工位通过扫描标志图显示出的该工位的虚拟信息，用户可通过注视单击或手势单击该工位的模型装配、工位信息、装配数据和工位点检按钮以了解所需的信息。图 11-26b 是车间监控场景中不同监控模式的展示效果，用户可通过眨眼和手势滑动切换不同监控模式，亦可通过注视单击或者手势点

击场景中的主控按钮打开场景控制面板，实现模式切换、工位切换、实时数据获取、重新布局和场景切换等功能。

参考文献

[1] 赵新灿. 增强现实维修诱导系统关键技术研究[D]. 南京：南京航空航天大学, 2007.
[2] QI Q, TAO F, HU T, et al. Enabling technologies and tools for digital twin[J]. Journal of Manufacturing Systems, 2019, 58:3-21.
[3] 钟依欣. 基于机电设备运维知识图谱的智能搜索技术研究与实现[D]. 北京交通大学, 2021.
[4] 杨悦. 领域知识图谱的更新与知识推荐方法研究[D]. 哈尔滨工程大学, 2019.
[5] 周忠, 周颐, 肖江剑. 虚拟现实增强技术综述[J]. 中国科学：信息科学, 2015, 45(2):157-180.
[6] 赵敏, 刘秉琦, 武东升. 增强现实装配和维修系统的技术研究[J]. 光学仪器, 2012, 34(2):16-20.
[7] 王月. 面向产品装配引导的增强现实虚实融合技术研究[D]. 西北工业大学, 2018.
[8] 卢山雨. 基于AR的航天结构件加工虚实模型融合与交互技术[D]. 东华大学, 2021.
[9] QUINT F, SEBASTIAN K, GORECKY D. A mixed-reality learning environment[J]. Procedia Computer Science, 2015, 75:43-48.
[10] TAO F, QI Q. New IT driven service-oriented smart manufacturing: framework and characteristics[J]. IEEE Transaction on Systems, Man and Cybernetics-Systems, 2017, 49(1):81-91.
[11] 陶飞, 刘蔚然, 刘检华, 等. 数字孪生及其应用探索[J]. 计算机集成制造系统, 2018, 24(1):1-18.
[12] SUN X, BAO J, LI J, et al. A digital twin-driven approach for the assembly-commissioning of high precision products[J]. Robotics and Computer-Integrated Manufacturing, 2020, 61: 101839.
[13] LIU X, XING J, CHENG Y, et al. An inspecting method of 3D dimensioning completeness based on the recognition of RBs[J]. Journal of Manufacturing Systems, 2017, 42: 271-288.
[14] CHENG Y, NI Z, LIU T, et al. An intelligent approach for dimensioning completeness inspection in 3D based on transient geometric elements[J]. Computer-Aided Design, 2014, 53: 14-27.
[15] LIU C, VENGAYIL H, ZHONG R Y, et al. A systematic development method for cyber-physical machine tools[J]. Journal of Manufacturing Systems, 2018, 48: 13-24.
[16] 刘帆, 刘鹏远, 徐彬彬. 基于增强现实的武器装备维修系统关键技术研究[J]. 飞航导弹, 2017, (9):74-80.
[17] 陈维义, 冯传收, 王树宗, 等. 装备维修教学训练虚拟现实系统的设计[C]. // 系统仿真学报. 北京：《系统仿真学报》编辑部, 2001:374-376.